ARD-Ratgeber Recht

Herausgeber

Thomas Nell

WDR Fernsehen SWR

Eine Produktion des Westdeutschen Rundfunks Köln
und des Südwestrundfunks
in Zusammenarbeit mit den Verbraucherzentralen

verbraucherzentrale

Die anhaltende Diskussion über die Versorgung der Menschen im Alter und bei Krankheit macht deutlich, dass die langjährigen Versprechungen von Politikern: »Die Renten sind sicher!«, allenfalls noch mit Einschränkungen gelten. Vor allem lässt der wachsende Anteil älterer Menschen an der Bevölkerung befürchten, dass die Rentner mit weiteren spürbaren Einschnitten rechnen müssen. Umso wichtiger ist es, seine erworbenen Rechte trotz der häufig auch für Fachleute kaum überschaubaren Gesetzeslage zu kennen und zu wissen, wie man seine berechtigten Rentenansprüche durchsetzt. Mit diesem Ratgeber halten Sie ein Buch in Händen, das Sie anhand einer Vielzahl von Fallbeispielen – auch für Laien verständlich und nachvollziehbar – durch die schwierige und komplexe Materie des Rentenrechts führt. Darüber hinaus enthält der Ratgeber viele Tipps, Hinweise und Musterschreiben, die es Ihnen erleichtern, Ihre Rentenansprüche (auch gerichtlich) durchzusetzen und Bescheide oder Hinweisschreiben der Rentenversicherungsträger zu verstehen und hierauf sachgerecht zu reagieren.

Dr. Peter Lange ist langjährig als Richter in der Sozialgerichtsbarkeit tätig (Vorsitzender eines Berufungssenates für Rentenrecht/Präsident eines Sozialgerichts) und einer der renommiertesten Referenten im Sozialrecht.

Peter Lange

Gesetzliche Rente

Voraussetzungen, Rentenbescheid, Rechtsschutz

verbraucherzentrale

Tipp Ratschlag

! Wichtig

✓ Checkliste

Musterbrief

Rechtsprechung

Bibliografische Information Der Deutschen Bibliothek
Die Deutsche Bibliothek verzeichnet diese Publikation in der Deutschen Nationalbibliografie; detaillierte bibliografische Daten sind im Internet über http://dnb.ddb.de abrufbar.

2. Auflage, Mai 2011, aktualisiert und überarbeitet

Internet: www.vz-nrw.de

ISBN 978-3-940580-76-4

Liebe Leserin, lieber Leser, und natürlich auch: Liebe Zuschauerin, lieber Zuschauer des ARD-Ratgeber Recht,

die Welt wird täglich komplizierter. Die Welt der Paragrafen sowieso. Ständig wächst der Berg von Verordnungen, Gesetzen, Urteilen und Meinungen. Die Paragrafenwelt verständlicher für Sie – unsere Leser und Zuschauer – ausfallen zu lassen, das ist das erklärte Ziel des ARD-Ratgeber Recht.

Es gibt dabei wenige Sendungen in der deutschen Fernsehlandschaft, die Sie, unsere Zuschauer, so häufig zu Papier und Füller greifen lassen (oder Sie dazu bringen, Ihr Mail-Programm zu starten), wie der ARD-Ratgeber Recht. Dafür bedanken wir uns – und auch für das Vertrauen, das Sie in uns setzen. Leider dürfen und können wir Ihnen nicht die umfangreichen Auskünfte geben, die wir Ihnen gern geben würden. Denn unser Programmauftrag besteht darin, Rechtsprobleme und juristische Fragen auf einer leicht verständlichen Ebene aufzuarbeiten. Die Rechtsauskunft und die Rechtsberatung im Einzelfall gehören nicht dazu.

Umfangreichere Informationen, die die Sendungen ergänzen, bieten wir dem interessierten Publikum seit vielen Jahren mit der Buchreihe zum ARD-Ratgeber Recht an. Ziel ist, verständliche und erschwingliche Bücher zu den juristischen Themen aus unseren Sendungen anzubieten. Unsere erfahrenen und juristisch geschulten Autoren können in allgemein verständlichen Ausführungen die Ratsuchenden bestens begleiten. Ein klarer Aufbau soll dem Leser einen schnellen Zugriff auf die gesuchten Informationen gewährleisten. Dazu gibt es Musterbriefe von Experten, Tipps und Ratschläge.

Unser wichtigstes Anliegen ist es, Ihnen – ausgehend von den Berichten und Reportagen unserer Sendungen – vertiefende und alltagsnahe Informationen zur Verfügung zu stellen, die Sie bei der Lösung Ihrer persönlichen rechtlichen

Probleme unterstützen – also, die Paragrafenwelt begreifbarer zu machen.

Mit Dank für Ihre freundliche und kritische Begleitung unserer Arbeit!

Thomas Nell
Programmgruppe Wirtschaft und Recht
Westdeutscher Rundfunk Köln

Inhalt

Abkürzungen

Abs.	Absatz
Art.	Artikel
Az.	Aktenzeichen
BGB	Bürgerliches Gesetzbuch
BGBl.	Bundesgesetzblatt
BSG	Bundessozialgericht
d.h.	das heißt
EStG	Einkommensteuergesetz
FRG	Fremdrentengesetz
HandwO	Handwerksordnung
Hs.	Halbsatz
LSG	Landessozialgericht
MdE	Minderung der Erwerbsfähigkeit
n.F.	neue Fassung
o.g.	oben genannte/r
S.	Seite (bei Gesetzesangaben Satz)
SGB	Sozialgesetzbuch (römische Zahlen bezeichnen die einzelnen Bücher)
SGG	Sozialgerichtsgesetz
u.a.	unter anderem
v.H.	von Hundert
z.B.	zum Beispiel

Kapitel 1
Einführung und Überblick

1. Kompliziertes Rentenrecht

Für Laien nicht verständlich

Das bereits mehr als 100 Jahre alte Recht der gesetzlichen Rentenversicherung ist durch das am 1.1.1992 in Kraft getretene Rentenreformgesetz 1992 grundlegend überarbeitet und in wesentlichen Bereichen neu gestaltet worden. Das Rentenrecht ist seit dem im Sechsten Buch des Sozialgesetzbuches – SGB VI – geregelt. Seit Verabschiedung dieses Gesetzbuches ist das Rentenrecht bis heute durch eine Vielzahl weiterer Gesetze geändert und ergänzt worden, zumeist zulasten der Leistungsberechtigten. Durch diese Neugestaltungen ist das Rentenrecht keinesfalls durchschaubarer oder für den Bürger verständlicher geworden. Es enthält weiterhin für den Laien kaum nachvollziehbare Regelungen und Strukturen, die aufgrund einer teilweise ausufernden Rechtsprechung noch komplizierter geworden sind. Vor allem aber macht gerade die Verabschiedung neuer gesetzlicher Regelungen, die immer wieder aufs Neue in die bestehenden Gesetze eingreifen, das Rentenrecht insgesamt noch weniger überschaubar: Zu erwähnen sind z.B. die Neuregelung der geringfügigen Beschäftigungsverhältnisse, die Gesetze zur Scheinselbstständigkeit oder zur Versicherungspflicht von Selbstständigen, die grundlegende Neuregelung der Renten wegen verminderter Erwerbsfähigkeit und der Hinterbliebenenrenten, neue Bestimmungen zum Hinzuverdienst neben Renten und zur Kollision der Renten mit anderen Sozialleistungen oder zum Aufbau einer privaten Altersvorsorge (»Riester- und Rürup-Rente«), die Einführung von Rentenabschlägen oder die Anhebung der Altersgrenzen für die Gewährung von Altersrenten ab 2012. Es ist deshalb verständlich, dass das Rentenrecht dem Bürger als unverständliches Gesetzeslabyrinth erscheint und dass nur entsprechend spezialisierte Juristen dieses Rechtsgebiet beherrschen.

2. Überblick

Viele Tipps und Hinweise

Mit diesem Buch halten Sie nun einen Leitfaden in den Händen, der die verschachtelten Strukturen des Rentenrechts aufbricht und Ihnen anhand einer Vielzahl von Fallbeispielen das komplizierte Regelungswerk des Rentenrechts griffig erläutert. Dabei beschränken sich die Ausführungen natürlich nicht auf die detaillierte Darstellung der Anspruchsvoraussetzungen der einzelnen Renten. Der Verfasser zeigt – orientiert an den neuralgischen Punkten des Rentenrechts – auch die geeigneten Mittel und Wege auf, wie, mit welchen Argumenten und Beweisen Sie Ihre Ansprüche durchsetzen und wie Sie sich erfolgreich gegen die Ablehnung von Leistungen zur Wehr setzen können. In diesem Zusammenhang wird insbesondere dargestellt, wie Sie am besten auf die Anerkennung rentenrechtlicher Zeiten hinwirken (z.B. Beitragszeiten, Kinder- und Pflegeversicherungszeiten, Anrechnungs-, Berücksichtigungs-, Zurechnungs- und Ersatzzeiten), um Ihre Rente zu erhöhen oder Rentenansprüche zu begründen. Außerdem können Sie nachlesen, wie Sie den Feststellungen des Rentenversicherungsträgers begegnen können, Ihre Krankheiten und Leistungseinschränkungen seien nicht gravierend genug, um eine Rente wegen verminderter Erwerbsfähigkeit zu beanspruchen. Dabei sind die Ausführungen gespickt mit Tipps und Hinweisen, die sonst nur dem erfahrenen Praktiker geläufig sind.

3. Gestaltungsmöglichkeiten des Rentenrechts

Wie kann ich meine Ansprüche durchsetzen

In weiteren Schwerpunkten befasst sich das Buch mit den verschiedenen Gestaltungsmöglichkeiten des Rentenrechts, d.h. zum Beispiel mit den Fragen, wie Sie durch eine möglichst geschickte Inanspruchnahme von Übergangsbestimmungen, von unterschiedlichen Sozialleistungen oder der verschiedenen Voll- und Teilrenten bei gleichzeitigem Hinzuverdienst Ihr Einkommen optimieren, ob und wie Sie durch die Zahlung von Beiträgen

Rentenansprüche begründen und erhöhen können, ob es möglich und lohnenswert ist, sich Beiträge erstatten zu lassen, ob Ihre Rente richtig berechnet ist, wie die Kindererziehungszeiten zwischen den Eltern verteilt werden sollen, welche Rentenansprüche sich aus der Pflege eines Pflegebedürftigen nach dem Pflege-Versicherungsgesetz ergeben, welche Möglichkeiten der privaten Vorsorge bestehen oder welche Möglichkeiten Selbstständige haben, für ihr Alter und ihre Familienangehörigen vorzusorgen und sich vor den Risiken der Erwerbsminderung zu schützen. Dabei wird auf die Besonderheiten eingegangen, die ausländische Mitbürger und die Bürger der neuen Bundesländer beachten müssen. Natürlich wird auch behandelt, wie Renten beantragt werden, welche Unterlagen dabei vorliegen müssen, was bei einem Widerspruch gegen die Ablehnung von Rentenansprüchen zu beachten ist und wie Sie einen Prozess vor dem Sozialgericht führen.

Kapitel 2
Die Renten

Das Rentenrecht kennt im wesentlichen drei Arten von Renten: die Altersrenten, die Renten wegen verminderter Erwerbsfähigkeit und die Hinterbliebenenrenten (auch Renten wegen Todes genannt).

Altersrenten

Die Altersrenten werden von einer bestimmten Altersgrenze an gewährt und sollen die Altersversorgung sicherstellen. Dabei geht das Gesetz davon aus, dass ein Anspruch auf Altersrente im Regelfall erst mit Vollendung des 65. Lebensjahres (Regelaltersrente) besteht. Die Altersgrenze des 65. Lebensjahres wird ab dem 1.1.2012 auf das 67. Lebensjahr angehoben. Die für die Regelaltersrente erforderliche Altersgrenze wird »Regelaltersgrenze« genannt. Unter bestimmten Voraussetzungen können Altersrenten jedoch auch schon früher, d.h. mit Vollendung des 60. und 63. Lebensjahres gewährt werden.

Hinterbliebenenrente, Rente wegen verminderter Erwerbsfähigkeit

Die Altersversorgung ist allerdings nicht die einzige Aufgabe der gesetzlichen Rentenversicherung. Sie soll auch vor dem Risiko der krankheitsbedingten Einschränkung der beruflichen Leistungsfähigkeit schützen und im Todesfall die Versorgung der Hinterbliebenen sicherstellen. Aus der gesetzlichen Rentenversicherung werden deshalb neben den Altersrenten auch Witwen-, Witwer- und Waisenrenten sowie – bei einer entsprechenden Minderung des Leistungsvermögens durch Krankheit – Renten wegen teilweiser und voller Erwerbsminderung gezahlt

Versicherungsfälle, Wartezeit

Bei Erreichen der maßgeblichen Altersgrenze, bei Eintritt des Todes oder bei Erwerbsminderung spricht der Jurist vom Eintritt des Versicherungsfalls. Der Versicherungsfall allein reicht jedoch für die Gewährung einer Rente nicht aus. Daneben müssen noch weitere Voraussetzungen erfüllt sein. Eine zentrale Voraussetzung besteht darin, dass für bestimmte Mindestzeiten Beiträge in die gesetzliche Rentenversicherung eingezahlt worden sind, bevor ein Anspruch auf Rente besteht. Diese Zeit der

Beitragsentrichtung nennt das Gesetz Wartezeit. Die Mindestwartezeit beträgt fünf Jahre, d.h., es müssen zumindest fünf Jahre lang Beiträge in die Rentenversicherung eingezahlt worden sein, bevor eine Rente gewährt werden kann. Die Wartezeit von fünf Jahren reicht für die Regelaltersrente, die Erwerbsminderungsrenten und die Hinterbliebenenrenten aus. Für andere Renten müssen längere Wartezeiten zurückgelegt werden, z.B. für Altersrenten, die bereits mit 60 Jahren beansprucht werden.

Neben dem Eintritt des Versicherungsfalls (z.B. der Erwerbsminderung) und der Zurücklegung unterschiedlicher Wartezeiten müssen für die meisten Renten noch weitere Voraussetzungen gegeben sein. So können z.B. einzelne Altersrenten nur von Arbeitslosen oder Schwerbehinderten in Anspruch genommen werden, d.h. der Leistungsberechtigte muss ein bestimmtes (Mindest-)Alter erreicht und eine bestimmte Wartezeit erfüllt haben und darüber hinaus schwerbehindert oder arbeitslos sein, bevor eine Rente gezahlt wird.

Pflichtbeitragszeiten, freiwillige Beiträge

Die in die gesetzliche Rentenversicherung eingezahlten Beiträge werden im Regelfall zwangsweise erhoben (Zwangsversicherung!). So muss ein Arbeitnehmer ab einer bestimmten Verdienstgrenze (mehr als 400 Euro) Beiträge zur gesetzlichen Rentenversicherung – ebenso wie zur Kranken-, Pflege- und Arbeitslosenversicherung – entrichten, ob er will oder nicht. Diese Beiträge, an denen (in der Regel) zur Hälfte der Arbeitgeber beteiligt ist, nennt das Gesetz Pflichtbeiträge. Ist jemand nicht pflichtversichert, besteht auch die Möglichkeit, freiwillige Beiträge zu zahlen. Bestimmte Zeiten, wie z.B. Zeiten des Wehr- und Zivildienstes oder der Kindererziehung, gelten in der Rentenversicherung als Pflichtbeitragszeiten, ohne dass der Betroffene Beiträge zahlen muss.

Nach diesem kurzen Überblick verfügen Sie über die ersten grundlegenden Kenntnisse, die erforderlich sind, das Rentenrecht zu verstehen. Wir können uns deshalb nunmehr den einzelnen Renten zuwenden und Detailfragen besprechen.

1. Die Altersrenten

Im Folgendem wird nun im Einzelnen dargestellt, von welchem Alter an und unter welchen Voraussetzungen die verschiedenen Altersrenten in Anspruch genommen werden können.

1.1 Die Regelaltersrente

Beispiel

Nehmen wir an, Herr Adam wurde am 2.1.1946 geboren. Er war während der letzten 30 Jahre selbstständig und hat in dieser Zeit keine Beiträge in die Rentenversicherung eingezahlt. Vor der Selbstständigkeit war er mit Unterbrechungen knapp sechs Jahre bei verschiedenen Unternehmen als kaufmännischer Angestellter beschäftigt. Herr Adam möchte wissen, ob er vielleicht schon sofort oder zumindest mit Vollendung des 65. Lebensjahres eine Rente erhalten kann.

Regelaltersrente

Herr Adam hat mit Vollendung des 65. Lebensjahres am 2.1.2011 die für die Regelaltersrente erforderliche Altersgrenze erreicht und außerdem die allgemeine Wartezeit erfüllt, weil er (mehr als) fünf Jahre lang als kaufmännischer Angestellter gearbeitet hat und weil während dieser Zeit für ihn Beiträge zur gesetzlichen Rentenversicherung entrichtet worden sind.

Anhebung der Altersgrenze ab 2012

Herr Adam gehört zu den wenigen Versicherten, die die Regelaltersrente noch mit Vollendung des 65. Lebensjahres beanspruchen können. Diese Möglichkeit besteht nur noch für Versicherte, die vor dem 1.1.1947 geboren sind, also für die Versicherten, die bis zum 31.12.2011 das 65. Lebensjahr vollenden. Alle später Geborenen, also alle ab dem 1.1.1947 geborenen Versicherten können die Regelaltersrente erst nach Vollendung des 65. Lebensjahres erhalten. Der Gesetzgeber hat nämlich das Altersrentenrecht durch das Altersgrenzenanpassungsgesetz vom 20.4.2007 grundlegend geändert: Während Versicherte in der Vergangenheit und noch bis zum 31.12.2011 spätestens mit 65 Altersrente beanspruchen können bzw. konnten (wenn sie die allgemeine Wartezeit von fünf Jahren erfüllt haben), wird die Altersgrenze des 65. Lebensjahres ab dem 1.1.2012 schrittweise bis 2029 auf das 67. Lebensjahr angehoben. Ab dem 1.1.2029 kann diese Rente dann frühestens ab dem 67. Lebensjahr beansprucht werden. Betroffen sind hiervon die Geburtsjahrgänge 1964 und jünger. Bis zum 31.12.2028 gilt die nachfolgende Tabelle, die die Anhebung der (Regel-)Altersgrenze von 65 auf 67 während der Zeit vom 1.1.2012 bis zum 31.12.2028 regelt. Betroffen sind die Jahrgänge 1947 bis 1963.

Jahrgang	**Anhebung**	
	um Monate	**Jahre + Monate**
1947	1	65 + 1
1948	2	65 + 2
1949	3	65 + 3
1950	4	65 + 4
1951	5	65 + 5
1952	6	65 + 6
1953	7	65 + 7
1954	8	65 + 8
1955	9	65 + 9
1956	10	65 + 10
1957	11	65 + 11
1958	12	66 + 0
1959	14	66 + 2
1960	16	66 + 4
1961	18	66 + 6
1962	20	66 + 8
1963	22	66 + 10
1964	24	67 +0

Die Tabelle lässt sich leicht erklären: Ein Versicherter, der z.B. im Jahr 1947 geboren und damit als erster Jahrgang von der Anhebung der Regelaltersgrenze betroffen ist, erhält die Rente im Jahr 2012 mit Erreichen des Alters von 65 Jahren und einem Monat. Demgegenüber kann ein Versicherter, der 1958 geboren ist, die Rente erst zwölf Monate nach Vollendung des 65. Lebensjahres, also mit 66 beanspruchen, während der Jahrgang 1964 die Rente erst ab Vollendung des 67. Lebensjahres erhält.

Nach diesen Erklärungen sind Sie jetzt auch bei einem eventuellen Blick in das Gesetz nicht mehr irritiert: § 35 SGB VI, der den Anspruch auf die Regelaltersrente regelt, ist zwar schon am 1.1.2008 in Kraft getreten, gilt aber erst für die ab dem 1.1.2029 geltende Gesetzeslage, wonach die Regelaltersrente frühestens ab dem 67. Lebensjahr gewährt wird. Bis zum 1.1.2029 gilt § 235 SGB VI, der den Zeitpunkt des frühesten Rentenbeginns nach Maßgabe der obigen Tabelle bestimmt. Das danach jeweils frühestmögliche Renteneintrittsalter ist die jeweils geltende Regelaltersgrenze.

!

Vertrauensschutz

Die Altersgrenze wird nicht auf das 67. Lebensjahr angehoben, wenn Versicherte vor dem 1.1.1955 geboren sind und vor dem 1.1.2007 Altersteilzeitarbeit im Sinne des Altersteilzeitgesetzes vereinbart haben oder Anpassungsgeld für entlassene Arbeitnehmer des Bergbaus bezogen haben. Diese Personen erhalten die Rente weiter ab 65.

Allgemeine Wartezeit

Neben der Vollendung der sogenannten Regelaltersgrenze (im Fall von Herrn Adam also noch des 65. Lebensjahres) und der Wartezeit von fünf Jahren (= fünf Jahre Beitragszahlung), die als allgemeine Wartezeit bezeichnet wird, sind für die Regelaltersrente keine weiteren (Anspruchs-) Voraussetzungen erforderlich. Unerheblich ist, wann die einzelnen Beitragsmonate für die Wartezeit zurückgelegt worden sind und ob die Zeit »gestückelt« – z.B. mehrere zusammenhängende Monate oder Jahre, aber auch einzelne Monate mit mehreren Unterbrechungen – oder insgesamt zusammenhängend zurückgelegt wurden. Entscheidend ist allein, dass insgesamt 60 Beitragsmonate (= fünf

Jahre) und damit Wartezeit vor dem Rentenbeginn liegen. Sind für einen Monat nur zum Teil Beiträge gezahlt worden, z.B. weil ein Arbeitnehmer nur bis Mitte des Monats beschäftigt war und dann entlassen wurde, ist der volle Monat auf die Wartezeit anzurechnen. Hierfür würde sogar die Entrichtung eines Beitrages für nur einen Tag im Monat ausreichen. Ob Sie die allgemeine Wartezeit erfüllen, können Sie den Renteninformationen oder Rentenauskünften entnehmen, die Ihnen der zuständige Rentenversicherungsträger regelmäßig zuschickt. Ab Vollendung des 43. Lebensjahres übersendet der Rentenversicherungsträger Ihnen außerdem alle sechs Jahre einen Bescheid, der verbindlich alle Wartezeiten ausweist, die Sie erfüllt oder noch nicht erfüllt haben. Sie müssen jedoch genau überprüfen, ob diese Mitteilungen auch alle von Ihnen zurückgelegten Beitragszeiten und anderen rentenrechtlichen Zeiten enthalten. Die Mitteilungen der Rentenversicherungsträger sind nicht immer fehlerfrei.

Anrechnungsfähige Zeiten

Auf die allgemeine Wartezeit werden neben Pflichtbeiträgen, die man z.B. – wie Herr Adam – als Arbeitnehmer entrichten muss, auch freiwillige Beiträge angerechnet, die in die Rentenversicherung eingezahlt worden sind (lesen Sie hierzu auch S. 231). Jeder, der das 16. Lebensjahr vollendet hat und in Deutschland lebt, kann freiwillige Beiträge in die Rentenversicherung einzahlen. Ebenso Deutsche, die im Ausland leben.

Diese freiwilligen Beiträge dürfen aber nur die Personen zahlen, die nicht bereits (z.B. als Arbeitnehmer) pflichtversichert sind. Ein Arbeitnehmer kann also nicht neben den von ihm entrichteten Pflichtbeiträgen freiwillige Beiträge zahlen, um später eine höhere Rente zu erhalten. Eine derartige »Aufstockung« der späteren Rente durch freiwillige Beiträge ist im Rentenrecht nicht vorgesehen. Auch alle anderen Zeiten der Pflichtversicherung (vgl. S. 155 ff.) schließen das Recht zur freiwilligen Versicherung aus. Eine bessere finanzielle Versorgung im Alter ist für Pflichtversicherte damit nur durch entsprechende private Vorsorgemaßnahmen – z.B. durch den Abschluss eines

Riester-Renten-Vertrages (lesen Sie hierzu den Ratgeber »Vorzeitig in Rente«, der in dieser Buchreihe erschienen und bei der Verbraucherzentrale NRW erhältlich ist) – möglich.

Kindererziehung, Wehr- und Zivildienst u.a.

Neben den Pflichtbeiträgen, die z.B. Arbeitnehmer entrichten müssen, erkennt das Gesetz auch andere Zeiten an, die wie Beitragszeiten aufgrund einer solchen Beschäftigung vollwertig als Pflichtversicherungszeiten auf die Wartezeit angerechnet werden. Hierzu gehören z.B. Zeiten der Kindererziehung – bei Geburten vor dem 1.1.1992 ein Jahr (das erste Jahr nach der Geburt) und bei Geburten ab diesem Zeitpunkt drei Jahre (die ersten drei Jahre nach der Geburt) für jedes Kind: Zwillinge bringen also eine Pflichtbeitragszeit von sechs Jahren. Die Beiträge zahlt der Bund (§§ 3 Nr. 1, 56, 249 SGB VI; lesen Sie hierzu S. 148 ff.). Neben den Kindererziehungszeiten sind auch Zeiten des Bezugs von Arbeitslosengeld, Krankengeld, Verletztengeld, Versorgungskrankengeld, Übergangsgeld, Unterhaltsgeld, Arbeitslosenhilfe und Vorruhestandsgeld, Zeiten des Wehr- und Zivildienstes sowie ab 1.4.1995 auch Zeiten der nichterwerbsmäßigen Pflege eines Pflegebedürftigen (§ 3 Nr. 1 a SGB VI) und vom 1.1.2005 bis zum 31.12.2010 zurückgelegte Zeiten des Bezugs von Arbeitslosengeld II (§ 3 Nr. 3 a SGB VI) Pflichtbeitragszeiten, die voll auf die Wartezeit anzurechnen sind (lesen Sie bei Bedarf zur Vertiefung S. 178 ff.). Auch bestimmte Selbstständige, wie z.B. selbstständige Hebammen, Handwerker, Künstler und Publizisten, selbstständige Lehrer wie z.B. Golf-, Tennis- oder Reitlehrer oder auch Tagesmütter und andere Berufsgruppen müssen Pflichtbeiträge in die gesetzliche Rentenversicherung zahlen und haben damit Beitragszeiten erworben, die auf die allgemeine Wartezeit angerechnet werden. (falls Sie sich insoweit für weitere Einzelheiten interessieren oder genau wissen wollen, welche Selbstständigen unter welchen Voraussetzungen der Versicherungspflicht unterliegen, lesen Sie S. 158 ff.).

Beispiel
Nehmen wir an, der am 2.1.1946 geborene Herr Adam möchte wissen, von welchem Tag an ihm die Regelaltersrente gezahlt wird und ob er einen Antrag stellen muss.

Altersrenten werden vom 1. des Monats an gezahlt, an dem alle Voraussetzungen für den Rentenanspruch erfüllt sind (§ 99 Abs. 1 SGB VI). Da der 1. Februar der erste Monatserste nach dem 65. Geburtstag des Herrn Adam ist, kann er die Rente erst von diesem Tag an beanspruchen.

Tipp

Beginn der Rentenzahlung

Falls – wie hier – vorher keine andere Rente gezahlt wurde, ist es unbedingt erforderlich, dass Herr Adam einen Antrag auf Gewährung der Rente stellt (§ 115 Abs. 1 und Abs. 3 SGB VI).

!

Beim Rentenantrag ist darauf zu achten, dass dieser zeitgerecht, d.h. innerhalb von drei Monaten nach Vollendung des 65. Lebensjahres gestellt wird. Bei späterer Antragstellung wird die Rente erst vom Beginn des Antragsmonats an geleistet (§ 99 Abs. 1 S. 2 SGB VI).

Beispiel
Hätte Herr Adam seine Regelaltersrente erst am 7. Juni beantragt, könnte sie ihm erst vom 1. Juni an bewilligt werden. Nur bei Antragstellung bis zum 30. April einschließlich, also innerhalb von drei Monaten nach Vollendung des 65. Lebensjahres, hätte er Anspruch auf die Rente ab 1. Februar.

Tipp

Rechtzeitige Antragstellung

Um sicherzustellen, dass die Rentenzahlungen bereits mit vollendetem 65. Lebensjahr bzw. ab der ab 2012 geltenden Regelaltersgrenze beginnen können, sollte der Rentenantrag drei bis vier Monate vorher gestellt werden. Die Rentenversicherungsträger benötigen diese Bearbeitungszeit erfahrungsgemäß selbst dann, wenn alle Voraussetzungen für den Rentenanspruch klar erfüllt sind. Bestehen Unklarheiten, ob z.B. die Wartezeit erfüllt ist, sodass noch

Ermittlungen erforderlich werden, sind längere Bearbeitungszeiten zu erwarten. In diesem Fall empfiehlt es sich, den Antrag noch früher bzw. vorher einen Antrag auf Kontenklärung zu stellen. Da für Rentenanträge keine bestimmte Form vorgeschrieben ist, würde es ausreichen, wenn Sie dem zuständigen Rentenversicherungsträger in einem Brief oder auf einer Postkarte schreiben.

> »Ich bin am (Datum) geboren und bitte, mit Vollendung der Regelaltersgrenze die Regelaltersrente zu bewilligen«.

Versicherungsnummer

Dabei müssen Sie immer Ihre Versicherungsnummer angeben, wenn Sie Ihnen bekannt ist. Die Versicherungsnummer wird im Regelfall mit der ersten Aufnahme einer Beschäftigung vergeben. Falls Sie die im letzten Beispiel beschriebene Dreimonatsfrist schon fast oder schon versäumt haben, sollten Sie schleunigst den Rentenantrag (möglichst per Fax) stellen, um Ihre Rentenansprüche zu sichern. Ansonsten sollten Sie besser die Antragsvordrucke der Rentenversicherungsträger benutzen. Nach Stellung eines formlosen Antrages (z.B. mit Brief oder Postkarte) übersendet Ihnen der Rentenversicherungsträger einen Antragsvordruck. Falls Sie mit dem Ausfüllen dieses Vordrucks Schwierigkeiten haben, wenden Sie sich an eine Auskunfts- und Beratungsstelle eines Trägers der Deutschen Rentenversicherung an Ihrem Wohnort oder an Ihr örtliches Versicherungsamt bei der Stadtverwaltung. Dort wird man Ihnen behilflich sein und ist verpflichtet, Sie umfänglich zu beraten. Was beim Rentenantrag alles zu beachten ist, wo und wie er gestellt werden kann und welche Unterlagen beizufügen sind, können Sie auf S. 234 ff. nachlesen.

Beispiel

Nehmen Sie an, Frau Adam, die 1951 geboren ist, war vor ihrer Ehe zwei Jahre versicherungspflichtig erwerbstätig. 1980 brachte sie ein Kind zur Welt und arbeitete erneut während der (gesamten) Jahre 1990 und 1991. Anschließend bezog sie ein halbes Jahr Arbeitslosengeld. Auch sie möchte wissen, ob und ab wann sie die Regelaltersrente beanspruchen kann.

Kindererziehungszeiten sind Pflichtbeitragszeiten

Da Frau Adam nach 1946 geboren ist, kann sie die Regelaltersrente, anders als Herr Adam im Fall zuvor, nicht mit Vollendung des 65. Lebensjahres beanspruchen. Für sie gilt vielmehr die Tabelle auf S. 17. Danach erhält Frau Adam die Regelaltersrente erst mit 65 und 5 Monaten. Sie hat jedoch nur dann Anspruch auf Rente, wenn sie die (allgemeine) Wartezeit von fünf Jahren (= 60 Monate) erfüllt. Auf die Wartezeit werden natürlich auch bei ihr die Zeiten angerechnet, in denen sie wegen einer versicherungspflichtigen Beschäftigung Beiträge gezahlt hat, d.h. zwei Jahre vor ihrer Ehe und während der Jahre 1990 und 1991, also insgesamt vier Jahre. Damit ist die fünfjährige Wartezeit noch nicht erfüllt. Neben den Beitragszeiten (aufgrund einer Beschäftigung) erkennt jedoch das Gesetz – wie bereits erwähnt – auch andere Zeiten an, die wie Beitragszeiten aufgrund einer Beschäftigung vollwertig als Pflichtversicherungszeiten auf die Wartezeit angerechnet werden. Hierzu gehören auch Zeiten der Kindererziehung – bei Geburten vor dem 1.1.1992 ein Jahr (das erste Jahr nach der Geburt) und bei Geburten ab diesem Zeitpunkt drei Jahre (die ersten drei Jahre nach der Geburt) für jedes Kind (§§ 3 Nr. 1, 56, 249 SGB VI) – und Zeiten des Bezugs von Arbeitslosengeld seit dem 1.1.1992 (§ 3 Nr. 3 SGB VI). Mit diesen Zeiten hat Frau Adam insgesamt eine Wartezeit von fünfeinhalb Jahren zurückgelegt und mit Vollendung des 65. Lebensjahres und fünf Monaten Anspruch auf Rente.

Keine Rentenabschläge

Beim Bezug einer Regelaltersrente sieht das Gesetz keine Rentenabschläge vor. Rentenabschläge sollen nämlich einen Ausgleich dafür schaffen, dass die Rente vorzeitig, d.h. vor Erreichen der Regelaltersgrenze, beginnt und die Rente folglich insgesamt länger zu zahlen ist. Die Rentengewährung ab Erreichen der Regelaltersgrenze ist jedoch gerade der vom Gesetz gewollte »Normalfall« und kein vorzeitiger Rentenbezug.

!

Es gibt einen Ausnahmefall

Auch die Regelaltersrente wird jedoch ausnahmsweise nur mit Rentenabschlägen gewährt, wenn der Rentner unmittelbar bis zum Beginn dieser Rente eine Erwerbsminderungsrente bezogen hat, die mit Abschlägen geleistet wurde. Erwerbsminderungsrenten erhalten nämlich für jeden Monat des Eintritts der Erwerbsminderung vor Vollendung des 63. Lebensjahres einen Rentenabschlag von 0,3 Prozent, höchstens 10,8 Prozent (lesen Sie hierzu im Einzelnen S. 67). Um diesen Rentenabschlag wird dann auch die Regelaltersrente gemindert, wenn sie sich nahtlos an die Erwerbsminderungsrente anschließt.

Belohnung bei späterem Rentenbeginn

Natürlich besteht auch die Möglichkeit, die Rente erst später in Anspruch zu nehmen. Und das wird vom Gesetzgeber sogar belohnt: Der Rentner erhält für jeden Monat, den er die Regelaltersrente nach Vollendung der für ihn maßgeblichen Regelaltersgrenze (bis 2012 das 65. Lebensjahr, von 2012 bis 2029 die Altersgrenze nach der obigen Tabelle auf S. 17 und ab 2029 das 67. Lebensjahr) beansprucht, eine Rentenerhöhung von 0,5 Prozent. Arbeitet man über die Regelaltersgrenze hinaus weiter (z.B. als Arbeitnehmer) und zahlt Beiträge zur gesetzlichen Rentenversicherung, so erhöhen diese Beiträge natürlich die später beginnende Rente. Man kann aber auch die volle Regelaltersrente in Anspruch nehmen und neben der Rente arbeiten. Der dabei erzielte Verdienst wird auf diese Rente nicht angerechnet (anders aber bei allen anderen Renten; lesen Sie hierzu S. 52 ff.). Der Rentner braucht bei Ausübung einer versicherungspflichtigen Beschäftigung neben der (vollen) Regelaltersrente auch keine Beiträge zur gesetzlichen Rentenversicherung zu zahlen. Er ist versicherungsfrei. Der Arbeitgeber muss allerdings seinen Beitragsanteil zahlen.

1.2 Die Altersrente für besonders langjährig Versicherte

Keine Anhebung der Altersgrenze für besonders langjährig Versicherte

Von der Anhebung der Altersgrenze des 65. Lebensjahres auf das 67. Lebensjahr ab dem 1.1.2012 gibt es eine Ausnahme: Versicherte, die in ihrem Leben eine Pflichtbeitragszeit von 45 Jahren zurückgelegt haben, können die Altersrente auch nach 2012 weiterhin bereits mit Vollendung des 65. Lebensjahres beanspruchen. Die ihnen gewährte Rente nennt sich »Altersrente für besonders langjährig Versicherte«. Diese Rente ist bereits seit dem 1.1.2008 im Gesetz geregelt (§ 38 SGB VI), kann aber frühestens ab dem 1.1.2012 beansprucht werden. Die Altersrente für besonders langjährig Versicherte soll Rentner »belohnen«, die für einen besonders langen Zeitraum, nämlich für eine Zeit von insgesamt 45 Jahren Pflichtbeiträge in die gesetzliche Rentenversicherung eingezahlt bzw. vom Gesetz als Pflichtbeitragszeiten anerkannte Zeiten (lesen Sie hierzu oben S. 15, 20, 23) zurückgelegt haben. Diese – neben dem Alter von 65 Jahren – zweite Anspruchsvoraussetzung für die Altersrente für besonders langjährig Versicherte bezeichnet das Gesetz als die 45-jährige Wartezeit. Auch diese Altersrente wird nur auf Antrag gewährt (lesen Sie hierzu S. 21 f.).

Die Wartezeit von 45 Jahren

Auf die Wartezeit von 45 Jahren werden zunächst nur Kalendermonate angerechnet, die mit Pflichtbeiträgen belegt sind, z.B. mit Pflichtbeiträgen, die aufgrund einer versicherungspflichtigen Beschäftigung als Arbeitnehmer oder als versicherungspflichtiger Selbstständiger (lesen Sie hierzu S. 161 ff.) entrichtet worden sind. Außerdem werden auf diese Wartezeit alle anderen vom Gesetz anerkannten Pflichtbeitragszeiten angerechnet, wie z.B. Zeiten der Kindererziehung, Zeiten des Bezugs von Krankengeld, Verletztengeld, Versorgungskrankengeld, Übergangsgeld, Unterhaltsgeld, und Vorruhestandsgeld, Zeiten des Wehr- und Zivildienstes sowie ab 1.4.1995 zurückgelegte Zeiten der nichterwerbsmäßigen Pflege eines Pflegebedürftigen. Nicht angerechnet werden hier jedoch Pflichtbeitragszeiten wegen des Bezugs von Arbeitslosengeld, Arbeitslosenhilfe oder Arbeitslosengeld II sowie Zeiten des Versorgungsausgleichs und freiwillige Beiträge (lesen Sie hierzu im Einzelnen S. 214 ff.).

Auch Berücksichtigungszeiten werden angerechnet

Neben den oben genannten Pflichtbeitragszeiten werden auf die Wartezeit von 45 Jahren auch sogenannte Berücksichtigungszeiten angerechnet. Damit lernen Sie über die bisher besprochenen Beitragszeiten eine neue rentenrechtliche Zeit kennen. Berücksichtigungszeiten sind Zeiten der Kindererziehung von der Geburt bis zum zehnten Lebensjahr des Kindes. Diese Feststellung muss Sie natürlich überraschen, denn bisher – noch wenige Zeilen zuvor – haben Sie gelesen, dass Kindererziehungszeiten Pflichtbeitragszeiten sind, die auf die 45-jährige Wartezeit angerechnet werden. Auch das ist richtig. Die Zeiten der Kindererziehung erfüllen nämlich in der Rentenversicherung eine doppelte Funktion. Sie haben zum einen den Charakter einer Pflichtbeitragszeit (je nachdem, ob das Kind vor oder ab dem 1.1.1992 geboren wurde) in einem Umfang von einem Jahr oder drei Jahren (jeweils das erste Jahr bzw. die ersten drei Jahre nach der Geburt pro Kind), die auf alle Wartezeiten angerechnet werden (lesen Sie hierzu im Einzelnen S. 149 ff.). Darüber hinaus sind Kindererziehungszeiten Berücksichtigungszeiten bis zum vollendeten zehnten Lebensjahr des Kindes, die u. a. auf die 45-jährige Wartezeit angerechnet werden (lesen Sie bei Bedarf zur Vertiefung S. 232; dort können Sie auch nachlesen, welche sonstigen rentenrechtlichen Funktionen Berücksichtigungszeiten haben). Auch wenn für Berücksichtigungszeiten keine Beiträge gezahlt werden, sind sie auf bestimmte Wartezeiten anzurechnen, wie erwähnt z.B. auf die 45-jährige Wartezeit, nicht hingegen auf die allgemeine Wartezeit, die für die Regelaltersrente Voraussetzung ist (lesen Sie hierzu S. 18).

Hat beispielsweise eine Versicherte zehn Jahre versicherungspflichtig gearbeitet, danach fünf Jahre Lohnersatzleistungen wie z.B. Krankengeld und Übergangsgeld bezogen, anschließend ihr Kind erzogen, um nach zwölf Jahren wieder 20 Jahre einer versicherungspflichtigen Erwerbstätigkeit nachzugehen, dann hätte sie die Wartezeit von 45 Jahren erfüllt, weil all diese Zeiten (die Zeit der Kindererziehung als Berücksichtigungszeit in einem Umfang von zehn Jahren) auf diese Wartezeit anzurechnen sind. Die Versicherte könnte auch nach 2012 mit Vollendung des 65. Lebensjahres die Altersrente für besonders langjährig Versicherte in Anspruch nehmen.

1.3 Die Altersrente für schwerbehinderte Menschen

Wir kommen nunmehr zu den Altersrenten, die bereits vor Erreichen der Regelaltersgrenze bzw. – wie im (Ausnahme-) Fall der Rente für besonders langjährige Versicherte – vor dem 65. Lebensjahr beansprucht werden können. Eine dieser Renten ist die Altersrente für schwerbehinderte Menschen, die (frühestens) ab Vollendung des 60. Lebensjahres bewilligt werden kann. Natürlich wird auch die Rente für schwerbehinderte Menschen nur auf Antrag gezahlt (lesen Sie zur besonderen Bedeutung des Rentenantrags S. 32). Die Altersgrenze des 60. Lebensjahres als frühester Rentenbeginn wird allerdings ab dem 1.1.2012 angehoben (Einzelheiten hierzu können Sie auf S. 33 f. lesen). Lassen Sie uns jedoch die einzelnen Anspruchsvoraussetzungen für diese Altersrente anhand einiger Fälle besprechen. Die Anspruchsvoraussetzungen für die Altersrente für Schwerbehinderte sind in den §§ 37, 236a SGB VI geregelt.

Beispiel

Gehen Sie davon aus, Frau Claudius wurde am 15.10.1951 geboren und ist schwerbehindert. Sie war nach dem Besuch der Volksschule, die sie im Alter von 15 Jahren abgeschlossen hatte, und einer dreijährigen Lehre 20 Jahre als Verkäuferin versicherungspflichtig beschäftigt, war zwischendurch während des Jahres 1976 bei Bezug von Arbeitslosengeld arbeitslos und hat 1987 ein Kind zur Welt gebracht und groß gezogen. Sie möchte wissen, ob sie schon mit 60 Jahren Altersrente beanspruchen kann.

Tipp

Versicherte können unter bestimmten Voraussetzungen auch schon mit Vollendung des 60. Lebensjahres die Zahlung einer Altersrente beanspruchen. Voraussetzung ist allerdings, dass ein besonderer Umstand vorliegt, wie hier z.B. die Schwerbehinderung, der den vorzeitigen Ruhestand rechtfertigt. Darüber hinaus setzt die damit für Frau Claudius in Betracht kommende Rente für Schwerbehinderte die Zurücklegung der Wartezeit von 35 Jahren voraus (lesen Sie hierzu den nächsten Absatz). Zu dem begünstigten Personenkreis gehört auch Frau Claudius, da sie noch vor dem 1. 1. 1952 geboren ist. Diese Versicherten, die noch bis zum 31.12.2011 das 60. Lebensjahr vollenden, können die Rente für Schwerbehinderte noch ab 60 beanspruchen. Für Versicherte, die ab dem 1.1.1952 geboren sind, wird das frühestmögliche Renteneintrittsalter bei der Altersrente für Schwerbehinderte ab dem 1.1.2012 schrittweise angehoben (lesen Sie hierzu weiter unten). Natürlich muss auch die Rente für schwerbehinderte Menschen beantragt werden. Ohne Antrag keine Rente!

Wartezeit von 35 Jahren

Das Gesetz verlangt für die Gewährung der Altersrente für Schwerbehinderte (neben dem (Mindest-)Alter des 60. Lebensjahres und neben der Schwerbehinderung), dass der Versicherte eine Wartezeit von 35 Jahren zurückgelegt hat (§§ 37, 236a SGB VI). Auf diese Wartezeit werden, wie auch auf alle anderen Wartezeiten, insbesondere Pflichtbeiträge angerechnet, die aufgrund einer versicherungspflichtigen Beschäftigung als Arbeitnehmer oder als versicherungspflichtiger Selbstständiger entrichtet worden sind. Außerdem werden alle anderen vom Gesetz anerkannten Pflichtbeitragszeiten angerechnet, wie z.B. Zeiten der Kindererziehung (lesen Sie hierzu S. 169 ff.), Zeiten des Bezugs von Krankengeld, Verletztengeld, Versorgungskrankengeld, Übergangsgeld, Unterhaltsgeld und Vorruhestandsgeld, Arbeitslosengeld, Arbeitslosenhilfe und Arbeitslosengeld II (vom 1.1.2005 bis zum 31.12.2010), Zeiten des Wehr- und Zivildienstes sowie ab 1.4.1995 zurückgelegte Zeiten der nichterwerbsmäßigen Pflege eines Pflegebedürftigen. Für diese Zeiten des Bezugs von

Lohnersatzleistungen werden nämlich auch Beiträge in die gesetzliche Rentenversicherung eingezahlt. Ebenso werden freiwillige Beiträge und Berücksichtigungszeiten angerechnet (lesen Sie hierzu S. 214 ff., 229 ff.). Schließlich werden auf die 35-jährige Wartezeit auch noch Zeiten angerechnet, die das Gesetz als Anrechnungszeiten bezeichnet. Auch für diese Zeiten werden – wie auch für Berücksichtigungszeiten – keine Beiträge gezahlt. Diese Zeiten haben gleichwohl in der Regel Bedeutung für die Rentenhöhe und werden auch auf die 35-jährige Wartezeit angerechnet. Es handelt sich dabei z.B. um Zeiten des Schul-, Fachschul- oder Hochschulbesuchs nach dem 17. Lebensjahr (insgesamt höchstens acht Jahre), Zeiten der Schwangerschaft und Mutterschaft während der Schutzfristen nach dem Mutterschutzgesetz (in der Regel sechs Wochen vor und acht Wochen nach der Geburt), Zeiten der Krankheit zwischen dem 17. und dem 25. Lebensjahr oder auch z.B. Zeiten, in denen eine Kur oder Umschulungsmaßnahme absolviert wurde, ohne dass für diese Zeit Übergangsgeld als Lohnersatzleistung gezahlt wurde oder auch Zeiten des Bezugs von Arbeitslosengeld oder Arbeitslosenhilfe vor 1992 und von Arbeitslosengeld II ab dem 1.1.2011. Ab dem 1.1.1992 ist der Bezug von Arbeitslosengeld und Arbeitslosenhilfe – siehe oben – und vom 1.1.2005 bis zum 31.12.2010 auch der Bezug von Arbeitslosengeld II eine Pflichtbeitragszeit (lesen Sie zur Vertiefung S. 178 ff.).

Zurück zum Fall: Frau Claudius hat die 35-jährige Wartezeit bislang, d.h. mit Vollendung des 60. Lebensjahres leider noch nicht erfüllt. Zunächst ist für sie ein Jahr Pflichtbeitragszeit wegen der Erziehung des 1987 geborenen Kindes zu berücksichtigen (lesen Sie hierzu im Einzelnen S. 169 ff.). Darüber hinaus werden wegen der Erziehung des Kindes auf die Wartezeit von 35 Jahren neun weitere Jahre der Kindererziehung als sogenannte Berücksichtigungszeit (vgl. hierzu ausführlich auch S. 229 ff.) angerechnet. Die Zeit der Kindererziehung hat also – wie wir oben bereits lesen konnten – doppelte Bedeutung. Sie ist einmal eine Pflichtbeitragszeit – je nachdem, ob das Kind vor oder ab dem 1.1.1992 geboren wurde – von einem Jahr oder drei Jahren, die auf alle Wartezeiten angerechnet werden, und darüber hinaus eine Berücksichtigungszeit (§ 57 SGB VI) bis zum vollendeten zehnten Lebensjahr des Kindes – die ebenso wie Beitragszeiten in die 35-jährige Wartezeit einfließt (vgl. auch S. 231). Außerdem ist die vor 1992 zurückgelegte Zeit des Bezugs von Arbeitslosengeld während des Jahres 1976 (= ein Jahr) eine Anrechnungszeit, die ebenfalls auf die Wartezeit von 35 Jahren angerechnet wird. Die Zeit des Volksschulbesuchs findet keine Berücksichtigung, da Zeiten der Schulausbildung nur ab Vollendung des 17. Lebensjahres als Anrechnungszeit berücksichtigt werden (lesen Sie hierzu im Einzelnen S. 221 f.). Darüber hinaus hat sie durch ihre Beschäftigung als Verkäuferin eine Pflichtbeitragszeit von 20 Jahren und durch ihre dreijährige Lehre weitere drei Jahre Pflichtbeitragszeit erworben, die natürlich ebenfalls Anrechnung finden. Frau Claudius hat also 23 Jahre Pflichtversicherung wegen versicherungspflichtiger Beschäftigung (drei Jahre Lehrzeit und 20 Jahre Beschäftigung als Verkäuferin), ein Jahr Pflichtversicherung wegen Kindererziehung, neun Jahre Berücksichtigungszeit wegen Kindererziehung und ein Jahr Anrechnungszeit wegen Arbeitslosigkeit und damit nur 34 Jahre, die auf die Wartezeit von 35 Jahren angerechnet werden. Damit hat sie die Wartezeit von 35 Jahren nicht erfüllt. Ihr kann deshalb mit 60 Jahren trotz der Schwerbehinderung noch keine Rente gewährt werden.

Sie hat jedoch mehrere Möglichkeiten: Sie kann warten, bis sie die Regelaltersgrenze erreicht – bei Versicherten des Geburtsjahrgangs 1951 ist diese mit 65 Jahren und 5 Monaten erreicht (vgl. hierzu die Tabelle auf S. 17) – und hat dann Anspruch auf Regelaltersrente, da sie ja die allgemeine Wartezeit (= fünf Jahre Beitragszeit) erfüllt hat. Sinnvoller wäre es jedoch, noch ein zusätzliches Jahr rentenrechtlicher Zeiten zu erwerben, denn Frau Claudius fehlt ja an den erforderlichen 35 Jahren nur noch ein Jahr. Sie könnte also noch ein Jahr versicherungspflichtig arbeiten gehen und dadurch ein Jahr Pflichtbeitragszeit erlangen; sie könnte auch ein Jahr lang einen sogenannten Minijob ausüben und dabei auf die Versicherungsfreiheit verzichten. Dies hätte ebenfalls zur Folge, dass sie weitere Pflichtbeitragszeiten von einem Jahr erwirbt (lesen Sie zu dieser Möglichkeit unbedingt S. 210). Frau Claudius könnte auch für das fehlende Jahr freiwillige Beiträge zahlen, wobei der Mindestbeitrag pro Monat circa 80 Euro beträgt. Sobald hierdurch die 35 Jahre »voll« sind, hätte sie Anspruch auf Altersrente für Schwerbehinderte.

Schwerbehinderung

Schwerbehinderte sind Versicherte, denen ein Grad der Behinderung von wenigstens 50 v.H. zuerkannt worden ist. Die Schwerbehinderteneigenschaft wird in der Regel durch den Schwerbehindertenausweis bzw. den entsprechenden Bescheid der zuständigen Behörde nachgewiesen. Ausreichend ist aber auch ein Bescheid einer Berufsgenossenschaft, der aufgrund eines Arbeitsunfalls oder einer Berufskrankheit einen Grad der Minderung der Erwerbsfähigkeit (MdE) von 50 v.H. ausweist. Ebenso genügen entsprechende Feststellungen in einem Verfahren vor dem Sozialgericht. Nicht ausreichend ist der Fall der Gleichstellung eines Behinderten mit einem Grad der Behinderung von 30 v. H. mit einem Schwerbehinderten. Die Schwerbehinderung muss zu Beginn der Rentenbewilligung vorliegen, wobei auch die rückwirkende Anerkennung ausreicht.

Beispiel

Hat ein Versicherter, der die erforderliche Wartezeit von 35 Jahren zurückgelegt hat, mit Vollendung des 60. Lebensjahres Altersrente beantragt, so ist ihm diese Rente rückwirkend zu gewähren, wenn ein zunächst abgelehnter Schwerbehindertenausweis erst in einem späteren Klageverfahren vor dem Sozialgericht rückwirkend zuerkannt wird.

Rentenantragstellung besonders wichtig

Da die Schwerbehindertenrente – wie alle anderen Renten auch – nur aufgrund eines rechtzeitig gestellten Rentenantrages geleistet wird, sollten Sie darauf achten, vorsorglich einen Antrag auf eine Altersrente für Schwerbehinderte (bei Erfüllung der Wartezeit von 35 Jahren) auch schon dann zu stellen, wenn die Schwerbehinderung bereits beantragt wurde, ein entsprechender Bescheid der Versorgungsverwaltung jedoch noch nicht vorliegt oder wenn über die Schwerbehinderung noch gestritten wird (z.B. in einem Rechtsstreit vor dem Sozialgericht). Wird Ihnen die Schwerbehinderung nämlich im Rahmen solcher (noch anhängiger) Verfahren rückwirkend zuerkannt, so führt dies nicht automatisch dazu, dass Sie auch rückwirkend Anspruch auf eine Rente haben. Diese setzt immer die vorherige Stellung eines Antrages voraus. Ohne Antrag keine Rente! Etwas anderes gilt nur, wenn der Rentenversicherungsträger oder eine anderer Sozialleistungsträger Sie, z.B. im Rahmen eines Beratungsgespräches, auf die Notwendigkeit der Antragstellung hätte hinweisen müssen, dies jedoch unterlassen hat. In diesem Fall besteht möglicherweise ein sogenannter sozialrechtlicher Herstellungsanspruch, der zur Folge haben kann, dass die Rente auch ohne Antragstellung rückwirkend zu zahlen ist. Die Voraussetzungen des Herstellungsanspruches sind jedoch zu kompliziert, als dass sie hier erläutert werden könnten. Wenden Sie sich deshalb in diesem Fall an einen Fachanwalt für Sozialrecht oder an einen Rentenberater.

Wegfall der Schwerbehinderung

Fällt die Schwerbehinderung weg, nachdem die Altersrente bewilligt worden ist, weil sich z.B. der Gesundheitszustand des Rentners gebessert hat, bleibt der Rentenanspruch gleichwohl bestehen. Wird jedoch die Altersrente entzogen, weil der Versicherte z.B. die zulässige Höchsthinzuverdienstgrenze überschritten hat, dann müssen bei erneuter Antragstellung wieder alle Voraussetzungen, also auch die Schwerbehinderung vorliegen.

Rente ab 60

Die Altersrente für Schwerbehinderte kann – wie bereits erwähnt – bis zum 31.12.2011 noch ab Vollendung des 60. Lebensjahres in Anspruch genommen werden. Ab dem 1.1.2012 wird auch diese Altersgrenze des frühestmöglichen Rentenbeginns angehoben (lesen Sie hierzu S. 33 unten, S. 34).

Früherer Rentenbeginn = Rentenabschlag

Eines müssen Sie jedoch unbedingt beachten: Ein vorzeitiger Rentenbezug, hier ab dem 60. Lebensjahr, bedeutet – von wenigen Ausnahmefällen abgesehen – auch immer, dass die Rente nur mit Abschlägen gezahlt wird. Die Altersrente für Schwerbehinderte wird bei Versicherten, die vor dem 1.1.1952 geboren sind, die also das 60. Lebensjahr bis zum 31.12.2011 vollendet haben, abschlagsfrei gezahlt, wenn die Rente erst ab Vollendung des 63. Lebensjahres in Anspruch genommen wird. Für jeden Monat des Bezugs der Rente vor dem 63. Lebensjahr wird die Rente um einen Abschlag von 0,3 Prozent gemindert. Bei Inanspruchnahme der Rente ab Vollendung des 60. Lebensjahres müsste also ein vor dem 1.1.1952 Geborener einen Abschlag von 10,8 Prozent (36 Monate des vorzeitigen Rentenbezugs x 0,3 = 10,8) in Kauf nehmen. Für Versicherte, die ab dem 1.1.1952 geboren sind, ändert sich die Rechtslage ab 1.1.2012 (lesen Sie hierzu ab dem übernächsten Absatz weiter).

Keine Rentenabschläge bei Vertrauensschutz

Keine Rentenabschläge bei Rentenbeginn vor Vollendung des 63. Lebensjahres müssen Versicherte in Kauf nehmen, die bis zum 16.11.1950 geboren sind und am 16.11.2000 schwerbehindert waren und auch bei Beginn der Rente als Schwerbehinderte anerkannt sind.

Tipp

Änderung des Gesetzes ab 2012

Allerdings haben zukünftig nicht alle Versicherten bereits (frühestens) mit Vollendung des 60. Lebensjahres Anspruch auf die Altersrente für schwerbehinderte Menschen. Auch für diese Rente werden die Anspruchsvoraussetzungen durch das Altersgrenzenanpassungsgesetz vom 20.4.2007 mit Wirkung zum 1.1.2012 geändert: Die Altersgrenze des 60. Lebensjahres wird von diesem Zeitpunkt an schrittweise bis 2029 auf da 62. Lebensjahr angehoben. Gleichzeitig wird auch das Alter des abschlagsfreien Rentenbezugs vom 63. auf das 65. Lebensjahr angehoben. Im Einzelnen gilt Folgendes:

Für Versicherte der Geburtsjahrgänge 1951 und älter kann die Altersrente für schwerbehinderte Menschen weiterhin (frühestens) mit Vollendung des 60. Lebensjahres in Anspruch genommen werden, wobei jeder Monat des Rentenbezugs vor Vollendung des 63. Lebensjahres zu einem Rentenabschlag von 0,3 Prozent des Rentenzahlbetrages führt.

Für Versicherte der Geburtsjahrgänge 1952 und jünger gilt die nachfolgende Tabelle des § 236a Abs.2 SGB VI:

Versicherte Geburtsjahr Geburtsmonat	**Anhebung um Monate**	**auf Alter**	**Vorzeitige Inanspruchnahme möglich ab Alter**
		Jahre + Monate	**Jahre + Monate**
1952			
Januar	1	63 + 1	60 + 1
Februar	2	63 + 2	60 + 2
März	3	63 + 3	60 + 3
April	4	63 + 4	60 + 4
Mai	5	63 + 5	60 + 5
Juni bis Dezember	6	63 + 6	60 + 6
1953	7	63 + 7	60 + 7
1954	8	63 + 8	60 + 8
1955	9	63 + 9	60 + 9
1956	10	63 + 10	60 + 10
1957	11	63 + 11	60 + 11
1958	12	64 + 0	61 + 0
1959	14	64 + 2	61 + 2
1960	16	64 + 4	61 + 4
1961	18	64 + 6	61 + 6
1962	20	64 + 8	61 + 8
1963	22	64 + 10	61 + 10

So lesen Sie die Tabelle: Ein Versicherter des Geburtsjahrgangs 1957 kann die Altersrente für Schwerbehinderte frühestens ab einem Alter von 60 Jahren und 11 Monaten erhalten. Abschlagsfrei würde die Rente erst ab einem Alter von 63 Jahren und 11 Monaten gezahlt, sodass er für jeden Monat des Bezugs vor Erreichen dieser Altersgrenze einen Rentenabschlag von 0,3 Prozent in Kauf nehmen müsste. Ein Versicherter, der zwischen Juni und Dezember 1952 geboren ist, kann die Rente frühestens ab einem Alter von 60 Jahren und 6 Monaten beanspruchen. Die abschlagsfreie Rentengewährung wäre ab Erreichen der Altersgrenze von 63 Jahren und 6 Monaten möglich, sodass ein Rentenbezug vor diesem Alter wiederum einen Rentenabschlag von 0,3 Prozent pro Monat des vorzeitigen Rentenbezugs zur Folge hätte. Versicherte des Jahrgangs 1964 und jünger können die Altersrente für Schwerbehinderte frühestens ab Vollendung des 62. Lebensjahres in Anspruch nehmen. Der abschlagsfreie Rentenbezug ist für diese Jahrgänge erst ab 65 möglich.

Tipp

Vertrauensschutz für rentennahe Jahrgänge

Die Altersgrenzen werden nicht für Schwerbehinderte angehoben, die bereits am 1.1.2007 als Schwerbehinderte anerkannt waren, vor dem 1.1.1955 geboren sind und vor dem 1.1.2007 Altersteilzeitarbeit im Sinne des Altersteilzeitgesetzes vereinbart haben oder Anpassungsgeld für entlassene Arbeitnehmer des Bergbaus bezogen haben.

Außerdem haben Versicherte, die vor dem 17.11.1950 geboren sind und am 16.11.2000 bereits schwerbehindert waren, weiterhin ab Vollendung des 60. Lebensjahres Anspruch auf abschlagsfreie Rentenzahlung, wenn sie auch bei Beginn der Rentenzahlung schwerbehindert sind und die Wartezeit von 35 Jahren erfüllt haben.

✓

Der Anspruch auf Altersrente für Schwerbehinderte besteht also, wenn folgende

Fragen bejaht werden können:

1. Hat der Versicherte das 60. Lebensjahr (bei Geburt vor dem 1.1.1952) oder das nach obiger Tabelle maßgebliche Lebensalter (bei Geburt ab dem 1.1.1952) erreicht?

2. Ist er (bei Rentenbeginn) schwerbehindert?
3. Hat er außerdem die Wartezeit von 35 Jahren zurückgelegt?
4. Ist der Rentenantrag gestellt?
5. Wird die Höchsthinzuverdienstgrenze (die Hinzuverdienstgrenze für die 1/3-Rente) nicht überschritten?

Kein Wechsel der Altersrenten

Seit dem 1.8.2004 ist nach § 34 Abs. 4 SGB VI ein Wechsel von einer Altersrente in die andere, also auch ein Wechsel z.B. von der Altersrente für langjährig Versicherte oder der Altersrente für Arbeitslose in eine Rente für Schwerbehinderte, auch wenn Letztere höher wäre, weil sie ohne oder mit geringeren Abschlägen geleistet wird, ebenso wie ein Wechsel in eine Rente wegen verminderter Erwerbsfähigkeit ausgeschlossen.

Bezieht z.B. eine Versicherte ab Vollendung des 60. Lebensjahres am 1.2.2009 eine Altersrente für Frauen, die bei Zahlung ab dieser Altersgrenze nur mit einem Rentenabschlag von 18 Prozent gewährt wird, dann hat sie bei einer Erkrankung und hierdurch eingetretenen Schwerbehinderung nach Vollendung des 63. Lebensjahres keinen Anspruch auf die dann abschlagsfrei zu zahlende Altersrente für Schwerbehinderte, weil das Gesetz den Wechsel von einer Altersrente in die andere ausschließt, auch wenn diese für die Versicherten günstiger ist (lesen Sie hierzu auch S. 40).

1.4 Die Altersrenten für langjährig Versicherte

Ebenso wie die Altersrente für Schwerbehinderte eröffnet auch die Altersrente für langjährig Versicherte die Möglichkeit des vorzeitigen Rentenbezugs. Diese Rente kann jedoch erst frühestens vom 63. Lebensjahr an beansprucht werden und setzt – ebenso wie die zuvor besprochene Altersrente für Schwerbehinderte – neben dem Erreichen dieser Altersgrenze voraus, dass die 35-jährige Wartezeit erfüllt ist. Die Anspruchsvoraussetzungen für diese Rente sind in den §§ 36, 236 SGB VI geregelt. Auch die Altersrente für langjährig Versicherte wird nur auf Antrag gewährt (lesen Sie hierzu S. 21 f.).

Beispiel

Nehmen Sie an, Frau Hof wird bald 63 Jahre alt. Sie war neben ihrer dreijährigen Lehre 40 Jahre lang versicherungspflichtig beschäftigt und möchte wissen, ob ein Antrag auf Altersrente bereits ab Vollendung des 63. Lebensjahres Aussicht auf Erfolg hat.

Tipp

63 Jahre alt und Wartezeit von 35 Jahren

Versicherte können – wie bereits erwähnt – auch schon vor Vollendung der Regelaltersgrenze die Zahlung einer Rente beanspruchen. Liegen keine besonderen Umstände, wie z.B. Schwerbehinderung oder Arbeitslosigkeit vor, die den vorzeitigen Ruhestand rechtfertigen, kann die Altersrente jedoch frühestens vom 63. Lebensjahr an gewährt werden.

Keine Anhebung der Altersgrenze

Wir haben oben im Rahmen der Darstellung der sogenannten Regelaltersrente gelesen, dass das Rentenrecht durch das Altersgrenzenanpassungsgesetz vom 20.4.2007 mit Wirkung ab 1.1.2012 grundlegend geändert wird und dass die für die verschiedenen Altersrenten maßgeblichen Altersgrenzen angehoben werden. Von dieser Anhebung ist das 63. Lebensjahr als frühester Beginn der Rente für langjährig Versicherte ausgenommen. Diese Rente kann weiterhin – auch noch nach 2012 – bereits mit 63 beansprucht werden.

Wartezeit von 35 Jahren

Das Gesetz verlangt für die Gewährung der Rente für langjährig Versicherte, dass die Versicherten die Wartezeit von 35 Jahren zurückgelegt haben. Die Wartezeit von 35 Jahren als Anspruchsvoraussetzung für eine Altersrente wurde bereits oben im Rahmen der Altersrente für Schwerbehinderte behandelt, die ebenfalls nur bei Vorliegen der 35-jährigen Wartezeit gewährt wird. Lesen Sie deshalb auf S. 28 die Ausführungen zur Wartezeit von 35 Jahren, die auch für die Altersrente für langjährig Versicherte gelten. Da Frau Hof aufgrund ihrer Lehrzeit und versicherungspflichtigen Beschäftigung über 43 Jahre Pflichtbeitragszeit verfügt, die auf die Wartezeit von 35 Jahren anzurechnen sind, hat sie zweifelsfrei die 35-jährige Wartezeit zurückgelegt und mit Vollendung des 63. Lebensjahres Anspruch auf die Altersrente für langjährig Versicherte.

!

Auch hier Rentenabschläge

Der vorzeitige Bezug der Altersrente für langjährig Versicherte hat ebenfalls Rentenabschläge zur Folge. Die Höhe des Rentenabschlags ergibt sich aus dem Alter des Rentners bei Rentenbeginn (frühestens 63) und der zu diesem Zeitpunkt maßgeblichen Regelaltersgrenze: Für jeden Monat des Rentenbeginns vor der Regelaltersgrenze muss der Rentner einen Rentenabschlag von 0,3 Prozent in Kauf nehmen. Da (wie bei der Darstellung der Regelaltersrente bereits ausgeführt) bis zum 31.12.2011 das 65. Lebensjahr die Regelaltersgrenze darstellt, ist die Altersrente für langjährig Versicherte bei einem Rentenbeginn bis zum 1.1.2014 mit Vollendung des 63. Lebensjahrs um einen Rentenabschlag in Höhe von 7,2 Prozent (24 Monate des Rentenbezugs vor dem 65. Lebensjahr x 0,3 Prozent = 7,2 Prozent) zu mindern. Nähme ein Versicherter die Rente erst mit Vollendung des 64. Lebensjahres in Anspruch, betrüge der Abschlag nur 3,2 Prozent (12 Monate des Rentenbezugs vor Vollendung des 65. Lebensjahres x 0,3 Prozent = 3,2 Prozent). Diese Regelungen gelten für die Jahrgänge 1948 und älter.

Im Zusammenhang mit der Anhebung der Regelaltersgrenze erhöhen sich jedoch auch die Rentenabschläge der vorzeitig bezogenen Altersrente für langjährig Versicherte: Bei einem Beginn der Altersrente für langjährig Versicherte ab dem 1.1.2014 ist nicht mehr das 65. Lebensjahr für die Berechnung des Rentenabschlags heranzuziehen, sondern das Alter, das sich aus der nachfolgenden Tabelle ergibt: Betroffen hiervon sind die Geburtsjahrgänge 1949 bis einschließlich 1963.

Geburtsjahr/ Geburtsmonat	Anhebung	
	um Monate	Jahre + Monate
1949		
Januar	1	65 + 1
Februar	2	65 + 2
März – Dezember	3	65 + 3

Geburtsjahr/ Geburtsmonat	Anhebung	
	um Monate	Jahre + Monate
1950	4	65 + 4
1951	5	65 + 5
1953	6	65 + 6
1953	7	65 + 7
1954	8	65 + 8
1955	9	65 + 9
1956	10	65 + 10
1957	11	66 + 11
1958	12	66 + 0
1959	14	66 + 2
1960	16	66 + 4
1961	18	66 + 6
1962	20	66 + 8
1963	22	66 + 10

Die obige Tabelle ist wie folgt zu lesen: Bei einem Versicherten, der 1948 oder früher geboren ist, ist das 65. Lebensjahr für die Höhe des Rentenabschlags maßgeblich, sodass für jeden Monat des Beginns der Altersrente für langjährig Versicherte vor 65 ein Abschlag um 0,3 Prozent vorgenommen wird. Bei einem Rentenbeginn ab 63 also 7,2 Prozent. Bei Versicherten, die nach dem 31.12.1948 geboren sind, also ab Jahrgang 1949, ist die Tabelle maßgeblich. Ist ein Versicherter z.B. 1951 geboren, kann er die Altersrente für langjährig Versicherte erst mit 65 Jahren und 5 Monaten abschlagsfrei in Anspruch nehmen. Bezieht er sie ab 63, also 29 Monate eher, beträgt der Abschlag 8,7 Prozent (29 x 0,3). Ab dem 1.1.2029 kann die Altersrente für langjährig Versicherte weiterhin (frühestens) mit 63 beansprucht werden, abschlagsfrei jedoch erst ab 67. Der Abschlag bei einer Rentengewährung ab 63, also 48 Monate vor Erreichen des 67. Lebensjahres beträgt dann 14,4 Prozent (48 x 0,3). Von dieser ab 2029 geltenden Regelung sind die Jahrgänge 1964 und jünger betroffen.

!

Vertrauensschutz

Die Altersgrenze für die abschlagsfreie Rentengewährung wird nicht auf das 67. Lebensjahr angehoben, wenn Versicherte vor dem 1.1.1955 geboren sind und vor dem 1.1.2007 Altersteilzeitarbeit im Sinne des Altersteilzeitgesetzes vereinbart haben oder Anpassungsgeld für entlassene Arbeitnehmer des Bergbaus bezogen haben. Diese Personen erhalten die Rente weiter abschlagsfrei ab 65 und nicht erst ab 67.

Spätere Inanspruchnahme der Altersrente

Die Altersrente für langjährig Versicherte kann natürlich (wie jede andere Altersrente auch) auch nach Vollendung des 63. Lebensjahres beansprucht werden, wenn z.B. die Wartezeit von 35 Jahren (z.B. durch Weiterarbeit und die Zahlung von Beiträgen) erst nach Vollendung des 63. Lebensjahres erfüllt ist. Auch die Altersrente für langjährig Versicherte wird nur auf Antrag gewährt.

Kein Wechsel der Altersrente

Seit dem 1.8.2004 ist – wie bei der Besprechung der Altersrente für Schwerbehinderte bereits erwähnt – nach § 34 Abs. 4 SGB VI ein Wechsel von einer Altersrente in die andere, also auch ein Wechsel von der Altersrente für langjährig Versicherte z.B. in eine Rente für Schwerbehinderte (auch wenn diese wegen geringerer Abschläge höher wäre) oder ein Wechsel in eine Rente wegen verminderter Erwerbsfähigkeit ausgeschlossen.

Bezieht z.B. ein Versicherter ab Vollendung des 63. Lebensjahres die Altersrente für langjährig Versicherte mit einem entsprechenden Rentenabschlag und wird er ein Jahr später schwerbehindert, kann er nicht in die Altersrente für Schwerbehinderte wechseln, auch wenn diese mit keinem oder nur geringeren Abschlägen (lesen Sie hierzu S. 36) zu zahlen wäre. Einen solcher Rentenwechsel schließt das Gesetz aus.

!

Sie müssen also immer darauf achten, d.h. sich von dem zuständigen Rentenversicherungsträger, einem Fachanwalt für Sozialrecht oder Rentenberater beraten lassen, dass Sie

– bei Bestehen mehrerer möglicher Rentenansprüche – die höchste Rente beantragen. Im Zweifel empfiehlt es sich gegebenenfalls auch, mehrere Renten gleichzeitig zu beantragen.

Liegen z.B. die Anspruchsvoraussetzungen für die Altersrente für langjährig Versicherte mit Vollendung des 63. Lebensjahres vor und haben Sie die Anerkennung als Schwerbehinderter beantragt, ohne dass das Anerkennungsverfahren bereits abgeschlossen ist, dann sollten Sie gleichzeitig sowohl die Altersrente für Schwerbehinderte als auch die Altersrente für langjährig Versicherte beantragen. Stellt sich dann später nach entsprechenden medizinischen Ermittlungen im Rahmen des Schwerbehindertenverfahrens heraus, dass Sie bereits ab Vollendung des 63. Lebensjahres schwerbehindert sind, dann haben Sie aufgrund des bereits gestellten Rentenantrags Anspruch auf die rückwirkende Zahlung der (für Sie günstigeren) Altersrente für Schwerbehinderte, die Ihnen gegebenenfalls anstelle der bereits bewilligten Altersrente für langjährig Versicherte zu zahlen ist. Ein Rentenwechsel liegt dann nicht vor, sondern Sie erhalten von Anfang an rückwirkend die günstigere Rente anstelle der ungünstigeren. Ohne die rechtzeitige Beantragung (auch) der Altersrente für Schwerbehinderte ist das nicht möglich.

1.5 Die Altersrente wegen Arbeitslosigkeit oder nach Altersteilzeitarbeit

Versicherte, die arbeitslos sind oder einer Altersteilzeitarbeit nachgegangen sind, können unter bestimmten Voraussetzungen ebenfalls mit 63 Jahren eine Altersrente beanspruchen. Die Anspruchsvoraussetzungen für diese Rente sind in § 237 SGB VI geregelt.

Rente nur noch für die Jahrgänge 1951 und älter

Die Altersrente wegen Arbeitslosigkeit oder nach Altersteilzeitarbeit wird nur noch Versicherten gezahlt, die vor dem 1.1.1952 geboren sind, d.h. ab dem 1.1.1952 Geborene haben keinen Anspruch auf diese Rente. Da die vor dem 1.1.1952 Geborenen spätestens am 31.12.2014 das 63. Lebensjahr vollendet haben, ist eine Inanspruchnahme der Altersrente wegen Arbeitslosigkeit oder nach Altersteilzeitarbeit ab 2015 bereits mit Vollendung des 63. Lebensjahres nicht mehr möglich. Die Rente kann aber auch dann noch von Versicherten der Jahrgänge 1951 und älter – aber eben erst nach dem 63. Lebensjahr – beansprucht werden, und eröffnet weiterhin die Möglichkeit des vorzeitigen Rentenbeginns. Die vor dem 1.1.1952 Geborenen sind zwar ab 2015 älter als 63 Jahre, aber auch noch jünger als die dann für sie geltende Regelaltersgrenze von 65 Jahren und 5 Monaten (vgl. die Tabelle auf S. 17). Allerdings hat auch hier der vorzeitige Bezug der Altersrente einem Rentenabschlag von 0,3 Prozent für jeden Monat des Rentenbeginns vor der bei Rentenbeginn jeweils geltenden Regelaltersgrenze, die Sie der Tabelle auf S. 17 entnehmen können, zur Folge.

Wird z.B. einem im Juni 1951 geborenen Versicherten die Altersrente wegen Arbeitslosigkeit oder nach Altersteilzeitarbeit mit Vollendung des 64. Lebensjahres im Juni 2015 gewährt, weil er alle Anspruchsvoraussetzungen für diese Rente erfüllt, dann erhielte er die Rente deutlich früher als die für ihn mögliche Regelaltersrente. Diese könnte er nämlich erst mit 65 Jahren und 5 Monaten erhalten (vgl. die Tabelle auf S. 17). Er müsste jedoch wegen des vorzeitigen Rentenbezugs einen Abschlag von 4,5 Prozent in Kauf nehmen, weil er die Altersrente wegen Arbeitslosigkeit oder nach Altersteilzeitarbeit 15 Monate vor der für ihn maßgeblichen Regelaltersgrenze (65 Jahre und 5 Monate) in Anspruch nimmt. Erst wenn der Jahrgang 1951, der als letzter Jahrgang die Altersrente wegen Arbeitslosigkeit oder nach Altersteilzeitarbeit beanspruchen kann, das Alter von 65 Jahren und 5 Monaten erreicht hat, wird diese Rente für die Versicherten dieses Jahrgangs ohne Bedeutung sein, weil sie dann ohnehin die (abschlagsfreie) Regelaltersrente in Anspruch nehmen können.

a) Altersrente wegen Arbeitslosigkeit

> **Beispiel**
>
> Nehmen Sie an, Herr Dallwig hat am 1.1.2010 das 63. Lebensjahr vollendet. Er ist seit zehn Jahren arbeitslos und hat während dieser Zeit durchgängig Arbeitslosengeld und Arbeitslosenhilfe und zuletzt Arbeitslosengeld II bezogen. Herr Dallwig möchte wissen, ob er im Hinblick auf die lange Arbeitslosigkeit vorzeitig Rente erhalten kann.

Acht Jahre Pflichtbeiträge in den letzten zehn Jahren

Das Gesetz eröffnet auch für Arbeitslose (bei Rentenbeginn bis 2016) die Möglichkeit, schon vor Vollendung des 65. Lebensjahres Rente zu beanspruchen. Die Rente wird jedoch – neben weiteren Voraussetzungen – nur gewährt, wenn für den Antragsteller in den letzten zehn Jahren vor Rentenbeginn in einem Umfang von mindestens acht Jahren Pflichtbeiträge zur gesetzlichen Rentenversicherung entrichtet worden sind. Pflichtbeiträge werden natürlich immer gezahlt, wenn ein Versicherter als Arbeitnehmer gearbeitet hat. Außerdem sind aber auch Zeiten des Bezugs von Arbeitslosengeld, Arbeitslosenhilfe oder (vom 1.1.2005 bis zum 31.12.2010) Arbeitslosengeld II (sowie anderer Lohnersatzleistungen) Pflichtbeitragszeiten. Herr Dallwig verfügt, da er bereits seit zehn Jahren arbeitslos ist und Leistungen von der Arbeitsverwaltung bezogen hat, über Pflichtbeitragszeiten von acht Jahren während der letzten zehn Jahre. Diese besondere Anspruchsvoraussetzung ist also erfüllt. Lassen Sie uns schauen, welche weiteren Voraussetzungen das Gesetz verlangt:

Im Einzelnen sind für die Altersrente wegen Arbeitslosigkeit folgende Voraussetzungen zu erfüllen (§ 237 SGB VI):

1. Vollendung des 63. Lebensjahres,
2. Geburt vor dem 1.1.1952,
3. Arbeitslosigkeit bei Beginn der Rente und Arbeitslosigkeit nach Vollendung eines Lebensalters von 58 Jahren

und sechs Monaten für die Dauer eines Jahres (52 Wochen),
4. Pflichtbeitragszeiten in einem Umfang von acht Jahren während der letzten zehn Jahre vor Rentenbeginn,
5. die Erfüllung der Wartezeit von 15 Jahren,
6. Rentenantrag und
7. Einhaltung der Hinzuverdienstgrenze.

Die Arbeitslosigkeit kann durch den Bezug von Anpassungsgeld für entlassene Arbeitnehmer des Bergbaus ersetzt werden.

Der Zehnjahreszeitraum vor Rentenbeginn, in dem (als Anspruchsvoraussetzung für die Rente) acht Jahre Pflichtbeitragszeiten enthalten sein müssen, verlängert sich um Anrechnungszeiten (z.B. Zeiten der Arbeitsunfähigkeit oder Arbeitslosigkeit ohne Leistungsbezug; lesen Sie hierzu im Einzelnen S. 221 ff.), Berücksichtigungszeiten wegen Kindererziehung oder Pflege (möglich vom 1.1.1992 bis zum 31.3.1995) und Zeiten des Bezugs einer eigenen Rente. Hätte Herr Dallwig z.B. im letzten Fall nicht zehn Jahre Leistungen wegen Arbeitslosigkeit bezogen, sondern wäre in dieser Zeit zwar fünf Jahre arbeitslos gewesen, ohne jedoch wegen seines Vermögens Anspruch auf Arbeitslosengeld II zu haben (= fünf Jahre Anrechnungszeit), so hätte er ab 63 gleichwohl Anspruch auf die Altersrente wegen Arbeitslosigkeit, wenn er in den letzten 15 Jahren (d.h. in dem um die fünf Jahre Anrechnungszeit verlängerten Zehnjahreszeitraum) acht Jahre Pflichtbeiträge hat.

Bis zum 31.12.2008 konnte die Altersrente wegen Arbeitslosigkeit übrigens noch vor Vollendung des 63. Lebensjahres und vor dem 1.1.2006 sogar noch ab dem 60. Lebensjahr in Anspruch genommen werden. Seit dem 1.1.2009 ist der Bezug dieser Rente erst ab dem 63. Lebensjahr möglich (§ 237 Abs. 3 in Verbindung mit der Anlage 19 zum SGB VI).

Bestimmte Personen können die Altersrente wegen Arbeitslosigkeit auch weiterhin ab 60 beanspruchen, und zwar Versicherte,

Rente weiterhin ab 60, Vertrauensschutz

- die am 1.1.2004 arbeitslos waren und
- deren Arbeitsverhältnis aufgrund einer Kündigung oder Vereinbarung, die vor dem 1.1.2004 erfolgt ist, nach dem 31.12.2003 beendet worden ist oder
- deren letztes Arbeitsverhältnis vor dem 1.1.2004 beendet worden ist und die am 1.1.2004 beschäftigungslos im Sinne des § 119 Abs. 1 Nr. 1 SGB III waren oder
- die vor dem 1.1.2004 Altersteilzeitarbeit im Sinne des Altersteilzeitgesetzes vereinbart haben oder
- die Anpassungsgeld für entlassene Arbeitnehmer des Bergbaus bezogen haben.

Einer vor dem 1.1.2004 abgeschlossenen Vereinbarung über die Beendigung des Arbeitsverhältnisses steht eine vor diesem Tag vereinbarte Befristung des Arbeitsverhältnisses oder die Bewilligung einer arbeitsmarktpolitischen Maßnahme gleich.

Diese Versicherten erhalten die Altersrente wegen Arbeitslosigkeit oder nach Altersteilzeitarbeit weiter ab 60.

Auch hier Rentenabschläge

Die Altersrente wegen Arbeitslosigkeit kann ohne Abschläge erst ab Vollendung der Regelaltersgrenze in Anspruch genommen werden. Bei früherer Rentenbewilligung (frühestens ab dem 63. Lebensjahr bzw. bei Vertrauensschutzfällen (siehe oben) ab dem 60. Lebensjahr) muss der Versicherte für jeden Monat des früheren Rentenbezugs einen Rentenabschlag von 0,3 Prozent in Kauf nehmen.

Nachweis der Arbeitslosigkeit

Arbeitslosigkeit als Anspruchsvoraussetzung für die Rentengewährung liegt natürlich wie im vorherigen Beispiel in den Zeiten vor, in denen der Versicherte Arbeitslosengeld oder -hilfe bzw. Arbeitslosengeld II erhalten hat. Die Arbeitsämter teilen den Rentenversicherungsträgern den Leistungsbezug mit. Damit ist die Arbeitslosigkeit als Anspruchsvoraussetzung für die Rente nachgewiesen.

Tipp

Meldung bei der Agentur für Arbeit

Werden keine Leistungen von einer Agentur für Arbeit bezogen, weil z.B. für die Gewährung von Arbeitslosengeld II das Einkommen des Ehegatten zu hoch ist und es deshalb an der sogenannten Bedürftigkeit fehlt, muss sich der Arbeitslose zur Sicherung seines späteren Rentenanspruchs und des dafür geforderten Nachweises der einjährigen Arbeitslosigkeit bei der zuständigen Agentur für Arbeit persönlich arbeitslos melden. Diese wird dem Rentenversicherungsträger dann die Arbeitslosigkeit bestätigen bzw. Ihnen eine entsprechende Bescheinigung für den Rentenantrag ausstellen.

Wartezeit von 15 Jahren

Auf die Wartezeit von 15 Jahren, die bei der Altersrente wegen Arbeitslosigkeit erfüllt sein muss, sind wie bei der allgemeinen Wartezeit nur Beitragszeiten und Ersatzzeiten anrechenbar (lesen Sie hierzu auch S. 18 f.).

b) Altersrente nach Altersteilzeitarbeit

§

Ein Anspruch auf Rente ab Vollendung des 63. Lebensjahres bei Vorliegen der oben genannten Voraussetzungen besteht auch, wenn der Versicherte zumindest 24 Monate lang eine sogenannte Altersteilzeitbeschäftigung im Sinne der §§ 2, 3 Abs. 1 Nr. 1 des Altersteilzeitgesetzes ausgeübt hat. Die recht komplizierten Voraussetzungen für eine derartige Beschäftigung, die wir nachfolgend besprechen werden, sind im Altersteilzeitgesetz geregelt. Durch diese Rente soll älteren Arbeitnehmern die Möglichkeit eröffnet werden, über eine Reduzierung der Arbeitszeit in den vorzeitigen Ruhestand »zu gleiten«. Die 24-monatige Altersteilzeitbeschäftigung ersetzt die einjährige Arbeitslosigkeit als Anspruchsvoraussetzung für die Altersrente. Alle übrigen Anspruchsvoraussetzungen für die Rente (vgl. S. 14 ff.) müssen erfüllt sein.

✓

Im Einzelnen muss das Modell der Altersteilzeitbeschäftigung als Voraussetzung für den späteren Rentenanspruch (bereits ab 63) nach § 2 des Altersteilzeitgesetzes folgendermaßen konstruiert sein:

- der Arbeitnehmer muss das 55. Lebensjahr vollendet haben,
- er muss seine Arbeitszeit nach dem 14.2.1996 aufgrund einer entsprechenden Vereinbarung mit seinem Arbeitgeber auf die Hälfte der bisherigen wöchentlichen Arbeitszeit – jedoch nicht auf weniger als 15 Stunden wöchentlich – vermindert haben und
- der Arbeitnehmer muss innerhalb der letzten fünf Jahre vor Beginn der Altersteilzeit mindestens 1080 Kalendertage (= 36 Monate) versicherungspflichtig beschäftigt gewesen sein.

Pflichten des Arbeitnehmers

Die Altersteilzeitbeschäftigung kann irgendwann ab dem 55. Lebensjahr beginnen und muss mindestens in einem Umfang von 24 Monaten ausgeübt worden sein. Sie muss bei Altersteilzeitvereinbarungen ab dem 1.8.1999 aber in jedem Fall so lange andauern, bis die Altersrente beansprucht werden könnte. Nicht erforderlich ist, dass der Arbeitnehmer die Rente dann auch tatsächlich in Anspruch nimmt. Er kann auch erneut eine andere Beschäftigung aufnehmen und die Altersrente wegen Altersteilzeit erst später in Anspruch nehmen. Nach § 2 des Altersteilzeitgesetzes in der Fassung ab 1.1.2000 ist Altersteilzeitarbeit auch nach vorheriger Ausübung einer Teilzeitbeschäftigung möglich, wenn nach Halbierung der Arbeitszeit weiterhin eine versicherungspflichtige Beschäftigung ausgeübt wird. Unerheblich ist, ob der Arbeitnehmer täglich regelmäßig halbtags beschäftigt war oder ob er z.B. die erste Hälfte eines Monats vollschichtig und die zweite Monatshälfte gar nicht gearbeitet hat. Die Altersteilzeitbeschäftigung setzt lediglich voraus, dass die wöchentliche Arbeitszeit im Jahresdurchschnitt die Hälfte der tariflichen regelmäßigen wöchentlichen Arbeitszeit nicht überschreitet und das Arbeitsentgelt fortlaufend gezahlt wurde. Es besteht auch nach dem sogenannten Blockmodell die Möglichkeit, zunächst voll weiter zu arbeiten und anschließend nicht mehr zu arbeiten (Freistellungsphase), sodass insgesamt eine Halbierung der Arbeitszeit vorliegt.

»Das Blockmodell«

Betriebsvereinbarung oder Tarifvertrag

Die Vereinbarung zwischen dem Arbeitgeber und dem Versicherten kann außer in einem individuellen Arbeitsvertrag auch in einer allgemeinen Betriebsvereinbarung zwischen dem Arbeitgeber und dem Betriebsrat oder in einem Tarifvertrag geregelt werden.

Die 24-monatige Ausübung einer solchen Teilzeitbeschäftigung allein reicht jedoch noch nicht aus, um mit 63 Jahren die Altersrente nach Altersteilzeitarbeit beanspruchen zu können. Der Arbeitgeber hat als Voraussetzung für den späteren Rentenanspruch des Arbeitnehmers – wie bereits erwähnt – weitere Pflichten, die ihm – bei Abschluss des Altersteilzeitvertrages bis zum 31.12.2009 – Förderungsansprüche gegen die Agentur für Arbeit eröffnet haben:

✓ Der Arbeitgeber muss sich – neben der Vereinbarung einer Teilzeitbeschäftigung – vertraglich verpflichten,

Pflichten der Arbeitgeber

- das dem Arbeitnehmer regelmäßig zu zahlende sozialversicherungspflichtige monatliche Arbeitsentgelt (Regelarbeitsentgelt) um mindestens 20 Prozent aufzustocken (der Aufstockungsbetrag ist steuer- und sozialabgabenfrei, § 3 Nr. 38 EStG) und
- für den Arbeitnehmer Beiträge zur Rentenversicherung auch für den Unterschiedsbetrag zwischen dem Lohn der Teilzeittätigkeit und dem 90-prozentigen Vollzeitlohn (seit dem 1.7.2004: mindestens in Höhe des Beitrages, der auf 80 Prozent des Regelarbeitsentgeltes für die Altersteilzeitarbeit, begrenzt auf den Unterschiedsbetrag zwischen 90 Prozent der monatlichen Beitragsbemessungsgrenze und dem Regelarbeitsentgelt, entfällt) zu entrichten.

✓ Neben der 24-monatigen Teilzeitbeschäftigung, der Aufstockung des Lohnes und der Übernahme der zusätzlichen Rentenversicherungsbeiträge durch den Arbeitgeber (Altersteilzeitarbeit) setzt die Rentengewährung – ebenso wie die Altersrente wegen Arbeitslosigkeit – voraus:

Voraussetzungen für den späteren Rentenbezug

- Vollendung des 63. Lebensjahres,
- Geburt vor dem 1.1.1952,

- Entrichtung von Pflichtbeiträgen zur gesetzlichen Rentenversicherung in einem Umfang von acht Jahren während der letzten zehn Jahre vor Rentenbeginn,
- Zurücklegung der Wartezeit von 15 Jahren,
- Rentenantrag und
- Einhaltung der Höchsthinzuverdienstgrenze (ein Verdienst von nicht mehr als 400 Euro führt nicht zu einer Rentenminderung; ein höherer Verdienst führt zu einer Minderung der Rente um mindestens ein Drittel und kann sogar den Wegfall der Rente zur Folge haben; ab Vollendung der Regelaltersgrenze (lesen Sie hierzu S. 17) ist ein unbegrenzter Hinzuverdienst zulässig; vgl. auch S. 52 ff.).

✓

Kein Wechsel der Altersrenten

Seit dem 1.8.2004 ist nach § 34 Abs. 4 SGB VI ein Wechsel von einer Altersrente in die andere, also auch ein Wechsel z.B. von der Altersrente für Arbeitslose oder nach Altersteilzeitarbeit z.B. in eine Rente für Schwerbehinderte, auch wenn diese höher wäre, weil sie ohne oder mit geringeren Abschlägen geleistet wird, oder ein Wechsel in eine Rente wegen verminderter Erwerbsfähigkeit ausgeschlossen (lesen Sie hierzu S. 36).

1.6 Die Altersrente für Frauen

Auch Frauen haben die Möglichkeit, unter bestimmten Voraussetzungen bereits ab Vollendung des 60. Lebensjahres eine Altersrente in Anspruch zu nehmen. Diese Möglichkeit läuft jedoch zum 31.12.2011 aus. Danach besteht bei Erfüllung der gesetzlichen Anspruchsvoraussetzungen zwar für Frauen weiterhin Anspruch auf diese Rente, die Rente kann aber nicht mehr bereits ab dem 60. Lebensjahr in Anspruch genommen werden. Die Anspruchsvoraussetzungen für diese Rente sind in § 237a SGB VI geregelt. Lassen Sie uns die Einzelheiten auch hier anhand eines Falles besprechen:

Beispiel

Frau Küpper wurde am 15.2.1950 geboren und damit am 15.2.2010 60 Jahre alt. Sie hat zunächst nach ihrer Lehre zehn Jahre lang gearbeitet und anschließend die Kinder großgezogen. Seit ihrem 48. Lebensjahr geht sie erneut einer versicherungspflichtigen Beschäftigung nach. Kann sie die Gewährung einer Altersrente beanspruchen?

§

Das Gesetz (§ 237a SGB VI) eröffnet auch Frauen – wie bereits erwähnt – die Möglichkeit, Altersrente bereits mit Vollendung des 60. Lebensjahres in Anspruch zu nehmen. Hierdurch soll ihrer familiären und beruflichen Doppelbelastung Rechnung getragen werden. Voraussetzung für die Rentengewährung ist deshalb, dass die Frau nach Vollendung des 40. Lebensjahres und vor Rentenbeginn mehr als zehn Jahre, d.h. zumindest 121 Kalendermonate zurückgelegt hat, die mit Pflichtbeiträgen belegt sind. Außerdem ist erforderlich, dass eine Wartezeit von 15 Jahren zurückgelegt wurde, die insbesondere durch die Entrichtung von Beiträgen (freiwillige Beiträge oder Pflichtbeiträge) erfüllt wird, d.h., es müssen in einem Umfang von 15 Jahren Beiträge in die gesetzliche Rentenversicherung eingezahlt werden. Da Frau Küpper ungeachtet ihrer Lehr- und Kindererziehungszeiten bereits 22 Jahre versicherungspflichtig erwerbstätig war (zehn Jahre nach der Lehre und vom 48. bis zum 60. Lebensjahr) und davon zwölf Jahre (144 Monate) zwischen ihrem 40. und 60. Lebensjahr liegen, erfüllt sie die Voraussetzungen für die in § 237a SGB VI geregelte Altersrente für Frauen. Sie hat bereits ohne die Lehr- und Kindererziehungszeiten 244 Monate Pflichtbeitragszeit und davon 144 Monate nach Vollendung des 40. Lebensjahres zurückgelegt.

Wartezeit von 15 Jahren

Auf die Wartezeit von 15 Jahren werden ebenso wie auf die allgemeine Wartezeit Beitragszeiten (Pflichtbeiträge und freiwillige Beiträge) sowie Ersatzzeiten (hierbei handelt es sich im Wesentlichen um Zeiten während des Ersten und Zweiten Weltkriegs; lesen Sie bei Bedarf S. 46) angerechnet.

Die Altersrente für Frauen wird jedoch nur noch Versicherten gezahlt, die vor dem 1.1.1952 geboren sind, d.h., ab dem 1.1.1952 Geborene haben keinen Anspruch mehr auf diese Rente. Da die vor dem 1.1.1952 Geborenen spätestens am 31.12.2011 das 60. Lebensjahr vollendet haben, ist eine Inanspruchnahme der Altersrente für Frauen ab 2012 bereits mit Vollendung des 60. Lebensjahres nicht mehr möglich. Die Rente kann aber auch dann noch beansprucht werden, und eröffnet weiterhin die Möglichkeit des vorzeitigen Rentenbezugs. Die vor dem 1.1.1952 Geborenen sind zwar bei einem Rentenbeginn ab 2012 älter als 60 Jahre, aber auch noch deutlich jünger als die dann ab 2012 für sie geltende Regelaltersgrenze (vgl. die Tabelle auf S. 17). Allerdings führt der vorzeitige Bezug der Altersrente für Frauen dann auch zu einem Rentenabschlag von 0,3 Prozent für jeden Monat des Rentenbeginns vor der nach der Tabelle auf S. 17 dann geltenden Regelaltersgrenze.

Tipp

Rente nur für den Jahrgang 1951 und älter

Wird z.B. einer im Juni 1951 geborenen Versicherten die Altersrente für Frauen mit Vollendung des 62. Lebensjahres im Juni 2013 gewährt, weil sie alle Anspruchsvoraussetzungen für diese Rente erfüllt, dann erhielte sie die Rente deutlich früher als die für sie mögliche Regelaltersrente. Diese könnte sie nämlich (vgl. Tabelle auf S. 17) erst mit 65 Jahren und 5 Monaten erhalten. Sie müsste jedoch einen Abschlag von 12,3 Prozent in Kauf nehmen, weil sie die Altersrente für Frauen 41 Monate vor der für sie maßgeblichen Regelaltersgrenze (65 Jahre und 5 Monate) in Anspruch nimmt. Erst wenn Frauen des Jahrgangs 1951, die als letzte die Altersrente für Frauen beanspruchen können, das Alter von 65 Jahren und 5 Monaten erreicht haben, wird diese Rente für diesen Jahrgang ohne Bedeutung sein, weil sie dann ohnehin die (abschlagsfreie) Regelaltersrente in Anspruch nehmen können.

Die Altersrente für Frauen hat folgende Voraussetzungen: ✓

1. Vollendung des 60. Lebensjahres,

2. Geburt vor dem 1.1.1952
3. mehr als zehn Pflichtbeitragsjahre (d.h. zumindest 121 Kalendermonate) zwischen der Vollendung des 40. Lebensjahres und dem Rentenbeginn,
4. Erfüllung der Wartezeit von 15 Jahren,
5. Antragstellung,
6. Einhaltung der Höchstverdienstgrenze.

!

Auch hier Rentenabschläge

Auch die Altersrente für Frauen wird bei vorzeitigem Rentenbezug nur mit Rentenabschlägen gewährt. Abschlagsfrei wird diese Rente erst ab Vollendung des 65. Lebensjahres gezahlt. Bei einem früheren Rentenbeginn muss die Leistungsberechtigte einen Abschlag von 0,3 Prozent für jeden Monat des Rentenbezugs vor der für sie maßgeblichen Regelaltersgrenze in Kauf nehmen. Bei einem Rentenbeginn bis zum 31.12.2011 ist das 65. Lebensjahr die maßgebliche Regelaltersgrenze, sodass sich bei einem Rentenbezug ab Vollendung des 60. Lebensjahres und damit fünf Jahre (= 60 Monate) vor Vollendung des 65. Lebensjahres ein Abschlag in Höhe von 18 Prozent errechnet (60 x 0,3 = 18). Bei einem Rentenbeginn nach dem 31.12.2011 wäre für die Berechnung des Rentenabschlags dann das jeweilige Alter der Frau bei Rentenbeginn und die nach der Tabelle auf S. 17 für sie bei Rentenbeginn maßgebliche Regelaltersgrenze für die Berechnung des Rentenabschlags heranzuziehen.

1.7 Vollrente, Teilrente und Hinzuverdienst

Um den flexiblen Übergang vom Arbeitsleben in das Rentenleben zu ermöglichen, hat der Gesetzgeber die Möglichkeit eröffnet, Altersrenten auch als Teilrenten in Anspruch zu nehmen. Man kann also frei wählen, ob man die volle Rente oder nur eine Teilrente beanspruchen will. Wenn man jedoch neben der Rente arbeitet und hinzuverdient, kann dies zur Folge haben, dass man nur Anspruch auf eine Teilrente oder sogar keinen Anspruch auf Rente (mehr) hat. Lassen Sie uns die Einzelheiten anhand eines Falles besprechen.

Beispiel

Nehmen Sie an, Herr Klein erfüllt alle Voraussetzungen der Altersrente für Schwerbehinderte und könnte schon ab 60 diese Rente beanspruchen. Da er seinen Beruf liebt, möchte er trotz nachlassender Leistungsfähigkeit weiter arbeiten. Am liebsten wäre ihm eine Teilzeitbeschäftigung. Da er fürchtet, mit dem Gehalt nicht auszukommen, möchte er wissen, ob er daneben Rente erhalten kann.

Natürlich ist es zulässig, neben der Rente zu arbeiten und Einkommen zu erzielen. Ab Erreichen der Regelaltersgrenze (bis zum 31.12.2011 ist dies das 65. Lebensjahr und ab dem 1.1.2012 das in der Tabelle auf S. 17 angegebene Lebensalter) darf unbegrenzt zur Rente hinzuverdient werden. Der Hinzuverdienst führt dann nicht zu Rentenkürzungen. Bei Altersrenten, die – wie im Falle von Herrn Klein – bis zur Regelaltersgrenze bezogen werden, kann der Hinzuverdienst allerdings Auswirkungen auf die Höhe der Rente haben. Die volle Altersrente kann Herr Klein – wie Sie bereits erfahren haben – nur bei einem Hinzuverdienst von höchstens 400 Euro monatlich beanspruchen. Falls er mehr verdient, hat er nur Anspruch auf eine Teilrente.

Teilrenten

Teilrenten wegen Alters können ein Drittel, die Hälfte oder zwei Drittel der Vollrente betragen (§ 42 Abs. 1 und 2 SGB VI). Die Zahlung eines anderen Bruchteils der Vollrente ist ausgeschlossen. So wäre z.B. die Bewilligung einer Rente in Höhe von einem Fünftel der Vollrente unzulässig. Bei einem Verdienst neben der Rente von mehr als 400 Euro besteht nur noch Anspruch auf die Altersrente in Höhe von zwei Dritteln der Vollrente. Maßgeblich sind dabei Ihre Bruttoeinkünfte. Höhere Einkünfte können dazu führen, dass die Rente noch weiter gemindert wird und nur noch in Höhe der Hälfte oder in Höhe von einem Drittel der Vollrente gezahlt wird oder auch ganz wegfällt. Für jeden dieser Rentenbruchteile sind Hinzuverdienstgrenzen zu berechnen, die für jeden Rentner unterschiedlich hoch sind, da sie u.a. vom individuellen Einkommen des Rentners in den letzten drei Jahren vor Rentenbeginn abhängen. Wird durch die neben der Rente erzielten Einkünfte Ihre individuelle Hinzuverdienstgrenze für die Zweidrittelrente überschritten, wird die Rente nur noch in Höhe der Hälfte der Vollrente gezahlt. Bei Überschreiten der für Sie berechneten Hinzuverdienstgrenze für die halbe Rente wird die Rente nur in Höhe von einem Drittel der Vollrente gezahlt. Wird die Hinzuverdienstgrenze für die Drittelrente überschritten, besteht kein Anspruch auf Altersrente.

! Der Gesetzgeber hat die Absicht geäußert, die gesetzlichen Bestimmungen zum Hinzuverdienst neben Altersrenten (bis zum Erreichen der Regelaltersgrenze) neu und großzügiger zu gestalten. Bei Herausgabe der Neuauflage war jedoch noch nicht absehbar, ob Neuregelungen überhaupt ergehen und wie diese im Einzelnen aussehen. Der nachfolgende Text stellt deshalb die Anfang 2011 bestehende Gesetzeslage dar. Wenn Sie Fragen zum Hinzuverdienst bei Altersrenten haben, sollten Sie sich im Hinblick auf eine zwischenzeitliche Gesetzesänderung vorsorglich bei einem Rentenversicherungsträger erkundigen.

Welcher Hinzuverdienst ist zulässig?

Die genaue Berechnung des jeweils zulässigen Hinzuverdienstes, der – wie bereits erwähnt – auch vom Einkommen des Versicherten vor Rentenbeginn abhängt, ist sehr kompliziert. Als Faustregel lässt sich sagen, dass bei einer Teilrente von zwei Drittel der Vollrente etwa 40 Prozent, bei einer Teilrente in Höhe der Hälfte der Vollrente etwa 60 Prozent und bei einer Teilrente in Höhe von einem Drittel der Vollrente etwa 80 Prozent des letzten Einkommens hinzuverdient werden können. Wie der jeweils zulässige Hinzuverdienst genau berechnet wird, können Sie den nachfolgenden Ausführungen entnehmen.

!

Hinzuverdienstgrenzen prüfen!

Da die Hinzuverdienstgrenzen für die Zweidrittelrente, die halbe Rente und die Eindrittelrente u.a. vom Einkommen des Rentners in den letzten drei Jahren vor Rentenbeginn abhängen, gelten für jeden Rentner unterschiedliche, individuelle Hinzuverdienstgrenzen. Diese sind in Ihrem Rentenbescheid aufgeführt. Wenn Sie die Regelaltersgrenze noch nicht erreicht haben und neben Ihrer Altersrente arbeiten wollen, sollten Sie also vor Abschluss des Arbeitsvertrages in Ihren Rentenbescheid schauen und den Hinzuverdienst an Ihren Hinzuverdienstgrenzen orientieren. Ist der Rentenbescheid schon älter, sollten Sie die aktuellen Hinzuverdienstgrenzen bei Ihrem Rentenversicherungsträger erfragen.

!

Antrag und Mitteilungspflichten

Bei Überschreiten der jeweils zulässigen Hinzuverdienstgrenze ist der Rentenversicherungsträger von sich aus verpflichtet, tätig zu werden, d.h. die Rentenzahlung entsprechend zu kürzen oder sogar einzustellen. Der Leistungsträger muss – wie der Jurist sagt – »von Amts wegen« tätig werden. Dabei ist der Rentner verpflichtet, das Überschreiten der jeweiligen Hinzuverdienstgrenzen anzuzeigen. Kommt er dieser Pflicht nicht oder nicht rechtzeitig nach, muss er damit rechnen, dass er die zu viel gezahlte Rente zurückzahlen muss. Sinkt der Hinzuverdienst so, dass der Rentner eine höhere Teilrente oder sogar die Vollrente beanspruchen könnte, muss er einen entsprechenden Antrag stellen.

Beispiel

Nehmen Sie an, Herr Lauer, der in den alten Bundesländern lebt, wird am 15.1.2010 60 Jahre alt und erfüllt die Voraussetzungen der Rente für Schwerbehinderte. Da er nur noch halbtags weiter arbeiten will, möchte er wissen, wie viel er im Falle der Gewährung einer Teilrente in Höhe der Hälfte der Vollrente hinzuverdienen darf. Herr Lauer hat im Jahr 2007 35.941 Euro, 2008 36.101 Euro und im Jahr 2009 37.055 Euro brutto verdient.

Berechnung des Hinzuverdienstes

Bei der genauen Berechnung des jeweils zulässigen Hinzuverdienstes ist zunächst als individueller Berechnungsfaktor das Bruttoeinkommen des Rentners in den letzten drei Kalenderjahren vor Rentenbeginn zu berücksichtigen. Daneben richtet sich die Höhe des Hinzuverdienstes nach der Höhe der Teilrente. Außerdem enthält die Berechnung der Hinzuverdienstgrenze einen Dynamisierungsfaktor, nämlich die sogenannte Bezugsgröße. Hierbei handelt es sich im Ergebnis um das Durchschnittsentgelt aller Versicherten in der gesetzlichen Rentenversicherung im jeweils vorvergangenen Kalenderjahr, das sich in der Regel von Jahr zu Jahr jeweils zu 1.7. des Jahres erhöht. Die Bezugsgröße wird in der Sozialversicherung in einer Reihe von Fällen – so auch hier – als Rechengröße verwandt.

1. Berechnungsfaktor

Das Bruttoeinkommen des Versicherten wird nur mittelbar bei der Berechnung der Hinzuverdienstgrenzen berücksichtigt. Das in den letzten drei Kalenderjahren vor dem Rentenbeginn erzielte Einkommen ist nämlich zunächst durch das Durchschnittseinkommen aller Versicherten dieses Jahres zu teilen. Der Zahlenwert, der sich aus dieser Division ergibt, ist der erste Faktor für die Berechnung des Hinzuverdienstes. Der Durchschnittsverdienst aller Versicherten betrug im Jahre 2007 29.951 Euro. Durch das Einkommen von Herrn Lauer dividiert ergibt sich ein Wert von 1,2 (35.076 : 29.230 = 1,2). Dieser Wert ergibt sich auch bei der Division der Durchschnittseinkommen der Jahre 2008 und 2009 durch das konkrete Einkommen des Herrn Lauer (2008: 36.101 : 30.084 (Durchschnittseinkommen) = 1,2; 2009: 37.055 : 30.879 (Durchschnittseinkommen) = 1,2). Die jeweiligen Durchschnittseinkommen aller Versicherten ergeben sich aus der Anlage 1 zum SGB VI. Die Summe der insoweit ermittelten Werte (hier 3,6) bilden den ersten Faktor für die Berechnung des zulässigen Hinzuverdienstes.

2. Berechnungsfaktor

Neben dem Einkommen des Versicherten ist für den Hinzuverdienst die Höhe der Teilrente von Bedeutung. Je höher die Teilrente, umso geringer der zulässige Hinzuverdienst. Dabei soll – wie bereits erwähnt – der Bezieher einer Drittelrente circa 20 Prozent, der einer halben Rente circa 40 Prozent und der Bezieher einer Zweidrittelrente circa 60 Prozent seines früheren Einkommens hinzuverdienen dürfen. Um diesen Gedanken in die konkrete Hinzuverdienstberechnung umzusetzen, werden den Teilrenten entsprechende Berechnungsfaktoren zugeordnet: Die Zweidrittelrente erhält den Faktor 0,13, die halbe Rente den Faktor 0,19 und die Drittelrente erhält den Faktor 0,25. Da Herr Lauer im Ausgangsfall eine Rente in Höhe der Hälfte der Teilrente anstrebt, wäre der oben errechnete Faktor von 3,6 mit dem Faktor 0,19 zu multiplizieren, sodass sich das Produkt 0,68 ergibt.

3. Berechnungsfaktor

Um sicherzustellen, dass die Hinzuverdienstgrenzen über die Jahre hinaus nicht starr sind, sondern sich der Einkommensentwicklung anpassen, wird als letzter Faktor bei der Hinzuverdienstberechnung die Bezugsgröße berücksichtigt. Sie wird von den Rentenversicherungsträgern Jahr für Jahr bekannt gegeben und auf Nachfrage mitgeteilt. Im Ausgangsfall wollen wir den zulässigen Hinzuverdienst für das Jahr 2010 als Jahr des Rentenbeginns berechnen. Im Jahr 2010 beträgt die Bezugsgröße 2.555 Euro in den alten und 2.170 Euro in den neuen Bundesländern. Somit ergibt sich für Herrn Lauer, der in den alten Bundesländern lebt, folgende Hinzuverdienstberechnung:

3,6 x 0,19 x 2.555 Euro = 1.774,62 Euro.

Herr Lauer dürfte also neben der halben Rente 1.774,62 Euro brutto hinzuverdienen. Bei einem höheren Hinzuverdienst würde die Rente nur noch in Höhe von einem Drittel der Vollrente oder gar nicht mehr gewährt.

Mindesthinzuverdienstgrenzen

Für Rentner, die vor Rentenbeginn weniger als das halbe Durchschnittseinkommen (oder gar nichts) verdient haben, gibt es Mindesthinzuverdienstgrenzen. Sie betragen für Altersteilrenten z.B. im Jahr 2010 (bis 30.6.2011) monatlich:

	West	Ost
– 1/3 der Vollrente	985,13 Euro	849,98 Euro
– 1/2 der Vollrente	728,18 Euro	645,99 Euro
– 2/3 der Vollrente	498,23 Euro	441,99 Euro

2. Rente wegen verminderter Erwerbsfähigkeit

2.1 Überblick

Seit 1.1.2001 neue Gesetzeslage

Der Gesetzgeber hat mit dem Gesetz zur Reform der Renten wegen verminderter Erwerbsfähigkeit vom 16.12.2000 das Recht der Erwerbsminderungsrenten neu geregelt. Das neue Gesetz ist zum 1.1.2001 in Kraft getreten. Bis zum 31.12.2000 existierten als Erwerbsminderungsrenten die Rente wegen Berufs- und Erwerbsunfähigkeit. Diese beiden Renten sind seit 1.1.2001 durch eine abgestufte Rente wegen Erwerbsminderung abgelöst worden. Dabei unterscheidet das Gesetz zwischen teilweiser und voller Erwerbsminderung. Versicherte, die am 31.12.2000 bereits Anspruch auf eine Rente wegen Berufs- oder Erwerbsunfähigkeit hatten, sind von den Neuregelungen nicht betroffen. Ihre Rentenansprüche bestehen bis zur Regelaltersgrenze fort, solange die Anspruchsvoraussetzungen weiterhin vorliegen, die für die Bewilligung der Rente maßgebend waren.

Vertrauensschutz bei Berufsunfähigkeit für vor dem 2.1.1961 Geborene

Die Rente wegen Berufsunfähigkeit, die zwei Drittel der Vollrente betrug, ist zum 1.1.2001 weggefallen. Das Gesetz enthält jedoch für den Fall der Berufsunfähigkeit eine Vertrauensschutzregelung für Versicherte, die vor dem 2.1.1961 geboren sind. Die Versicherten dieser Geburtsjahrgänge erhalten bei Eintritt von Berufsunfähigkeit (nach dem 31.12.2000) eine Rente wegen teilweiser Erwerbsminderung, die von der Höhe her die Hälfte der Vollrente beträgt.

Eintritt des Versicherungsfalls

Der Anspruch auf Zahlung einer Rente wegen verminderter Erwerbsfähigkeit setzen zunächst voraus, dass der Versicherte durch Krankheit teilweise oder voll erwerbsgemindert bzw. berufsunfähig geworden ist. Der Jurist spricht hierbei vom Eintritt des Versicherungsfalls.

Weitere Anspruchsvoraussetzungen

Daneben muss der Rentenantragsteller in den letzten fünf Jahren vor Eintritt des Versicherungsfalls Pflichtbeiträge in einem Umfang von drei Jahren zurückgelegt und – als dritte Voraussetzung – die allgemeine Wartezeit erfüllt haben. Bei den Renten wegen Erwerbsminderung ist ohne Bedeutung, wie alt Sie sind und aus welchem Grund Sie krank geworden sind. Die vorbeschriebenen Anspruchsvoraussetzungen werden nachfolgend ausführlich dargestellt.

2.2 Die Versicherungsfälle der Erwerbsminderung

Im Mittelpunkt der gesetzlichen Regelungen, steht § 43 SGB VI, der im Sinne einer abgestuften Erwerbsminderungsrente in eine Rente wegen voller Erwerbsminderung und in eine Rente wegen teilweiser Erwerbsminderung unterscheidet.

a) Volle Erwerbsminderung

Unter drei Stunden

Nach § 43 Abs. 2 SGB VI sind Versicherte voll erwerbsgemindert, wenn ihr Leistungsvermögen krankheitsbedingt so stark gemindert ist, dass sie nicht mehr in der Lage sind, mindestens drei Stunden täglich zu arbeiten. Bei einem derart eingeschränkten Leistungsvermögen soll der Versicherte Anspruch auf die volle Rente als volle Lohnersatzleistung haben.

Die medizinische Sachlage ist entscheidend

Die Beschreibung des Versicherungsfalls der Erwerbsminderung im Gesetz macht deutlich, dass es sich bei der inhaltlichen Bestimmung des Versicherungsfalls im wesentlichen um eine medizinische Frage handelt, nämlich um die, ob der Versicherte so krank ist, dass er keine drei Stunden am Tag mehr arbeiten kann. Die Rentenversicherungsträger werden Sie deshalb nach Rentenantragstellung von ihren ärztlichen Gutachtern untersuchen und begutachten lassen, um Ihr Restleistungsvermögen einschätzen zu können. Dabei ist es üblich, vor dieser Begutachtung Befundberichte von den behandelnden Ärzten einzuholen.

!

Helfen Sie bei der Ermittlung des medizinischen Sachverhalts mit

Sie sollten deshalb im Zusammenwirken mit Ihren Ärzten sicherstellen, dass dem Rentenversicherungsträger sämtliche medizinische Unterlagen (Befundberichte, Krankenhausentlassungsberichte, ärztliche Untersuchungsergebnisse (z.B. EKG, EEG, Röntgenaufnahmen usw.), Entlassungsberichte medizinischer Heilverfahren, Gutachten anderer Sozialleistungsträger (z.B. Gutachten der Medizinischen

Dienste der Krankenkassen) zugehen, damit auch diese Grundlage der Begutachtung der Ärzte der Rentenversicherungsträger bzw. der Sachverständigen eines eventuell später durchzuführenden sozialgerichtlichen Verfahrens werden.

b) Teilweise Erwerbsminderung

Drei bis unter sechs Stunden

Nach § 43 Abs. 1 SGB VI sind Versicherte teilweise erwerbsgemindert, die wegen Krankheit oder Behinderung auf nicht absehbare Zeit zwar drei Stunden, jedoch nicht mindestens sechs Stunden täglich unter den üblichen Bedingungen des allgemeinen Arbeitsmarktes arbeiten können.

Höhe der Rente

Die Rente wegen teilweiser Erwerbsminderung beträgt von der Höhe her nur die Hälfte der Vollrente. Es liegt deshalb auf der Hand, dass Versicherte, die lediglich die Rente wegen teilweiser Erwerbsminderung beanspruchen können, zur Deckung ihres Lebensunterhalts – durch die Ausübung einer entsprechenden Teilzeitarbeit – weiteres Einkommen erzielen müssen oder andere Sozialleistungen beziehen.

In der Praxis stellen sich die Dinge jedoch im Regelfall nicht so dramatisch dar, denn in der Regel haben auch Versicherte – abweichend vom Wortlaut des Gesetzes –, die noch mehr als drei Stunden, jedoch nur noch unter sechs Stunden täglich arbeiten können, Anspruch auf die volle Rente besteht.

Beispiel

Nehmen wir an, Herr Hoffmann ist seit Jahren arbeitslos und bezieht Arbeitslosengeld II. Da er an einer Vielzahl orthopädischer und internistischer Gesundheitsstörungen leidet, hat die Agentur für Arbeit Bedenken, ob Herr Hoffmann überhaupt noch vermittelbar ist. Er stellt deshalb auf Anraten der Agentur für Arbeit bei dem für ihn zuständigen Rentenversicherungsträger einen Antrag auf Gewährung einer Rente wegen verminderter Erwerbsfähigkeit. Die medizinischen Gutachter des Rentenversicherungsträgers kommen zu dem

> Ergebnis, dass das Restleistungsvermögen des Herrn Hoffmann noch nicht so herabgesunken ist, dass er keine drei Stunden täglich mehr arbeiten kann. Zu einem täglichen Arbeitseinsatz von sechs Stunden oder mehr sei er jedoch nicht mehr in der Lage. Herr Hoffmann möchte wissen, ob er sich als Folge dieser Beurteilung mit einer Rente wegen teilweiser Erwerbsminderung, d.h. mit der halben Rente zufrieden geben muss, die sogar geringer wäre als sein Arbeitslosengeld II.

§

Nach dem Wortlaut des Gesetzes (§ 43 Abs. 1 SGB VI) ist Herr Hoffmann nur teilweise erwerbsgemindert, denn sein Restleistungsvermögen ist auf einen täglichen Arbeitseinsatz von drei bis unter sechs Stunden gesunken. Die volle Erwerbsminderung und der Anspruch auf die entsprechende Rente setzt jedoch nach dem Gesetz eine Leistungsminderung auf einen unter dreistündigen Arbeitseinsatz täglich voraus. Herr Hoffmann hätte danach nur Anspruch auf die halbe Rente.

Bei Arbeitslosigkeit Anspruch auf volle Rente

Aus einem gesetzlichen Umkehrschluss lässt sich jedoch ableiten, dass trotz eines drei- bis unter sechsstündigen Leistungsvermögens Anspruch auf volle Rente besteht, wenn der Rentenantragsteller – wie Herr Hoffmann – arbeitslos ist. Wenn nämlich in § 43 Abs. 3 SGB VI geregelt ist, dass Versicherte nicht erwerbsgemindert sind, die – unabhängig von der jeweiligen Arbeitsmarktlage – noch sechs Stunden täglich oder mehr arbeiten können, dann ist daraus zu schließen, dass bei den Versicherten, die nur noch unter sechs Stunden täglich arbeiten können, die Arbeitsmarktlage sehr wohl von Bedeutung ist.

Das Gesetz muss ausgelegt werden

Die Auslegung des Gesetzes wird durch die Gesetzesbegründung bestätigt. Danach soll auch bei dem seit 1.1.2001 geltenden Gesetz (§ 43 SGB VI) die von der Rechtsprechung des Bundessozialgerichts zum früheren Versicherungsfall der Erwerbsunfähigkeit entwickelte sogenannte »konkrete Betrachtungsweise« weiterhin gelten (vgl. z.B. Beschluss des Großen Senats des BSG vom 19.12.1996, Az.: GS 2/95), d.h. es ist in jedem Einzelfall zu prüfen, ob der jeweilige einzelne Versicherte das ihm verbliebene gesundheitliche Restleistungsvermögen noch im Erwerbsleben umsetzen kann. Dies ist jedoch zu verneinen, wenn Versicherte keine sechs Stunden täglich mehr arbeiten können und arbeitslos sind, denn es ist davon auszugehen, dass dieser Personenkreis ein seinem Restleistungsvermögen entsprechenden Arbeitsplatz auf dem Arbeitsmarkt nicht finden kann. In diesen Fällen ist der Arbeitsmarkt den Versicherten – wie die Gerichte sagen – praktisch verschlossen und damit der Anspruch auf Rente wegen voller Erwerbsminderung begründet. Die Rente wird jedoch immer nur auf Zeit gezahlt (§ 102 Abs. 2 SGB VI; vgl. hierzu auch S. 97 f.).

Die oben erwähnte »konkrete Betrachtungsweise« hat jedoch zur Folge, dass Versicherte, die noch drei bis unter sechs Stunden arbeiten können und einen Teilzeitarbeitsplatz inne haben, bei einem auf drei bis unter sechs Stunden reduzierten Leistungsvermögen keinen Anspruch auf die volle, sondern lediglich auf Rente wegen teilweiser Erwerbsminderung haben. Sie können nämlich ihr reduziertes Restleistungsvermögen konkret auf der Basis des vorhandenen Teilzeit-Arbeitsplatzes lohnbringend realisieren.

Stellt z.B. eine Verkäuferin, die wegen ihrer gesundheitlichen Beeinträchtigungen ihre tägliche Arbeitszeit bereits auf vier Stunden reduziert hat, einen Rentenantrag und stellt der Gutachter des Rentenversicherungsträgers fest, dass sie nur noch drei Stunden, jedoch keine sechs Stunden am Tag mehr arbeiten kann, so hat die Verkäuferin lediglich Anspruch auf die halbe Rente, denn sie ist nicht arbeitslos, sondern verfügt über einen Teilzeitarbeitsplatz, der ihrem gesundheitlichen Restleistungsvermögen entspricht.

2.3 Übliche Bedingungen des allgemeinen Arbeitsmarktes

Den Ausführungen zu den Versicherungsfällen der Erwerbsminderung konnte man bereits entnehmen, dass nur die Versicherten Anspruch auf eine Rente wegen Erwerbsminderung haben, die krankheitsbedingt zumindest nicht mehr in der Lage sind, sechs Stunden täglich zu arbeiten. Demnach besteht kein Rentenanspruch, wenn Versicherte in ihrer Leistungsfähigkeit im Erwerbsleben zwar gemindert sind, jedoch noch in der Lage sind, sechs Stunden täglich oder mehr einer Erwerbstätigkeit nachzugehen. Diese Konsequenz zieht auch das Gesetz: Nach § 43 Abs. 3 SGB VI ist nämlich nicht erwerbsgemindert, wer mindestens sechs Stunden täglich erwerbstätig sein kann.

Übliche Bedingungen des allgemeinen Arbeitsmarktes

Das Gesetz enthält jedoch eine Ausnahme: Erwerbsgemindert ist nur derjenige nicht, der unter den üblichen Bedingungen des allgemeinen Arbeitsmarktes mindestens sechs Stunden täglich einer Arbeit nachgehen kann. Dies führt wiederum zu dem Umkehrschluss, dass trotz sechsstündigen Leistungsvermögens der Versicherte Anspruch auf Rente (wegen voller Erwerbsminderung) hat, der sein Restleistungsvermögen im Erwerbsleben nicht umsetzen kann, weil er nicht mehr in der Lage ist, unter den üblichen Bedingungen des allgemeinen Arbeitsmarktes zu arbeiten. Das Gesetz sagt uns aber nicht, was unter den üblichen Bedingungen des allgemeinen Arbeitsmarktes zu verstehen ist. Die bisherige Rechtsprechung hilft uns jedoch bei der inhaltlichen Bestimmung des Begriffs der üblichen Bedingungen des allgemeinen Arbeitsmarktes weiter und beantwortet damit die Frage, in welchen Fällen trotz sechsstündigen Restleistungsvermögens Anspruch auf Rente besteht, weil der Versicherte nicht mehr in der Lage ist, unter den üblichen Bedingungen des allgemeinen Arbeitsmarktes zu arbeiten.

Beispiel

Frau Trampedach hat die allgemeine Wartezeit zurückgelegt und erfüllt auch alle übrigen versicherungsrechtlichen Voraussetzungen für die Gewährung einer Rente wegen verminderter Erwerbsfähigkeit. Sie ist seit geraumer Zeit arbeitslos. Der von der Deutschen Rentenversicherung nach Rentenantragstellung beauftragte ärztliche Gutachter kommt zu dem Ergebnis, dass Frau Trampedach durchaus noch in der Lage ist, täglich einer körperlich leichten Erwerbstätigkeit in einem zeitlichen Umfang von sechs Stunden und mehr nachzugehen. Wegen einer schweren Zuckererkrankung (Diabetes mellitus) muss sie jedoch während jeder Arbeitsschicht mehrere zusätzliche Pausen einlegen, um ihren Blutzucker zu messen und zusätzliche kleine Mahlzeiten einzunehmen. Der Gutachter geht davon aus, dass über die übliche halbstündige Mittagspause hinaus zusätzliche Pausen in einem Gesamtumfang von ca. 40 Minuten erforderlich sind. Frau Trampedach möchte wissen, ob sie damit Anspruch auf Rente wegen Erwerbsminderung hat.

Zusätzliche Pausen

Nach der Rechtsprechung sind Versicherte nicht mehr in der Lage, unter den üblichen Bedingungen des allgemeinen Arbeitsmarktes zu arbeiten, wenn sie bei der täglichen Arbeitsverrichtung zusätzliche Pausen benötigen. Ein Bedarf an zusätzlichen Pausen lässt sich mit den üblichen Bedingungen, unter denen auf dem Arbeitsmarkt üblicherweise gearbeitet wird, nämlich nicht vereinbaren. Ein zusätzlicher Pausenbedarf liegt jedoch nicht bereits dann vor, wenn ein Versicherter krankheitsbedingt mehr Pausen benötigt, als die ihm nach dem Arbeitszeitgesetz zustehende tägliche Ruhepause von 30 Minuten, die nur in zwei Zeitabschnitte von jeweils 15 Minuten, nicht jedoch in kleinere Zeitabschnitte aufgeteilt werden darf. Entscheidend ist vielmehr, ob sich die krankheitsbedingt notwendigen Verrichtungen – wie z.B. die zusätzliche Aufnahme von Nahrung oder das Messen von Blutzuckerwerten – unter Berücksichtigung der gesetzlich vorgeschriebenen Pausen und der sogenannten persönlichen Verteilzeiten, die den Arbeitnehmern über die Pausen hinaus üblicherweise zugebilligt werden, in den üblichen Arbeitsablauf integrieren lassen oder nicht. Unter den persönlichen Verteilzeiten sind die im Arbeitsleben neben den Pausen geduldeten Arbeitsunterbrechungen z.B. für Toilettengänge oder die zwischenzeitliche Einnahme von kleinen Mahlzeiten zu verstehen. Ist dies möglich, dann kann nicht davon ausgegangen werden, dass der

Versicherte nicht mehr in der Lage ist, unter den üblichen Bedingungen des allgemeinen Arbeitsmarktes zu arbeiten. Der Rentenanspruch ist in diesen Fällen unbegründet. Nehmen die notwendigen zusätzlichen Pausen jedoch einen zeitlich deutlich größeren Umfang ein, wie z.B. bei zwei notwendigen zusätzlichen Pausen von mehr als 15 Minuten, die sich nicht ohne Weiteres in einen üblichen Arbeitsablauf integrieren lassen, dann liegt die Befähigung zur Arbeit unter den üblichen Bedingungen des allgemeinen Arbeitsmarktes nicht mehr vor, sodass der Anspruch auf Rente wegen voller Erwerbsminderung begründet ist. Solchen Versicherten ist nach der Rechtsprechung der Arbeitsmarkt praktisch verschlossen, auch wenn sie noch täglich sechs Stunden (und vielleicht mehr) arbeiten können. (vgl. z.B. Urteil des LSG Nordrhein-Westfalen vom 19.7.2000, Az.: L 3 RJ 56/98).

Da Frau Trampedach am Tag krankheitsbedingt zusätzliche Pausen in einem Umfang von 40 Minuten benötigt, ist sie nicht mehr in der Lage, unter den üblichen Bedingungen des Arbeitsmarktes zu arbeiten. Sie hat damit Anspruch auf Rente wegen voller Erwerbsminderung.

Beispiel

Nehmen wir an, Herr Gerber hat bei einem Verkehrsunfall schwerste Beinverletzungen erlitten und liegt fast zwei Jahre im Krankenhaus. Sein Arbeitgeber hat ihm zwischenzeitlich gekündigt. Nach der stationären Behandlung kann er zwar im Sitzen wieder ganztags arbeiten, ist jedoch nur noch in der Lage, maximal 400 Meter zu gehen. Hat dies für die Rentengewährung Bedeutung?

Eingeschränkte Gehfähigkeit

Nach der Rechtsprechung des Bundessozialgerichts gehört zur Erwerbsfähigkeit nicht nur die Befähigung, regelmäßig zu arbeiten, sondern auch die Fähigkeit, einen Arbeitsplatz zu erreichen.

Nutzung öffentlicher Verkehrsmittel

Demgemäß muss ein Versicherter, der auf öffentliche Verkehrsmittel angewiesen ist, in der Lage sein, den Weg von seiner Wohnung zur Haltestelle eines öffentlichen Verkehrsmittels, von einer solchen Haltestelle zu einem Arbeitsplatz und jeweils zurück zu Fuß zu bewältigen und öffentliche Verkehrsmittel während der Hauptverkehrszeit zu benutzen. Dabei kommt es jedoch nicht darauf an, wie weit der Rentenantragsteller jeweils konkret von einer Haltestelle entfernt wohnt. Die Rechtsprechung geht vielmehr von Durchschnittswerten aus und verlangt, dass der Versicherte noch fähig sein muss, viermal täglich (knapp) mehr als 500 Meter in jeweils ca. 20 Minuten zu gehen (BSG, Urteil vom 17.12.1991, Az.: 13/5 RJ 73/90). Kann er nur noch 500 Meter oder weniger gehen, benötigt er für eine Gehstrecke von ca. 500 Meter deutlich mehr als 20 Minuten oder kann er keine öffentlichen Verkehrsmittel benutzen, ist er voll erwerbsgemindert. Da Herr Gerber nur noch maximal 400 Meter gehen kann, ist in seinem Falle volle Erwerbsminderung gegeben.

PKW kann Rentenanspruch entgegenstehen

Ein Anspruch auf Rente besteht jedoch nicht, wenn der Versicherte trotz seiner eingeschränkten Gehfähigkeit in der Lage ist, den Arbeitsplatz z.B. mit einem PKW zu erreichen. Wer also einen Kraftwagen und die entsprechende Fahrerlaubnis besitzt und den PKW trotz seiner gesundheitlichen Beeinträchtigungen führen kann, kann sich nicht darauf berufen, er könne nicht mehr ausreichend weit gehen, um einen Arbeitsplatz mit öffentlichen Verkehrsmitteln zu erreichen.

Auch hier Rentenabschläge

Ebenso wie die meisten Altersrenten werden auch die Erwerbsminderungsrenten mit einem Rentenabschlag gewährt, wenn die Rente vor einem bestimmten Lebensalter beginnt.

Bis zum 31.12.2011 ist dies das 63. Lebensjahr, d.h., wenn die Erwerbsminderungsrente mit Vollendung des 63. Lebensjahres oder später beginnt, wird die Rente ohne Abschläge gezahlt. Bei einem früheren Rentenbeginn muss der Rentner für jeden Monat des Rentenbezugs vor Vollendung des 63. Lebensjahres einen Rentenabschlag von 0,3 Prozent, jedoch höchstens 10,8 Prozent in Kauf nehmen. Bei einem

Rentenbeginn vor Vollendung des 60. Lebensjahres wird die Rente mit einem Abschlag von 10,8 Prozent gewährt.

Vom 1.1.2012 bis zum 31.12.2023 wird das Alter des abschlagsfreien Rentenbezugs schrittweise vom 63. auf das 65. Lebensjahr angehoben, sodass ab dem 1.1.2024 die Rente wegen Erwerbsminderung ohne Abschläge erst ab dem 65. Lebensjahr bezogen werden kann. Für jeden Monat des früheren Rentenbezugs muss der Rentner einen Rentenabschlag von 0,3 Prozent, höchstens 10,8 Prozent in Kauf nehmen. Bei einem Rentenbeginn vor dem 63. Lebensjahr wird die Rente dann nur mit diesem Abschlag gewährt. Für die Zeit vom 1.1.2012 bis zum 31.12.2023 ergibt sich die Höhe der Rentenabschläge bei Erwerbsminderungsrenten aus der nachfolgenden Tabelle:

Bei Beginn der Rente des Versicherten		**Tritt an die Stelle des Lebensalters**	
		65 Jahre	**62 Jahre**
		das Lebensalter	
Jahr	**Monat**	**Jahre + Monate**	**Jahre + Monate**
Vor 2012		63 + 0	60 + 0
2012	Januar	63 + 1	60 + 1
2012	Februar	63 + 2	60 + 2
2012	März	63 + 3	60 + 3
2012	April	63 + 4	60 + 4
2012	Mai	63 + 5	60 + 5
2012	Juni – Dezember	63 + 6	60 + 6
2013		63 + 7	60 + 7
2014		63 + 8	60 + 8
2015		63 + 9	60 + 9
2016		63 + 10	60 + 10
2017		63 + 11	60 + 11

Bei Beginn der Rente des Versicherten		Tritt an die Stelle des Lebensalters	
		65 Jahre	62 Jahre
		das Lebensalter	
Jahr	Monat	Jahre + Monate	Jahre + Monate
2018		64 + 0	61 + 0
2019		64 + 2	61 +
2020		64 + 4	61 + 4
2021		64 + 6	61 + 6
2022		64 + 8	61 + 8
2023		64 + 10	61 + 10

Das für die abschlagsfreie Rente maßgebliche Alter erhöht sich demnach bei einem Rentenbeginn im Januar 2012 auf 63 Jahre und einen Monat, im Februar 2012 auf 63 Jahre und 2 Monate usw. oder bei einem Rentenbeginn im Jahr 2018 auf 64 Jahre. Ab dem 1.1.2024 können die Erwerbsminderungsrenten dann abschlagsfrei erst ab 65 in Anspruch genommen werden. Bei Inanspruchnahme der Rente mit oder vor Vollendung des 62. Lebensjahres wird ein Abschlag in Höhe von 10,8 Prozent erhoben (36 Monate vor dem 65. Lebensjahr x 0,3 Prozent). Bei einer Inanspruchnahme nach Vollendung des 62. Lebensjahres sinkt der Abschlag je nach Rentenbeginn von 10,5 auf 0 Prozent.

Rentenerhöhung bei jungen Erwerbsgeminderten

Da die Höhe der Rente – wie bereits erwähnt – von der Zahl und Höhe der bis zum Rentenfall entrichteten Beiträge abhängt, würden Versicherte, die bereits in jungen Jahren voll oder teilweise erwerbsgemindert werden und bis dahin naturgemäß nur wenige Beiträge entrichten konnten, nur eine »Minirente« erhalten und damit zwangsläufig auf Sozialhilfe angewiesen sein. Dies soll durch die sogenannte Zurechnungszeit verhindert werden (vgl. dazu S. 228). Die Zurechnungszeit beginnt mit dem Eintritt der Erwerbsminderung und endet mit der Vollendung des 60. Lebensjahres.

Wird z.B. ein Versicherter, der zehn Jahre lang als Arbeitnehmer versicherungspflichtig beschäftigt war, durch einen Unfall bereits mit 30 Jahren erwerbsgemindert, dann wird seine Rente nicht nur auf der Grundlage der zehnjährigen Beitragszahlung als Arbeitnehmer berechnet, sondern die (Zurechnungs-)Zeit vom Unfall bis zum 60. Lebensjahr erhöht die Rente darüber hinaus. Laienhaft vereinfacht hat die Zurechnungszeit zur Folge, dass so getan wird, als habe der Versicherte nicht nur bis zu dem mit 30 Jahren erlittenen Unfall, sondern bis zum 60. Lebensjahr gearbeitet. Auf der Grundlage der Zurechnungszeit wird seine Rente hochgerechnet.

2.4 Rente aus Anlass des Versicherungsfalles der Berufsunfähigkeit

a) Überblick

Berufsunfähige erhalten Rente wegen teilweiser Erwerbsminderung

Werden Versicherte berufsunfähig, dann haben sie Anspruch auf Rente wegen teilweiser Erwerbsminderung, wenn sie vor Eintritt der Berufsunfähigkeit die allgemeine Wartezeit erfüllt haben und in den letzten fünf Jahren vor der Berufsunfähigkeit über Pflichtbeitragszeiten in einem Umfang von 36 Kalendermonaten verfügen. Die Anspruchsvoraussetzungen sind in § 240 SGB VI geregelt. Die Rente wird nur auf Antrag gewährt. Der Rentenanspruch ist jedoch auf Versicherte beschränkt, die vor dem 2.1.1961 geboren sind.

Keine Rente für Versicherte, die nach dem 1.1.1961 geboren sind

Für Versicherte, die nach dem 1.1.1961 geboren sind, enthält das Gesetz keine Anspruchsgrundlage mehr für die Gewährung einer Rente aus Anlass des Versicherungsfalles der Berufsunfähigkeit. Diesem Personenkreis ist dringend anzuraten, für den Versicherungsfall der Berufsunfähigkeit eine private Versicherung abzuschließen.

Berufsunfähigkeit

Verkürzt und laienhaft ausgedrückt bedeutet Berufsunfähigkeit, dass der bisherige versicherungspflichtige Beruf wegen Krankheit oder Behinderung nur noch weniger als sechs Stunden täglich ausgeübt werden kann. Vor der Rentengewährung ist allerdings zu prüfen, ob die gesundheitliche Leistungsfähigkeit sowie die fachlichen Kenntnisse und Fähigkeiten ausreichen, um zumutbare andere Tätigkeiten (sogenannte Verweisungstätigkeiten) mindestens sechs Stunden täglich zu bewältigen. Erst wenn es (auch) eine solche Tätigkeit für den Versicherten nicht mehr gibt, ist er berufsunfähig. Zumutbar ist eine Tätigkeit, wenn sie gegenüber dem bisherigen versicherungspflichtigen Beruf nur unwesentlich geringere berufliche Anforderungen stellt. Kann der Versicherte derartige andere zumutbare Tätigkeiten noch sechs Stunden täglich verrichten, ist er nicht berufsunfähig, auch wenn es seinen bisherigen Beruf (krankheitsbedingt) nicht mehr ausüben kann.

Diese recht komplizierten Voraussetzungen des Begriffs der Berufsunfähigkeit wollen wir nun nachfolgend im Einzelnen besprechen. Dabei liegt es zunächst auf der Hand, dass für die Beurteilung des Versicherungsfalles der Berufsunfähigkeit natürlich der bisherige Beruf des Versicherten von maßgeblicher Bedeutung sein muss.

b) Der Versicherungsfall der Berufsunfähigkeit

Der bisherige Beruf

Beispiel

Herr Adam hat zunächst eine Ausbildung zum Bäcker absolviert und anschließend 15 Jahre in diesem Beruf gearbeitet. Als ihm eine Stelle als Bürohilfskraft angeboten wird, nimmt er das Angebot an, weil er mit dieser Arbeit nahezu genauso viel verdient wie als Bäcker und nicht mehr so früh aufstehen muss. Vier Jahre später erleidet er einen Unfall und ist anschließend an den Rollstuhl gefesselt. Als Bürohilfskraft kann er nach einiger Zeit wieder arbeiten. Er meint jedoch, er sei berufsunfähig, weil er seinen erlernten Beruf als Bäcker nicht mehr ausüben kann.

Für die Frage, ob Berufsunfähigkeit vorliegt, ist natürlich der Beruf des jeweiligen Rentenantragstellers von ent-

Nach welchem Beruf bestimmt sich die Berufsunfähigkeit?

scheidender Bedeutung. Es liegt auf der Hand, dass z.B. ein Maurer, der nach einem Unfall im Rollstuhl sitzt, als Maurer nicht mehr arbeiten kann, während ein kaufmännischer Angestellter möglicherweise in der Lage ist, auch im Rollstuhl seinen Beruf noch auszuüben, sodass Berufsunfähigkeit nicht vorliegt. Die Frage, welcher Beruf für die Beurteilung der Berufsunfähigkeit entscheidend ist, lässt sich leicht beantworten, wenn jemand in seinem Erwerbsleben nur einen Beruf ausgeübt hat. Komplizierter wird die Angelegenheit jedoch, wenn ein Versicherter mehrere Berufe verrichtet hat, wie auch Herr Adam.

Der letzte versicherungspflichtige Beruf ist entscheidend

Nach § 240 Abs. 2 SGB VI, der jedoch für einen Laien kaum verständlich sein dürfte, ist für die Feststellung der Berufsunfähigkeit der »bisherige Beruf« maßgeblich. Dies ist nach der ständigen Rechtsprechung des Bundessozialgerichts im Regelfall die zuletzt nicht nur vorübergehend vollwertig ausgeübte versicherungspflichtige Tätigkeit (vgl. z.B. BSG, Urteil vom 17.6.1993, Az.: 13 RJ 23/92). Im Ausgangsfall hat Herr Adam zuletzt durchgehend als Bürohilfskraft gearbeitet, sodass dieser Beruf für die Beurteilung der Berufsunfähigkeit heranzuziehen ist. Ohne Bedeutung ist, dass er früher den Beruf des Bäckers erlernt und langjährig ausgeübt hat. Da er als Bürohilfskraft noch arbeiten kann, ist er nicht berufsunfähig (lesen Sie jedoch auch das nächste Beispiel).

Beispiel

Nehmen Sie an, Herr Adam hat den Bäckerberuf aufgegeben, weil er an einer Mehlstauballergie erkrankt war. Anschließend arbeitete er als Bürohilfskraft.

Freiwillige Lösung vom Beruf

Der Unterschied zum vorherigen Beispiel besteht darin, dass Herr Adam hier den Bäckerberuf aus gesundheitlichen Gründen aufgeben musste, während er sich im Beispiel zuvor aus anderen Gründen dafür entschieden hatte, die Tätigkeit einer Bürohilfskraft aufzunehmen. Er hat sich – wie die Rechtsprechung formuliert – im vorherigen

Beispiel freiwillig vom Beruf des Bäckers gelöst (BSG, Urteil vom 8.10.1992, Az.: 13 RJ 41/91).

Aufgabe des Berufs wegen Krankheit

Nach der Rechtsprechung ist der letzte Beruf für die Beurteilung der Berufsunfähigkeit nicht heranzuziehen, wenn der Versicherte einen früheren Beruf aus gesundheitlichen Gründen aufgegeben hat, der im Vergleich zum letzten Beruf höherwertig war. Es ist nämlich gerade die Aufgabe der gesetzlichen Rentenversicherung, den Versicherten vor gesundheitlichen Risiken und Beeinträchtigungen zu schützen (vgl. BSG, Urteil vom 17.12.1991, Az.: 13/5 RJ 14/90). Im Ausgangsfall ist der Bäckerberuf als Facharbeitertätigkeit höherwertig als der einer Bürohilfskraft. Da Herr Adam den Beruf des Bäckers und auch artverwandte Tätigkeiten als Rollstuhlfahrer und wegen seiner Mehlstauballergie nicht mehr ausüben kann, ist er berufsunfähig. Dem steht nicht entgegen, dass er als Bürohilfskraft noch arbeiten kann, denn die Verrichtung von Hilfsarbeiten ist für einen ehemaligen Facharbeiter nicht zumutbar.

Sonderfall EU-Angehörige

Von dem Grundsatz, dass nur in Deutschland versicherungspflichtig ausgeübte Berufe für die Berufsunfähigkeitsrente von Bedeutung sind, wird bei Bürgern der Europäischen Union eine Ausnahme gemacht (vgl. BSG, Urteil vom 21.9.1988, Az.: 5/5b/1 RJ 114/83).

Beispiel

So wäre z.B. für die Beurteilung der Berufsunfähigkeit eines österreichischen Arztes, der nach erfolgloser Stellensuche in Österreich zunächst in Deutschland zehn Jahre als Pharmareferent gearbeitet und nachfolgend in Frankreich als Arzt beschäftigt war, bei einem anschließend in Deutschland gestellten Rentenantrag der in Frankreich (als EU-Land) zuletzt versicherungspflichtig ausgeübte Beruf des Arztes für die Beurteilung der Berufsunfähigkeit maßgeblich. Er könnte bei entsprechend eingeschränktem Leistungsvermögen Rente wegen Berufsunfähigkeit nach deutschem Recht beanspruchen. Außerhalb der EU ausgeübte Beschäftigungen sind für die Berufsunfähigkeit ohne Bedeutung.

Einschränkung der Leistungsfähigkeit durch Krankheit

Nachdem abgeklärt ist, welcher Beruf des Versicherten für die Beurteilung seiner Berufsunfähigkeit heranzuziehen ist, stellt sich als nächstes die Frage, in welchem Umfang und wie lange er durch Krankheit in seiner körperlichen und/oder geistigen Leistungsfähigkeit gemindert sein muss, damit Berufsunfähigkeit bejaht werden kann.

Beispiel

Herr Claudius ist 54 Jahre alt und arbeitet als Schlosser. In der jüngeren Vergangenheit wurde er wegen Kniegelenksbeschwerden des öfteren – zum Teil sogar für einige Wochen – krankgeschrieben, weil er nicht mehr so lange an der Werkbank stehen kann. Sein Chef, der einen jüngeren Mitarbeiter einstellen möchte, rät ihm, Rente wegen Berufsunfähigkeit zu beantragen. Hätte ein solcher Antrag Aussicht auf Erfolg?

Dauer der Berufsausübung

Aus der Tatsache, dass Herr Claudius wegen seiner Kniebeschwerden zum Teil sogar für einige Wochen arbeitsunfähig war, ist zu schließen, dass er zumindest zeitweise seinen Beruf als Schlosser nicht mehr ausüben konnte und möglicherweise auch in Zukunft nicht mehr ausüben kann. Dies hat jedoch nicht automatisch zur Folge, dass er auch Anspruch auf Zahlung einer Rente wegen teilweiser Erwerbsminderung bei Berufsunfähigkeit hat. Die Rentengewährung setzt grundsätzlich eine längere Dauer der Berufsunfähigkeit voraus. Selbst wenn nur Anspruch auf eine Rente auf Zeit besteht, weil nicht wahrscheinlich ist, dass der Versicherte dauerhaft berufsunfähig ist (vgl. § 102 Abs. 2 SGB VI; siehe S. 97 ff.), so wird auch bei vorübergehender Berufsunfähigkeit nur dann eine Zeitrente gezahlt, wenn der Versicherte mehr als sechs Monate (mindestens sieben Monate) durchgängig berufsunfähig ist. Kürzere Phasen der Berufsunfähigkeit haben keinen Rentenanspruch zur Folge.

Beispiel

Nehmen Sie an, Herr Claudius sei wegen seiner gesundheitlichen Beeinträchtigungen auf Dauer nicht mehr in der Lage, seinen Beruf als Schlosser für die Dauer eines ganzen Arbeitstages zu bewältigen. Er stellt deshalb einen Rentenantrag. Der medizinische Gutachter des zuständigen Rentenversicherungsträgers kommt zutreffend zu dem Ergebnis, dass die Einschätzung des Herrn Claudius, er könne nicht mehr ganztags in seinem Beruf arbeiten, richtig sei. Andererseits sei sein Leistungsvermögen nach den medizinischen Feststellungen jedoch nicht so eingeschränkt, dass er nicht noch sechs Stunden täglich als Schlosser arbeiten könne. Herr Claudius möchte wissen, ob er nunmehr Anspruch auf Rente hat.

Die Sechs-Stunden-Grenze ist entscheidend

Auch wenn Herr Claudius seinen bisherigen Beruf als Schlosser nicht mehr vollschichtig, d.h. nicht mehr in dem täglichen zeitlichen Umfang verrichten kann, wie er ihn bisher auf der Grundlage seines bestehenden Arbeitsverhältnisses ausgeübt hat, hat er keinen Anspruch auf Rente wegen Berufsunfähigkeit. Nach § 240 Abs. 2 SGB VI sind nur die Versicherten berufsunfähig, die ihren bisherigen Beruf krankheitsbedingt täglich nur weniger als sechs Stunden bewältigen können. Erst dann ist (möglicherweise) der Versicherungsfall wegen Berufsunfähigkeit eingetreten und der Anspruch auf die Gewährung einer Rente wegen teilweiser Erwerbsminderung begründet. Allerdings wäre zunächst noch zu prüfen, ob Herr Claudius eine ihm zumutbare Verweisungstätigkeit noch zumindest sechs Stunden täglich ausüben kann (vgl. hierzu die Beispiele weiter unten im Abschnitt »Die Verweisbarkeit des Versicherten«, S. 76 ff.).

Beispiel

Nehmen Sie an, Frau Adam war 30 Jahre lang als Verpackungsarbeiterin in der Elektroindustrie beschäftigt. Da sie an erheblichen Verschleißerscheinungen der Gelenke leidet, brauchte sie zuletzt nur kleine Teile im Sitzen zu verpacken. Nachdem ihr Arbeitsplatz wegrationalisiert und ihr mit 53 Jahren gekündigt worden war, bezog sie knapp drei Jahre lang Arbeitslosengeld. Arbeitslosengeld II wurde anschließend abgelehnt, weil das anrechenbare Einkommen ihres Mannes zu hoch war. Frau Adam beantragte daraufhin Rente wegen teilweiser Erwerbsminderung aus Anlass des Versicherungsfalles der Berufsunfähigkeit, weil sie ohnehin keiner mehr einstellt und sich ihre orthopädischen Gesundheitsstörungen verschlimmert haben. Der Amtsarzt bestätigt die erheblichen körperlichen Beeinträchtigungen, kommt jedoch zu der abschließenden arbeitsmedizinischen Beurteilung, dass Frau Adam leichte Packarbeiten im Sitzen für die Dauer von sechs Stunden täglich verrichten könne. Hat Frau Adam Anspruch auf Rente?

Verschlossenheit des Arbeitsmarktes

Wir haben oben zum Versicherungsfall der teilweisen Erwerbsminderung (vgl. S. 60 f.) gelesen, dass Versicherte, deren Restleistungsvermögen krankheitsbedingt auf einen täglichen Arbeitseinsatz von drei bis unter sechs Stunden gesunken ist, Anspruch auf volle Rente wegen voller Erwerbsminderung haben, wenn sie arbeitslos sind. Sie haben – so die Rechtsprechung – als arbeitslose Teilzeitkräfte keine realistische Chance, ihr Restleistungsvermögen im Erwerbsleben gewinnbringend umzusetzen. Der Arbeitsmarkt ist ihnen damit praktisch verschlossen, es sei denn, sie haben einen Teilzeitarbeitsplatz inne. Es stellt sich deshalb die Frage, ob auch Frau Adam wegen ihrer Arbeitslosigkeit Rente beanspruchen kann.

Arbeitslosigkeit bei sechsstündigem Leistungsvermögen ohne Bedeutung

Nach § 43 Abs. 3 SGB VI sind die Versicherten nicht erwerbsgemindert, die noch in der Lage sind, sechs Stunden täglich zu arbeiten. Dabei kommt es auf die Arbeitsmarktlage nicht an. Dies hat zur Folge, dass die Tatsache ihrer Arbeitslosigkeit nicht dazu führt, dass Frau Adam Anspruch auf Rente hat. Das Risiko, einen leidensgerechten Arbeitsplatz zu finden, wird bei noch sechsstündig leistungsfähigen Versicherten nicht von der Rentenversicherung, sondern von der Arbeitslosenversicherung getragen (vgl. BSG, Urteil vom 9.9.1986, Az.: 5 b RJ 50/84).

Da Frau Adam als ungelernte Arbeitskraft auch keinen Berufsschutz für sich in Anspruch nehmen kann, hat sie auch keinen Anspruch auf Rente wegen teilweiser Erwerbsminderung aus Anlass des Versicherungsfalles der Berufsunfähigkeit.

!

Medizinische Ermittlungen wichtig!

Sie sehen, dass der Rentenanspruch ganz entscheidend davon abhängt, ob der Versicherte sechs Stunden täglich oder nur noch unter sechs Stunden arbeiten kann. Wer nicht mehr in diesem zeitlichen Umfang arbeiten kann, erhält in der Regel die Rente. Wer noch sechs Stunden täglich leistungsfähig ist, geht häufig leer aus.

Die Verweisbarkeit des Versicherten

Ausübung des bisherigen Berufs nicht mehr möglich

Wir halten also fest: Eindeutig nicht berufsunfähig sind Versicherte, die ihren bisherigen Beruf noch zumindest sechs Stunden täglich ausüben können, auch wenn sie schon länger arbeitslos oder arbeitsunfähig erkrankt sind. Das Unvermögen, den bisherigen Beruf verrichten zu können, ist zwingende Voraussetzung für Berufsunfähigkeit. Dieses Unvermögen hat jedoch nicht zwingend zur Folge, dass auch schon Berufsunfähigkeit vorliegt. Vor der Rentengewährung ist vielmehr nach dem Gesetz zu prüfen, ob die durch Krankheit eingeschränkte Leistungsfähigkeit, die der Ausübung des bisherigen Berufs entgegensteht, noch ausreicht, um sozial zumutbare andere Tätigkeiten (sogenannte Verweisungstätigkeiten) mindestens sechs Stunden täglich zu bewältigen. Erst wenn der Versicherte auch hierzu nicht mehr in der Lage ist, ist er berufsunfähig.

Lassen Sie uns nun einige Fälle zu der Frage besprechen, auf welche Tätigkeiten und nach welchen Grundsätzen sich Versicherten verweisen lassen müssen, mit der Folge, dass bei Vorliegen einer Verweisungstätigkeit Berufsunfähigkeit nicht gegeben ist.

Beispiel

Herr Dröge hat den Beruf des Elektrikers gelernt und während seines gesamten versicherungspflichtigen Erwerbslebens ausgeübt. Mit 54 Jahren erleidet er einen schweren Wirbelsäulenschaden. Einem ganztägigen Arbeitseinsatz stehen seine Gesundheitsstörungen nicht entgegen. Er darf jedoch nur noch leichte körperliche Tätigkeiten in wechselnder Körperhaltung ausüben und kann damit den Beruf des Elektrikers, insbesondere die damit verbundenen Zwangshaltungen nicht mehr verrichten. Hat er Anspruch auf Berufsunfähigkeitsrente?

Herr Dröge kann also seinen bisherigen Beruf nicht mehr ausüben. Dies hat – wie wir bereits lesen konnten – nicht zwingend zur Folge, dass er damit auch berufsunfähig ist. Jeder Versicherte muss – bevor die Rente wegen Berufsunfähigkeit gewährt wird – einen gewissen beruflichen Abstieg und eine damit verbundene Lohneinbuße in Kauf nehmen und sich vor der Inanspruchnahme einer Rente mit einer geringerwertigen Erwerbstätigkeit zufrieden geben.

Ein »zumutbarer« beruflicher Abstieg muss hingenommen werden

Nach § 240 Abs. 2 SGB VI liegt Berufsunfähigkeit erst vor, wenn ein Versicherter weder seinen bisherigen Beruf noch andere – auch geringerwertige – Tätigkeiten (sechs Stunden täglich) ausüben kann. Dabei muss er jedoch nicht jedweden Beruf ausüben, sondern – wie die Rechtsprechung formuliert – nur einen sozial zumutbaren beruflichen Abstieg in Kauf nehmen (ständige Rechtsprechung, vgl. z.B. BSG, Urteil vom 25.6.1986 Az.: 4a RJ 55/84).

Abstieg auf angelernte Arbeiten

Ein gelernter Elektriker, also ein Facharbeiter, der seinen bisherigen Beruf nicht mehr ausüben kann, muss z.B. auch angelernte Arbeiten wie die eines Prüffeldelektrikers oder Verdrahtungselektrikers für Schalttafeln verrichten. Hierbei sind kleine Haushaltsgeräte oder Steckdosen auf ihre Funktionstauglichkeit zu prüfen oder kleine Schalttafeln nach Plan zu verdrahten, sodass nur leichte körperliche Belastungen entstehen. Die damit verbundene Lohneinbuße und den beruflichen Abstieg vom Facharbeiter auf angelernte Tätigkeiten muss der Versicherte als sozial zumutbar in Kauf nehmen (vgl. LSG Nordrhein-Westfalen, Urteil vom 6.7.1990, Az.: L 3 J 51/90). Auf diese Berufe muss sich ein Facharbeiter – wie der Jurist sagt – verweisen lassen. Berufsunfähigkeit liegt damit nicht vor. Unerheblich ist auch hier, ob Herrn Dröge ein Arbeitsplatz als Verdrahtungs- oder Prüffeldelektriker vermittelt werden kann, denn die fehlende Vermittelbarkeit hat nach den im letzten Beispiel entwickelten Grundsätzen bei noch sechsstündig Leistungsfähigen für den Rentenanspruch keine Bedeutung.

Beispiel

Nehmen Sie an, Herr Dröge hat einen Schlaganfall erlitten und ist danach zwar noch in der Lage, ganztags und damit auch mehr als sechs Stunden täglich zu arbeiten, kann jedoch wegen seines eingeschränkten geistigen Leistungsvermögens nur noch geistig und konzentrativ anspruchslose Hilfsarbeiten verrichten. Hätte er nun Anspruch auf Rente?

Abstieg auf Hilfsarbeiten

Hier wäre für Herrn Dröge der berufliche Abstieg deutlich größer als im vorangegangenen Beispielsfall, denn einfachste Hilfsarbeiten haben einen erheblich geringeren Wert und sozialen Status als die angelernten Tätigkeiten eines Prüffeld- oder Verdrahtungselektrikers.

»Unzumutbarer« beruflicher Abstieg

Nach der ständigen Rechtsprechung des Bundessozialgerichts ist der Abstieg vom Facharbeiter zum einfachen Hilfsarbeiter nicht mehr sozial zumutbar (ständige Rechtsprechung, vgl. z.B. BSG, Urteil vom 27.4.1989, Az.: 5/5b RJ 74/87). Ein Facharbeiter kann nicht auf Hilfsarbeitertätigkeiten verwiesen werden (das gilt für alle Arbeiter- und Angestelltenberufe, die eine Ausbildung von mehr als zwei Jahren voraussetzen), sodass Herr Dröge im Ausgangsfall berufsunfähig wäre. Er hat damit Anspruch auf Rente wegen teilweiser Erwerbsminderung nach § 240

SGB VI. Da er als Hilfsarbeiter noch ganztags und damit auch für die Dauer von sechs Stunden täglich (vgl. § 240 Abs. 2 SGB VI) arbeiten kann, liegt jedoch volle Erwerbsminderung im Sinne von § 43 SGB VI nicht vor. Auch hier ist wiederum unerheblich, dass ihm ein entsprechender Arbeitsplatz nicht vermittelt werden kann, denn hierauf kommt es – wie bereits dargelegt – bei sechsstündig einsatzfähigen Versicherten nicht an. Da die Ausübung von Hilfsarbeiten der Berufsunfähigkeit nicht entgegensteht, dürfte Herr Dröge neben der Berufsunfähigkeitsrente als Hilfsarbeiter arbeiten und unter Umständen Lohn und Rente zugleich beziehen (vgl. aber hierzu »Rente wegen verminderter Erwerbsfähigkeit, Hinzuverdienst und andere Sozialleistungen«, S. 116 ff.).

Zusammenfassung

Wir haben bereits gelesen, dass das Unvermögen, den bisherigen Beruf zu verrichten, nicht gleichbedeutend ist mit Berufsunfähigkeit. Jeder Versicherte muss sich vielmehr auf andere berufliche Tätigkeiten verweisen lassen, die er trotz seiner Krankheiten und seines eingeschränkten Leistungsvermögens noch verrichten kann. Dabei muss er auch einen zumutbaren beruflichen Abstieg in Kauf nehmen. Am konkreten Beispiel konnten Sie auch bereits sehen, dass z.B. für einen Facharbeiter der Abstieg auf eine angelernte Tätigkeit zumutbar, auf eine einfache Hilfsarbeitertätigkeit jedoch nicht mehr zumutbar ist. Kann also ein Facharbeiter noch angelernte Tätigkeiten verrichten, liegt Berufsunfähigkeit nicht vor. Ein Anspruch auf Rente wegen teilweiser Erwerbsminderung besteht nicht. Ist er zur Ausübung von Facharbeiten oder angelernten Tätigkeiten jedoch nicht mehr in der Lage, muss ihm die Rente wegen des Versicherungsfalls der Berufsunfähigkeit gezahlt werden. Das gilt für alle Arbeiter- und Angestelltenberufe, die eine Ausbildung von mehr als zwei Jahren voraussetzen. Daneben dürfte er noch als Hilfsarbeiter arbeiten, wobei allerdings der erzielte Lohn auf die Rente anzurechnen ist und diese mindern kann (vgl. hierzu »Rente wegen verminderter Erwerbsfähigkeit, Hinzuverdienst und andere Sozialleistungen«, S. 116 ff.). In den nachfolgenden

Fallbeispielen wird nunmehr genauer dargestellt, wann ein beruflicher Abstieg noch zumutbar ist, sodass Berufsunfähigkeit nicht vorliegt, und wann er unzumutbar ist, sodass Anspruch auf Rente besteht.

> **Beispiel**
>
> Nehmen Sie an, Herr Dübel hat die bis zum 1.8.2001 vorgeschriebene zweijährige Ausbildung zum Berufskraftfahrer (seit dem 1.8.2001 drei Jahre Ausbildung; vgl. § 2 der Verordnung über die Berufsausbildung von Berufskraftfahrern vom 19.4.2001) erfolgreich absolviert und war anschließend 15 Jahre in seinem erlernten Beruf versicherungspflichtig erwerbstätig. Er wurde tariflich wie ein angelernter Arbeiter entlohnt. Nach einem Unfall kann er nur noch leichte Arbeiten in wechselnder Körperhaltung verrichten und damit nicht mehr die nahezu dauernd im Sitzen zu verrichtenden Tätigkeiten als Kraftfahrer bewältigen. Welcher berufliche Abstieg ist ihm zuzumuten? Kann er Rente beanspruchen?

Verweisungstätigkeit

Im Gesetz ist der Begriff des zumutbaren beruflichen Abstiegs nicht genauer definiert. Es war deshalb Aufgabe der Rechtsprechung, die Frage zu beantworten, welche, unter Umständen auch weniger qualifizierte und geringer bezahlte Tätigkeit ein Versicherter noch ausüben muss, bevor Berufsunfähigkeit angenommen wird. Diese Tätigkeiten nennt der Jurist – wie bereits erwähnt – Verweisungstätigkeiten.

Mehrstufenschema

Um den Begriff des zumutbaren beruflichen Abstiegs in die Praxis umsetzen zu können, hat das Bundessozialgericht die Arbeiterberufe und auch die Angestelltenberufe in mehrere hierarchisch geordnete Berufsgruppen aufgeteilt, wie sie zum Teil auch in Tarifverträgen zu finden sind (ständige Rechtsprechung, vgl. z.B. BSG, Urteil vom 25.6.1986, Az.: 4a RJ 55/84):

Der untersten Berufsgruppe gehören die sogenannten ungelernten Arbeiter und Angestellte an. Hierunter versteht die Rechtsprechung Hilfsarbeiter, deren Tätigkeit keinerlei Einarbeitung oder einer Einweisung bzw. Einarbeitung in ihren Beruf von höchstens drei Monaten bedarf.

Ungelernte Arbeiter und Angestellte

Angelernte Arbeiter und Angestellte

Über der Berufsgruppe der Ungelernten ist die Berufsgruppe der sogenannten angelernten Arbeiter und Angestellten angesiedelt. Dies sind Versicherte, die zur vollwertigen Verrichtung ihres Berufes einer Ausbildung von drei Monaten und mehr bis hin zu einer anerkannten Regelausbildung von bis zu zwei Jahren einschließlich bedürfen.

Facharbeiter und »gelernte« Angestellte

Der nächsthöheren Berufsgruppe werden die sogenannten Facharbeiter und die gelernten Angestellten zugeordnet. Als Gelernte werden von der Rechtsprechung Arbeiter und Angestellte angesehen, deren Beruf eine Regelausbildung von mehr als zwei Jahren, regelmäßig drei Jahren voraussetzt. Hierbei handelt es sich um die typischen Lehrberufe wie die des Bäckers, Dachdeckers, Drehers, Elektrikers, Maurers, Tischlers, Schlossers, Friseurs, des Einzelhandelskaufmanns, des Industriekaufmanns, des Altenpflegers, der Krankenschwester usw. (vgl. BSG, Urteil vom 14.5.1991 Az.: 5 RJ 82/89).

Weitere Berufsgruppen

Darüber gibt es noch weitere Berufsgruppen mit qualitativ höherwertigen Berufen, wobei jedoch zwischen Arbeiter- und Angestelltenberufen unterschieden wird.

Facharbeiter mit Vorgesetztenfunktion

Bei den Arbeiterberufen steht über der Berufsgruppe der Facharbeiter als letzte und höchste Berufsgruppe die Gruppe der Facharbeiter mit Vorgesetztenfunktion. Hierzu gehören z.B. Poliere und andere Vorarbeiter, die mehreren Facharbeitern gegenüber weisungsbefugt sind, nach der höchsten Tariflohngruppe bezahlt werden und selbst Weisungen nur von Angestellten erhalten. Dieser Berufsgruppe sind auch selbstständige Handwerksmeister zuzuordnen, die ebenfalls in der Rentenversicherung pflichtversichert sind.

Die oberen Angestelltenberufe

Bei den Angestelltenberufen ist über der Berufsgruppe der Gelernten zunächst die Berufsgruppe der Versicherten angesiedelt, die eine Meisterprüfung oder Fachschule erfolgreich abgeschlossen haben (4. Berufsgruppe). Der nächsthöheren Berufsgruppe gehören die Fachhochschul- und Hochschulabsolventen an (5. Berufsgruppe). Nach oben abgeschlossen wird das für die Angestelltenberufe maßgebliche Berufsgruppenschema durch die Angestellten der Führungsebene (6. Berufsgruppe), deren hohe berufliche Qualifikation regelmäßig auf einem Hochschulstudium beruht und die üblicherweise ein Bruttoarbeitsentgelt um oder über der Beitragsbemessungsgrenze erzielen (vgl. BSG, Urteil vom 29.7.2004, Az.: B 4 RA 5/04 R, und Urteil vom 22.2.1990 Az.: 4 RA 16/89).

Die sozial zumutbare Verweisungstätigkeit

Zurück zum Ausgangspunkt: Das Mehrstufenschema ist – wie oben ausgeführt – von der Rechtsprechung entwickelt worden, um einerseits den Status des bisherigen Berufs zu bestimmen und andererseits – am Status dieses Berufs orientiert – festlegen zu können, auf welche anderen Berufe sich Versicherte verweisen lassen müssen, ohne durch die Ausübung der Verweisungstätigkeit einen sozial unzumutbaren Abstieg zu erleiden.

Der Abstieg um eine Berufsgruppe ist zumutbar

Die Frage, welche Verweisungstätigkeiten einem Versicherten sozial zumutbar sind, lässt sich vor dem Hintergrund des Mehrstufenschemas nunmehr leicht beantworten: Jeder Versicherte muss einen Abstieg auf die nächst niedrige Berufsgruppe, d.h. auf Tätigkeiten der Berufsgruppe in Kauf nehmen, die unter der Berufsgruppe seines bisherigen Berufs angesiedelt sind. Kann er Berufe dieser Berufsgruppe trotz seiner Krankheiten noch verrichten, ist er nicht berufsunfähig. Ist er hierzu nicht mehr in der Lage, ist Berufsunfähigkeit eingetreten und er hat Anspruch auf Rente. Ob noch Berufstätigkeiten der übernächsten Berufsgruppe verrichtet werden können, ob z.B. ein Facharbeiter noch Hilfsarbeiten ausüben kann, ist ohne Bedeutung, da eine Verweisung auf diese Tätigkeiten (der übernächsten Berufsgruppe) sozial unzumutbar ist.

Es sind also zwei Prüfschritte vorzunehmen: Zunächst ist der Status des bisherigen Berufs des Versicherten zu bestimmen, also festzustellen, ob er der Berufsgruppe der Ungelernter, Angelernter, der Gelernten oder einer höheren Berufsgruppe zuzuordnen ist.

Zusammenfassung

Im Ausgangsfall gehörte Herr Dübel als Berufskraftfahrer der Berufsgruppe der angelernten Arbeiter an, denn er hat – wie es die Berufskraftfahrerausbildungsverordnung vorschreibt – eine Ausbildung von nur zwei Jahren absolviert und ist auch nur als angelernter Arbeiter tariflich entlohnt worden. Als angelernter Arbeiter muss er auch einen Abstieg auf Hilfsarbeiten hinnehmen. Da er mit seinem Restleistungsvermögen noch eine Vielzahl von Hilfsarbeitertätigkeiten verrichten könnte (er könnte z.B. noch als Museumswärter, Nachtwächter oder als Sortierer und Montierer kleiner Teile in der Elektro- und Metallindustrie arbeiten), wäre er nicht berufsunfähig. Dabei ist – wie Sie bereits lesen konnten – ohne Bedeutung, dass ihm solche Arbeiten möglicherweise nur schwer vermittelt werden können, denn dieses Vermittlungsrisiko wird von der Arbeitslosenversicherung und nicht von der Rentenversicherung getragen. Es hat deshalb für die Frage der Rentengewährung keinerlei Bedeutung (lesen Sie zur Frage der Einstufung in die Berufsgruppe der Facharbeiter bzw. gelernten Angestellten auch unbedingt das nächste Beispiel).

Beispiel

Unterstellen wir, dass Herr Bergmann keine Ausbildung als Berufskraftfahrer absolviert hat und als Busfahrer im Linienverkehr der Stadt B. arbeitete. Diese Tätigkeit konnte er mit dem Führerschein der Klasse II nach einer Einarbeitung von einem Monat vollwertig verrichten. Er verdient in der Stunde 14,40 Euro. Aus dem einschlägigen Tarifvertrag ergibt sich, dass er damit den gleichen Stundenlohn erhält, wie ein gelernter Handwerker, z.B. ein Schreiner, der bei der Stadt B. beschäftigt ist, weil die Tariflohngruppe für Busfahrer und Handwerker denselben Stundenlohn ausweist. Er kann wegen seiner Erkrankungen als Kraftfahrer nicht mehr arbeiten. Hat er Anspruch auf Rente?

Zunächst ist nochmals festzustellen, dass es für den jeweiligen beruflichen Status nicht darauf ankommt, ob

Bedeutung der tariflichen Entlohnung

ein Versicherter die im Regelfall erforderliche Ausbildung absolviert hat oder nicht. Entscheidend sind seine Kenntnisse und Fähigkeiten. Hat z.B. ein Bauarbeiter keine Maurerlehre absolviert, sich aber die Kenntnisse und Fähigkeiten eines Maurers in der Praxis angeeignet, ist er rentenrechtlich Maurer und damit Facharbeiter. Dementsprechend hat Herr Bergmann als Linienbusfahrer den Status eines Berufskraftfahrers, auch wenn er die vorgeschriebene zweijährige Ausbildung nicht durchlaufen hat. Im letzten Beispiel haben wir jedoch gesehen, dass Herr Dübel als Berufskraftfahrer im Hinblick auf seine nur zweijährige Ausbildung lediglich als angelernter Arbeiter einzustufen ist. Der Unterschied zum vorherigen Beispiel besteht jedoch darin, dass Herr Bergmann als Busfahrer hier durch den maßgeblichen Tarifvertrag als Kraftfahrer vom Lohn her dem Facharbeiter gleichgestellt wird. Es stellt sich deshalb die Frage, ob dies zu einer anderen Beurteilung der Rechtslage führt.

Das Bundessozialgericht hat in einer Reihe von Entscheidungen den Grundsatz aufgestellt, dass die Dauer der Ausbildung nicht das alleinige Kriterium für die Qualität eines Berufes sei. Es komme vielmehr ganz entscheidend auf die tarifliche Eingruppierung an. Wenn ein Tarifvertrag eine von der Ausbildung her nur angelernte Tätigkeit einer Facharbeitertätigkeit – auch nur hinsichtlich der Höhe des Lohnes – gleichstellt, handelt es sich um einen Facharbeiterberuf (vgl. z.B. BSG, Urteil vom 14.5.1991, Az.: 5 RJ 82/89).

Facharbeiter nur eingeschränkt verweisbar

Damit ist Herr Bergmann hier im Gegensatz zum letzten Beispiel, in dem er sogar eine Ausbildung zum Berufskraftfahrer durchlaufen hatte, als Facharbeiter anzusehen, weil er nach dem Tarifvertrag Anspruch auf den Tariflohn eines Facharbeiters hatte. Da er als Berufskraftfahrer nicht mehr arbeiten kann und Anlernberufe nicht ersichtlich sind, die er angesichts seiner eingeschränkten Kenntnisse und Fähigkeiten vollwertig verrichten kann, liegt Berufsunfähigkeit vor. Als ehemaligem Facharbeiter scheidet nämlich hier eine Verweisung auf Hilfsarbeitertätigkeiten, wie z.B. die Arbeiten eines Museumswärters, Nachtwächters usw. aus.

Beispiel
Nehmen wir an, Herr Bergmann beantragt bei dem für ihn zuständigen Rentenversicherungsträger die Zahlung der Berufsunfähigkeitsrente. Diese lehnt den Antrag mit der Begründung ab, Herr Bergmann könne noch als angelernter Registrator arbeiten. Dabei handele es sich im wesentlichen um leichte, im Sitzen auszuübende büroähnliche Arbeiten, die tariflich wie angelernte Tätigkeiten entlohnt würden und die Herr Bergmann nach einer Einarbeitungszeit von sechs bis acht Monaten vollwertig verrichten könne. Wäre die Rentenablehnung rechtens?

Zur Wiederholung

Nochmals: Wir haben bereits gesehen, dass Facharbeiter einen beruflichen Abstieg auf angelernte Tätigkeiten in Kauf nehmen müssen, bevor die Rente wegen Berufsunfähigkeit gezahlt wird. Es ist also in jedem Einzelfall von dem Rentenversicherungsträger und in einem späteren Prozess auch von den Sozialgerichten zu prüfen, ob der jeweilige Rentenantragsteller, der seinen bisherigen (Facharbeiter-)Beruf nicht mehr ausüben kann, noch in der Lage ist, eine Anlerntätigkeit zu verrichten. Ist dies der Fall, liegt Berufsunfähigkeit nicht vor. Dementsprechend hatte der Elektriker Dröge im oben genannten Beispiel (S. 79) keinen Anspruch auf Rente, weil er noch als angelernter Prüffeldelektriker arbeiten konnte. Es ist deshalb hier zu prüfen, ob Herr Dübel zulässigerweise auf die Arbeiten eines angelernten Registrators verwiesen werden kann.

Auf welche Tätigkeiten darf verwiesen werden?

Zunächst ist festzuhalten, dass Herr Bergmann durch die Ausübung des Berufs des Registrators keinen unzumutbaren sozialen Abstieg erleiden würde, denn es handelt sich dabei um eine Anlerntätigkeit, auf die Facharbeiter nach der Rechtsprechung des Bundessozialgerichtes verwiesen werden können (vgl. hierzu das oben dargestellte Mehrstufenschema, S. 81 f.). Dabei spielt es – wie oben bereits dargestellt – keine Rolle, dass Herr Bergmann arbeitslos ist und ihm eine Stelle als Registrator vielleicht nur schwer oder im Ergebnis gar nicht vermittelt werden kann, denn hierauf kommt es bei Versicherten, die noch sechs Stunden täglich arbeiten können nach § 240 Abs. 2 letzter Satz SGB VI, nicht an. Der Rentenversicherungsträger darf den Rentenantragsteller jedoch nicht auf jede beliebige, ihm sozial zumutbare Tätigkeit verweisen, sondern er ist hierbei an strenge Voraussetzungen gebunden. Das heißt, die bloße Tatsache, dass Herr Bergmann den Abstieg vom Facharbeiter auf den Beruf des angelernten Registrators in Kauf nehmen muss, reicht allein noch nicht aus, ihn auf diesen Beruf verweisen und die Rente ablehnen zu können. Der Rentenversicherungsträger muss vielmehr noch Folgendes beachten:

Medizinische und berufskundliche Gutachten

1. Der Versicherte muss zunächst einmal trotz seiner gesundheitlichen Beeinträchtigungen körperlich in der Lage sein, den vom Rentenversicherungsträger genannten Verweisungsberuf vollwertig zu verrichten. Dies ist im Einzelfall auf der Grundlage von medizinischen Gutachten genau zu prüfen. Gegebenenfalls müssen der Rentenversicherungsträger oder die Sozialgerichte auch berufskundliche Sachverständigengutachten einholen, in denen die körperlichen Anforderungen des jeweiligen Verweisungsberufes – hier also die Tätigkeit des Registrators – im Einzelnen beschrieben werden. Im Ausgangsfall dürfte schon die eingeschränkte Leistungsfähigkeit des Herrn Bergmann seiner Verweisung auf den Beruf des Registrators entgegenstehen, denn Herr Bergmann darf wegen seines Wirbelsäulenschadens nur in wechselnder Körperhaltung und nicht dauernd im Sitzen arbeiten, wie es der Beruf des Registrators erfordert.
2. Die Verweisungstätigkeit muss außerdem den Kenntnissen und Fähigkeiten des jeweiligen Versicherten entsprechen, d.h. er muss ihn mit seinen vorhandenen beruflichen Kenntnissen und Fähigkeiten ausüben können.

Letzteres wird von der Rechtsprechung nur bejaht, wenn der Verweisungsberuf von dem Rentenantragsteller nach einer Einarbeitungs- oder betrieblichen Einweisungszeit von maximal drei Monaten vollwertig ausgeübt werden kann (vgl. z.B. BSG, Urteil vom 29.3.1994, Az.: 13 RJ 35/93). Da Herr Bergmann, der zuvor nur als Kraftfahrer und nie im Büro gearbeitet hat, für den Beruf des Registrators eine Einarbeitungszeit von sechs bis acht Monaten benötigen würde, wäre er auch aus diesem Grund auf diese Tätigkeit nicht verweisbar. Er hat deshalb entgegen der Auffassung des Rentenversicherungsträgers Anspruch auf Rente wegen Berufsunfähigkeit.

Einarbeitung in maximal drei Monaten

Anders wäre allerdings die Rechtslage, wenn Herr Bergmann vor seiner Kraftfahrertätigkeit im Büro gearbeitet hätte und auf der Grundlage der dabei gewonnenen Kenntnisse in der Lage wäre, sich binnen drei Monaten in die Arbeiten eines Registrators einzuarbeiten. In diesem Falle wäre er auf diesen Beruf verweisbar, vorausgesetzt – was hier allerdings verneint wurde –, dass er ihn auch körperlich ohne Gefährdung seiner Gesundheit ausüben kann. Jeder Versicherte muss sich also bei der Prüfung von Verweisungsberufen alle Kenntnisse und Fähigkeiten zurechnen lassen, die er in seinem Berufsleben erworben hat.

Hohe berufliche Qualifikation ist wichtig für die Rente

Die beiden letzten Fälle machen besonders gut deutlich, wie wichtig ein möglichst hoher beruflicher Status für die Gewährung der Rente ist. Im letzten Beispiel, in dem Herr Bergmann wegen seiner tariflichen Einstufung den Status eines Facharbeiters hatte, war für ihn nur ein beruflicher Abstieg auf angelernte Tätigkeiten zumutbar. Da es jedoch Anlernberufe, die er innerhalb von drei Monaten erlernen konnte, nicht gab, hatte er Anspruch auf Rente wegen Berufsunfähigkeit. Demgegenüber musste der angelernte Kraftfahrer (wie auf S. 80 ff.) einen Abstieg auch auf ungelernte Arbeiten in Kauf nehmen. Da solche Tätigkeiten (wie z.B. die Arbeiten eines Museumswärters, Kleinteilesortierers, Verpackers kleiner Artikel usw.) von jedem, also auch von dem Kraftfahrer nach kürzester Einarbeitungszeit verrichtet werden können, sind für

Angelernte und erst recht für Ungelernte fast immer sogenannte Verweisungsberufe vorhanden. Die Mitglieder dieser Berufsgruppen des oben dargestellten Mehrstufenschemas haben deshalb nur sehr schlechte Chancen, eine Rente zu erhalten, solange sie trotz ihres im Übrigen eingeschränkten Leistungsvermögens noch sechs Stunden täglich arbeiten können. Sie müssen deshalb darauf achten, dass der Rentenversicherungsträger – was manchmal vernachlässigt wird – ihren bisherigen Beruf durch Einholung entsprechender Arbeitgeberauskünfte genau aufklärt. Wie wir anhand der letzten beiden Fälle sehen konnten, kommt es dabei insbesondere auf die tarifliche Einstufung und Entlohnung an, die auch bei Anlernberufen, wie z.B. dem des Kraftfahrers, dazu führen kann, dass er den Berufsschutz des Facharbeiters für sich in Anspruch nehmen kann, weil er tariflich wie ein Facharbeiter entlohnt wurde. Er hat damit deutlich höhere Chancen, eine Rente zu erhalten.

Beispiel

Nehmen wir an, Herr Eimer war lange als Maurer tätig und hat sich im Laufe der Jahre zum Polier hochgearbeitet. Er hat eine Kolonne von fünf gelernten Maurern und sieben Hilfskräften unter sich, die er einteilt und beaufsichtigt, und ist für die ordnungsgemäße Erledigung der Maurerarbeiten verantwortlich. Er wird nach der Lohngruppe I und damit der höchsten Lohngruppe des Bundesrahmentarifvertrages für das Baugewerbe entlohnt. Nach einem Sturz vom Gerüst kann er aufgrund eines schweren Hüftleidens nur noch schlecht gehen und keine Leitern und Treppen mehr steigen, sodass er nicht mehr in der Lage ist, den Beruf des Poliers auszuüben. Er kann ganztags und damit auch sechs Stunden täglich im Wesentlichen nur noch im Sitzen arbeiten. Ist er damit berufsunfähig?

Den Beruf des Poliers, auf den es als letzte Tätigkeit bei der Beurteilung der Berufsunfähigkeit maßgeblich ankommt,

Welcher berufliche Abstieg ist zumutbar?

kann Herr Eimer nicht mehr ausüben. Dies hat jedoch, wie wir bereits sehen konnten, nicht schon automatisch Berufsunfähigkeit zur Folge, sondern Herr Eimer muss, bevor ihm die Rente gezahlt werden kann, ebenfalls einen zumutbaren beruflichen Abstieg in Kauf nehmen. Welcher Abstieg noch sozial zumutbar ist, hängt davon ab, in welche Berufsgruppe des oben dargestellten Mehrstufenschemas (S. 81 ff.) Herr Eimer einzustufen ist. Der Beschreibung seiner Aufgaben ist zu entnehmen, dass er noch höherwertigere Arbeiten erledigt hat als der Maurerfacharbeiter. Es stellt sich deshalb die Frage, ob er vielleicht sogar der höchsten Berufsgruppe zuzuordnen wäre, was seine Chancen, eine Rente zu erhalten, noch mehr erhöhen würde.

In die (oberste) Berufsgruppe des Facharbeiters mit Vorgesetztenfunktion (vgl. hierzu oben die Ausführungen zum sogenannten Mehrstufenschema, S. 81 ff.) sind nach der Rechtsprechung Vorarbeiter, Hilfsmeister und Poliere einzustufen, die wegen ihrer besonderen persönlichen und geistigen Fähigkeiten Arbeiten verrichten, die den Wert bloßer Facharbeiten deutlich überragen. Dies ist anzunehmen, wenn der Versicherte selbst Facharbeiter ist, mehreren anderen Facharbeitern gegenüber weisungsbefugt ist und nach der höchsten Lohngruppe des jeweiligen Tarifvertrages entlohnt wird (BSG, Urteil vom 20.2.1980, Az.: 5 RJ 8/79). Außerdem darf sein Vorgesetzter nur ein Angestellter, nicht ein Arbeiter sein. Da Herr Eimer diese Voraussetzungen alle erfüllt, ist er Facharbeiter mit Vorgesetztenfunktion.

Nur auf Facharbeiten verweisbar

Als nächstes stellt sich die Frage, welchen beruflichen Abstieg Herr Eimer hinnehmen muss. Nach den oben bereits aufgeführten Grundsätzen der Rechtsprechung ist im Rahmen des Mehrstufenschemas ein Abstieg um eine Stufe sozial zumutbar, sodass Herr Eimer nur auf Facharbeiten verwiesen werden kann. Facharbeiterberufe, die er noch verrichten könnte, sind jedoch nicht ersichtlich. Als Maurer, d.h. in seinem früheren Beruf, kann er nicht mehr arbeiten, weil diese Tätigkeit noch größere körperliche Belastungen mit sich bringt als der Beruf des Poliers. Andere

Facharbeiten oder entsprechende Angestelltentätigkeiten, wie z.B. die Berufe des Schneiders oder Bürokaufmanns, kann er jedoch nicht ausüben, weil er die erforderlichen Kenntnisse nicht innerhalb von drei Monaten erwerben kann. Damit ist Herr Eimer berufsunfähig.

Tipp

Der sogenannte Facharbeiter mit Vorgesetztenfunktion hat, wenn er seinen Beruf nicht mehr ausüben kann, fast immer Anspruch auf die Berufsunfähigkeitsrente, weil er nur auf Facharbeiterberufe verweisbar ist. Diese sind jedoch zumeist anstrengender als seine bisherige Tätigkeit oder können von ihm, weil er berufsfremd ist, nicht binnen drei Monaten erlernt werden.

Beispiel

Herr Flunder ist gelernter Dreher und hat ausschließlich in diesem Beruf gearbeitet. Nach einem schweren Herzinfarkt kommt der Amtsarzt zu dem Ergebnis, er könne nur noch leichte Tätigkeiten verrichten und damit nicht mehr als Dreher arbeiten. Die Rente wegen Berufsunfähigkeit wird jedoch abgelehnt, weil Herr Flunder nach Auffassung der zuständigen Landesversicherungsanstalt noch als Endkontrolleur in der Metallindustrie arbeiten kann. Hierbei handelt es sich um leichte körperliche Arbeiten, die tariflich wie ein gelernter Dreher entlohnt werden. Nachdem Herr Flunder gegen die Rentenablehnung Klage erhoben hat, ergeben die Ermittlungen des Sozialgerichts, dass Arbeitsplätze als Endkontrolleur in der Metallindustrie nur mit leistungsgeminderten Beschäftigten des jeweiligen eigenen Betriebes besetzt und Außenstehende nicht mehr eingestellt werden. Ist dies für die Gewährung der Rente von Bedeutung?

Zunächst ist festzustellen, dass sich Herr Flunder als ehemaliger Facharbeiter auf die Tätigkeiten des Endkontrolleurs verweisen lassen muss. Es handelt sich nämlich um leichte körperliche Arbeiten, denen er gesundheitlich gewachsen wäre, und er würde als Endkontrolleur weiterhin den Tariflohn eines Drehers erzielen und damit keinen beruflichen Abstieg erleiden. Da der Endkontrolleur prüfen muss, ob Metallwerkstücke ordnungsgemäß gefertigt worden sind, wäre Herr Flunder als gelernter Dreher auch in der Lage, sich innerhalb von drei Monaten in die Aufgaben eines Endkontrolleurs einzuarbeiten.

Keine Verweisung auf »Schonarbeitsplätze«

Wie wir ebenfalls bereits wissen, kommt es bei Versicherten, die noch sechs Stunden täglich arbeiten können, auch nicht darauf an, ob ihnen ein entsprechender Arbeitsplatz – hier also eine Stelle als Endkontrolleur – vermittelt werden konnte, denn der Gesetzgeber geht bei diesen Versicherten davon aus, dass sie zwar vielleicht eine schlechte, jedoch in der Regel eine reale Vermittlungschance haben. Dies gilt auch für ältere Versicherte (vgl. BSG, Urteil vom 25.1.1994, Az.: 4 RA 35/93). Eine Ausnahme hiervon wird aber dann gemacht, wenn der Rentenantragsteller absolut keine Chance der Vermittelbarkeit eines Arbeitsplatzes hat, weil der Beruf, den er noch ausüben soll (Verweisungstätigkeit) nur betriebsintern mit leistungsgeminderten Beschäftigten des jeweils eigenen Betriebs besetzt wird und damit Außenstehende keine Chance der Einstellung haben. Die Rechtsprechung nennt diese Arbeitsplätze »Schonarbeitsplätze« und geht davon aus, dass dabei für Betriebsfremde der Arbeitsmarkt verschlossen ist (vgl. BSG, Urteil vom 9.9.1986, Az.: 5b RJ 50/84). Da dies bei Arbeitsplätzen in der Endkontrolle der Metallindustrie nach den Feststellungen des berufskundlichen Sachverständigen der Fall ist, müsste das Sozialgericht Herrn Flunder die Berufsunfähigkeitsrente zusprechen (vgl. LSG Nordrhein-Westfalen, Urteil vom 24.6.1994, Az.: 3 J 126/93 und Urteil vom 27.5.1994, Az.: L 4j 29/93 – diese Entscheidungen gelten auch noch heute).

Die Verweisung von Angestellten

Berufsunfähigkeit bei Angestellten

Ebenso wie bei Arbeitern orientiert sich die Beurteilung des Eintritts der Berufsunfähigkeit auch bei Angestellten an der Frage, ob es für den Angestellten, der seinen bisherigen Beruf nicht mehr ausüben kann, noch zumutbare

Verweisungstätigkeiten im Sinne des vom Bundessozialgericht entwickelten Mehrstufenschemas gibt (vgl. hierzu S. 81 ff.). Auch Angestellte müssen dabei einen beruflichen Abstieg in die nächst untere Berufsgruppe und eine entsprechende Lohneinbuße in Kauf nehmen, bevor Berufsunfähigkeit anzunehmen ist. Voraussetzung ist natürlich auch hier immer, dass der Angestellte den Beruf, auf den er verwiesen werden soll, innerhalb einer Einarbeitungszeit von drei Monaten vollwertig ausüben kann und dass er den körperlichen und geistig-mentalen Anforderungen dieses Berufes gewachsen ist. Lassen Sie uns auch zu den Angestelltenberufen einige Fälle besprechen.

Beispiel

Nehmen wir an, Herr Bauer hat nach einer Lehre als Drogist aufgrund entsprechender Lehrgänge an einem einschlägigen Verkehrsinstitut den Beruf des Fahrlehrers erlernt und war als solcher zunächst 20 Jahre lang in einer großen Fahrschule beschäftigt. Anschließend macht er sich selbstständig. Nach weiteren zehn Jahren der Berufsausübung stellt er zunehmend fest, dass er der Stressbelastung seines Berufs nicht mehr gewachsen ist und dass auch seine Konzentrations- und Denkfähigkeit erheblich nachgelassen hat. Er beantragt deshalb die Rente wegen teilweiser Erwerbsminderung bei Berufsunfähigkeit. Der von dem zuständigen Rentenversicherungsträger beauftragte Gutachter stellt fest, dass Herr Bauer an einer starken Hirnatrophie leidet und sein geistiges Leistungsvermögen erheblich eingeschränkt ist. Er ist nicht mehr in der Lage, Arbeiten auszuüben, die auch nur unterdurchschnittliche Anforderungen an die Konzentrations- und Denkfähigkeit stellen und kann damit natürlich auch nicht mehr als Fahrlehrer arbeiten. In seiner körperlichen Leistungsfähigkeit ist er so gut wie nicht eingeschränkt. Hat er Anspruch auf Rente wegen Berufsunfähigkeit?

Die Berufsgruppen bei Angestellten

Auch in diesem Falle wäre zunächst zu prüfen, welcher Berufsgruppe Herr Bauer unter Berücksichtigung des oben entwickelten Mehrstufenschemas (lesen Sie hierzu nochmal auf S. 81) zuzuordnen ist, das im Wesentlichen auch für Angestellte gilt. Dabei ist zunächst zu berücksichtigen, dass nach den Bestimmungen des Fahrlehrergesetzes die Fahrlehrererlaubnis nur erteilt wird, wenn der Bewerber mindestens 23 Jahre alt ist und mindestens eine abgeschlossene Berufsausbildung in einem anerkannten Lehrberuf nach abgeschlossener Hauptschulbildung oder eine gleichwertige Vorbildung besitzt. Außerdem muss er die notwendigen fachbezogenen Lehrgänge erfolgreich abgeschlossen haben. Diese Zugangsvoraussetzungen zeigen, dass der Gesetzgeber mit der Fahrschulausbildung nur solche Personen betrauen will, die bereits eine berufliche Qualifikation besitzen und dadurch sowie aufgrund ihres Alters ein bestimmtes Maß an Reife und Persönlichkeit besitzen, über die in der Regel nur Angestellte mit einer Ausbildung von mehr als zwei Jahren in ihrem jeweiligen Beruf verfügen (vgl. LSG Nordrhein-Westfalen, Urteil vom 21.11.1991, Az.: L 2 An 52/90). Demnach ist auch Herr Bauer der Berufsgruppe der Angestellten mit einer Ausbildung von mehr als zwei Jahren zuzuordnen (vgl. hierzu S. 81 ff.), die der Berufsgruppe der Facharbeiter im Bereich der Arbeiterberufe entspricht. Er ist deshalb vom Grundsatz her nur auf andere Lehrberufe oder angelernte Tätigkeiten verweisbar (vgl. hierzu S. 80, 82 ff.). Da derartige Berufe ein zumindest durchschnittliches geistiges Leistungsvermögen erfordern, über das Herr Bauer nicht mehr verfügt, sind Verweisungstätigkeiten nicht ersichtlich. Er hat deshalb Anspruch auf Rente wegen Berufsunfähigkeit, wenn er die notwendige Wartezeit und die übrigen versicherungsrechtlichen Voraussetzungen erfüllt hat (lesen Sie hierzu die beiden nächsten Abschnitte ab S. 106 ff.). Da Herr Bauer geistig anspruchslose Tätigkeiten noch verrichten kann, ist volle Erwerbsminderung hingegen noch nicht gegeben.

Beispiel

Herr Condor ist als Architekt bei einem großen Bauunternehmen beschäftigt und erzielt ein monatliches Bruttogehalt von 7.000 Euro. Aufgrund einer Angstphobie ist er nicht mehr in der Lage, mit fremden Menschen in Kontakt zu treten, sodass er auch die mit seinem Beruf verbundene Kunden- und Baustellenbetreuung nicht mehr wahrnehmen kann. Nach längerer Arbeitsunfähigkeit bietet ihm sein Arbeitgeber die Stelle eines Bauzeichners mit einem Bruttogehalt von 2.500 Euro an. Diesen Beruf hatte Herr Condor nach dreieinhalbjähriger Ausbildung vor Beginn seines Architekturstudiums bereits ausgeübt. Da die Tätigkeiten des Bauzeichners nicht mit Kundenkontakten verbunden sind und nur in einem kleinen Kollegenkreis verrichtet werden, wäre er ihnen auch gesundheitlich gewachsen. Herr Condor meint jedoch, dass er den Abstieg vom Beruf des Architekten auf den des Bauzeichners und die damit verbundene Gehaltseinbuße nicht hinnehmen muss und deshalb – gegebenenfalls neben seinem Gehalt als Bauzeichner – Anspruch auf Rente wegen teilweiser Erwerbsminderung bei Berufsunfähigkeit hat. Ist diese Ansicht richtig?

Das Mehrstufenschema bei Angestellten

Wie im letzten Beispiel bereits dargelegt, orientiert sich auch bei den Angestellten die Frage der Berufsunfähigkeit und des zumutbaren beruflichen Abstiegs an dem vom Bundessozialgericht entwickelten sogenannten Mehrstufenschema. Demnach gibt es – wie bei den Arbeiterberufen – auch bei den Angestellten die Berufsgruppe der Angestellten mit einer Ausbildung von mehr als zwei Jahren (dies sind typischerweise Angestellte mit einem Lehrberuf wie z.B. Krankenschwester, Einzelhandels- oder Industriekaufleute), darunter die Gruppe der angelernten Angestellten, d.h. Angestellte mit einer Ausbildungs-, Einarbeitungs- bzw. betrieblichen Einweisungszeit von drei Monaten bis zu zwei Jahren einschließlich und darunter wiederum die Berufsgruppe der ungelernten Angestellten (z.B. Bürohilfskräfte). Auch im Bereich der Angestelltenberufe muss jeder Versicherte vor Eintritt des Versicherungsfalls der Berufsunfähigkeit einen beruflichen Abstieg in die unter seiner Berufsgruppe liegende nächstuntere Berufsgruppe hinnehmen. Kann er noch Tätigkeiten dieser Gruppe vollschichtig ausüben, ist Berufsunfähigkeit noch nicht gegeben.

Kann z.B. eine Altenpflegerin die schweren körperlichen Belastungen ihres bisherigen Berufs nicht mehr bewältigen, so wäre sie gleichwohl nicht berufsunfähig, wenn sie noch die körperlich leichten (angelernten) Bürotätigkeiten in der Patientenaufnahme eines Alten-Krankenheims vollschichtig verrichten kann.

Berufsgruppen bei Angestellten

Anders als in der Arbeiterrentenversicherung sind über der Berufsgruppe der gelernten Angestellten jedoch mehr als nur eine weitere Berufsgruppe angesiedelt. Es ist dies zunächst die Gruppe der Angestellten, die eine Meisterprüfung oder eine Fachschule erfolgreich abgeschlossen haben. Darüber ist eine weitere, fünfte Berufgruppe angesiedelt. Ihr werden Angestellte zugeordnet, deren Tätigkeit ein abgeschlossenes Studium an einer Fachhochschule oder Hochschule voraussetzt. Nach oben abgeschlossen wird das Mehrstufenschema der Angestellten durch die Berufsgruppe der Angestellten der Führungsebene, die Lohn in Höhe der Beitragsbemessungsgrenze oder darüber beziehen. (vgl. BSG, Urteil vom 22.2.1990, Az.: 4 RA 16/89). Ebenso wie in der Arbeiterrentenversicherung sind die jeweiligen Angestellten auf Berufe ihrer Berufsgruppe und der darunter liegenden Berufsgruppe verweisbar.

Die Berufsgruppe der Hochschulabsolventen

Herr Condor ist als Architekt der Berufsgruppe der Hochschulabsolventen zuzuordnen. Als solcher ist ihm jedoch ein Abstieg auf die Berufsgruppe der gelernten Angestellten und damit auch eine Verweisung auf den Beruf des Bauzeichners nicht sozial zuzumuten, denn die Berufsgruppe der Gelernten liegt nicht unter der Berufsgruppe der Hochschulabsolventen Da keine anderen Verweisungstätigkeiten (im Bereich der Berufsgruppe der Meister oder Fachschulabsolventen, auf die Herr Condor alleine verweisbar wäre) ersichtlich sind, die Herr Condor innerhalb einer Einarbeitungszeit von drei Monaten vollwertig ausüben könnte, hat er Anspruch auf Rente wegen teilweiser Erwerbsminderung bei Berufsunfähigkeit. Inwieweit er die Rente neben seiner Berufstätigkeit als Bauzeichner beziehen kann oder das daraus erzielte Einkommen anzurechnen ist, ist zu prüfen. Lesen Sie hierzu »Rente wegen verminderter Erwerbsfähigkeit, Hinzuverdienst und andere Sozialleistungen«, ab S. 116 ff.

Beispiel

Nehmen wir an, Frau Beimer hat den Beruf der Einzelhandelskauffrau erfolgreich erlernt und war – nachdem sie zunächst als Verkäuferin in einem Textilgeschäft gearbeitet hatte – zuletzt für die Dauer von zehn Jahren als Fleischverkäuferin beschäftigt. Im Laufe der Zeit fällt ihr insbesondere das dauernde Stehen immer schwerer, und sie beantragt nach längerer Arbeitsunfähigkeit die Rente wegen Berufsunfähigkeit. Der von dem zuständigen Rentenversicherungsträger beauftragte medizinische Gutachter kommt zu dem Ergebnis, dass Frau Beimer an massiven Verschleißerscheinungen des gesamten Skeletts leidet und nur noch leichte körperliche Arbeiten im Wechsel von Gehen, Stehen und Sitzen sechs Stunden täglich verrichten kann. Hat sie Chancen, eine Rente wegen Berufsunfähigkeit zu erhalten?

Berufsunfähigkeit der Verkäuferin

Frau Beimer hat als gelernte Einzelhandelskauffrau und Fleischverkäuferin einen Beruf versicherungspflichtig verrichtet, der eine Ausbildung von mehr als zwei Jahren voraussetzt. Sie ist deshalb der Berufsgruppe der Angestellten mit einer Ausbildung von mehr als zwei Jahren zuzuordnen, sodass sie nach dem oben entwickelten Mehrstufenschema (S. 81 ff.) auf andere Lehrberufe oder auf angelernte Tätigkeiten verweisbar ist. Da Frau Beimer mit dem ihr verbliebenen Restleistungsvermögen als Verkäuferin offenkundig nicht mehr arbeiten kann, weil dieser Beruf überwiegend im Stehen auszuüben ist, stellt sich die Frage, ob es für sie zumutbare Verweisungstätigkeiten gibt.

Nach der bisherigen Rechtsprechung können ehemalige Verkäuferinnen, die wie Frau Beimer nur noch in der Lage sind, leichte Arbeiten im Wechsel von Sitzen, Gehen und Stehen sechs Stunden täglich (und mehr) zu verrichten, auf die Tätigkeiten einer Kassiererin an einer Sammelkasse großer Kaufhäuser verwiesen werden. Diese Tätigkeiten entsprechen nach den von den Instanzgerichten durchgeführten berufskundlichen Ermittlungen dem vorbeschriebenen Leistungsvermögen, und sie können auch von einer ehemaligen Verkäuferin nach einer Einarbeitungszeit von höchstens drei Monaten vollwertig ausgeübt werden. Da die Arbeiten einer Kassiererin an einer Sammelkasse auch tariflich wie die einer Verkäuferin entlohnt werden, wären sie Frau Beimer auch sozial zumutbar. Arbeitsplätze sind nach den Ermittlungen der Gerichte genügend vorhanden (vgl. hierzu (BSG, Urteil vom 23.10.1996, Az.: 4 RA 30/95). Frau Beimer hätte damit keinen Anspruch auf Rente.

Widerspruch einlegen

In der Rechtsprechung zu Verweisungsberufen von Verkäuferinnen zeichnet sich jedoch neuerdings ein Wandel ab, weil es beim Beruf der Kassiererin an der Sammelkasse mittlerweile fraglich erscheint, ob dabei in der Tat nur leichte körperliche Arbeiten anfallen. Es erscheint deshalb möglicherweise ratsam, gegen Ablehnungsbescheide Widerspruch einzulegen und gegebenenfalls auch Klage vor dem Sozialgericht zu erheben (vgl. hierzu unten das Kapitel »Widerspruch und gerichtlicher Rechtsschutz«, S. 250 ff.).

2.5 Rente wegen Erwerbsminderung auf Zeit (befristete Renten)

Renten wegen Erwerbsminderung, also die Rente wegen voller Erwerbsminderung, wegen teilweiser Erwerbsminderung und wegen teilweiser Erwerbsminderung bei Berufsunfähigkeit sind nach dem Gesetz im Regelfall nur auf Zeit für die Dauer von drei Jahren zu zahlen. Nur in Ausnahmefällen haben Versicherte Anspruch auf Rente auf Dauer. Lassen Sie uns die Einzelheiten anhand einiger Fälle besprechen.

Beispiel

Frau Hufendiek hat die allgemeine Wartezeit zurückgelegt und erfüllt auch alle übrigen versicherungsrechtlichen Voraussetzungen für die Gewährung der Rente wegen voller Erwerbsminderung. Nach Rentenantragstellung kommt der von dem Rentenversicherungsträger beauftragte ärztliche Gutachter zu dem Ergebnis, dass Frau Hufendiek insbesondere wegen eines schweren Knie- und Hüftleidens sowie erheblichem Bluthochdruck nicht in der Lage sei, drei Stunden täglich zu arbeiten. Ob sich ihr Gesundheitszustand und damit ihre körperliche Leistungsfähigkeit wieder bessern werde, könne man derzeit nicht absehen. Der Rentenversicherungsträger gewährt Frau Hufendiek daraufhin eine Rente wegen voller Erwerbsminderung auf Zeit für drei Jahre. Frau Hufendiek meint, sie habe Anspruch auf eine Dauerrente, da kaum eine Chance bestehe, dass sich ihre gesundheitlichen Verhältnisse bessern könnten.

Im Regelfall nur Rente auf Zeit

Nach § 102 Abs. 2 SGB VI sind Renten wegen verminderter Erwerbsfähigkeit in der Regel auf Zeit zu leisten. Die Befristung erfolgt für längstens drei Jahre nach Rentenbeginn. Die Rente auf Zeit kann auch wiederholt auf Zeit (jeweils um drei Jahre verlängert) gewährt werden (längstens insgesamt neun Jahre). Ein Anspruch auf die Gewährung einer Dauerrente, d.h. einer unbefristeten Rente besteht nur dann, wenn unwahrscheinlich ist, dass sich die gesundheitlichen Verhältnisse des Versicherten bessern und damit die Minderung der Erwerbsfähigkeit behoben werden kann.

Unwahrscheinlichkeit liegt nach der Rechtsprechung dann vor, wenn aus ärztlicher Sicht bei Betrachtung des bisherigen Verlaufs der Erkrankung nach medizinischen Erkenntnissen – auch unter Berücksichtigung noch vorhandener therapeutischer Möglichkeiten – eine Besserung nicht anzunehmen ist, durch welche sich eine rentenrechtlich relevante Steigerung der Leistungsfähigkeit des Versicherten ergeben würde. Dabei müssen alle Möglichkeiten der ärztlichen Behandlung in Betracht gezogen werden, um ein qualitatives oder quantitatives Leistungshindernis zu beheben. Dies bedeutet im Ergebnis, dass eine Behebung der Erwerbsminderung nicht unwahrscheinlich ist, wenn es noch eine Behandlungsmöglichkeit der gesetzlichen Krankenversicherung gibt, die zur Behebung der Erwerbsminderung führen kann. Dies gilt auch dann, wenn diese Behandlung – wie eine Operation – für den Patienten (wie der Jurist sagt) nicht duldungspflichtig ist. Dabei muss der Rentenantragsteller beweisen, dass es keine derartige Behandlungsmöglichkeit gibt. Gelingt ihm dies nicht, hat er keinen Anspruch auf Rente auf Dauer, sondern nur auf Zeit (BSG, Urteil vom 29.03.2006, Az.: B 13 RJ 31/05 R).

Frau Hufendiek hat damit nur Anspruch auf Zahlung einer Rente wegen voller Erwerbsminderung auf Zeit, denn durch dic Opcrationen der Knie und Hüften besteht die Möglichkeit, dass ihre Erwerbsminderung behoben werden kann. Sie kann zwar zu diesen Operationen nicht gezwungen werden. Dies hat jedoch nicht zur Folge, dass sie einen Anspruch auf Rente auf Dauer hat.

Kommt z.B. der ärztliche Gutachter hingegen zu dem Ergebnis, dass die Gesundheitsstörungen des Versicherten von ihrer Art her auf eine Verschlechterung angelegt sind, so spricht im Ergebnis alles gegen die Möglichkeit der zukünftigen Besserung des Gesundheitszustandes und auch dagegen, dass die Minderung der Erwerbsfähigkeit des Versicherten zukünftig überhaupt noch einmal behoben werden kann. Es ist dann unwahrscheinlich, dass die Minderung der Erwerbsfähigkeit behoben werden kann, sodass Anspruch auf die Gewährung einer Dauerrente besteht.

Das Gesetz erlaubt jedoch lediglich die wiederholte Gewährung einer Rente auf Zeit für eine Gesamtdauer von neun Jahren (§ 102 Abs. 2 SGB VI). Hat sich während dieser Zeit der Gesundheitszustand des Versicherten nicht mit der Folge der Behebung der Minderung seiner Erwerbsfähigkeit gebessert, ist davon auszugehen, dass eine Steigerung seines Restleistungsvermögens und damit eine Behebung der Erwerbsminderung nicht mehr möglich ist. Der Versicherte hat dann Anspruch auf die Zahlung einer Dauerrente.

Widerspruch gegen die Befristung der Rente

Frau Hufendiek hat jedoch die Möglichkeit, gegen die befristete Zahlung der Rente mit dem Ziel der Gewährung einer Dauerrente vorzugehen. Sie kann innerhalb von einem Monat nach Zustellung des Bewilligungsbescheides gegen diesen Widerspruch einlegen und darlegen, dass es im Hinblick auf ihre Erkrankungen unwahrscheinlich ist, dass sich ihr Gesundheitszustand noch einmal bessern werde und damit die Minderung ihrer Erwerbsfähigkeit behoben werden könne (siehe Kapitel 7 »Widerspruch und gerichtlicher Rechtsschutz«, S. 250 ff.).

Ärztliche Atteste sind wichtig

Frau Hufendiek sollte ihrem Widerspruch allerdings in jedem Fall Atteste ihrer behandelnden Ärzte beifügen, in denen ihre Gesundheitsstörungen und deren zukünftige Entwicklung genau beschrieben werden, sodass die Beurteilung ihrer Ärzte den Widerspruch stützen. Frau Hufendiek kann allerdings auch den Rentenversicherungsträger bitten, von den behandelnden Ärzten Befundberichte einzuholen und diese zu befragen, ob eine Behebung der Minderung der Erwerbsfähigkeit zukünftig wahrscheinlich oder unwahrscheinlich ist. Hierzu ist der Rentenversicherungsträger im Rahmen des sogenannten Amtserrmittlungsprinzips dann auch verplichtet.

Beginn der Zeitrente erst nach sechs Monaten

Zeitrenten werden – anders als Dauerrenten – jedoch erst nach Ablauf von sechs Monaten nach Eintritt des Versicherungsfalles geleistet (§ 101 Abs. 1 SGB VI).

Beispiel

Ist bei einem Versicherten der Versicherungsfall der vollen Erwerbsminderung am 15. Mai eingetreten und liegen im Mai auch alle übrigen Anspruchsvoraussetzungen für die Gewährung einer Rente wegen voller Erwerbsminderung vor, dann wäre ab 1. Juni eine Dauerrente zu gewähren, wenn es unwahrscheinlich ist, dass die Minderung der Erwerbsfähigkeit behoben werden kann. Ist es jedoch wahrscheinlich, dass die Minderung der Erwerbsfähigkeit behoben werden kann, sodass der Versicherte lediglich Anspruch auf die Zahlung einer

Rente auf Zeit hat, so wäre diese Rente erst nach Ablauf von sechs Monaten nach dem Versicherungsfall, d.h. ab 1.12. zu zahlen.

Im Falle der Wiederholung einer Zeitrentengewährung schließt sich die erneute Rentengewährung jedoch an die bisherige Zeitrente nahtlos an.

Beispiel
Wurde einem Versicherten eine Rente auf Zeit bis zum 30.4.2005 gewährt und besteht Anspruch auf die Wiederholung einer Rente auf Zeit für weitere drei Jahre, so würde diese Rente nahtlos seit 1.5.2005 gezahlt.

Beweislast

Im Regelfall besteht also nur Anspruch auf die Gewährung einer Rente auf Zeit. Lediglich wenn es unwahrscheinlich ist, dass die Minderung der Erwerbsfähigkeit behoben werden kann, ist der Anspruch auf Zahlung einer Rente auf Dauer begründet. Dabei muss der Versicherte beweisen, dass es unwahrscheinlich ist, dass die Minderung seiner Erwerbsfähigkeit behoben werden kann und er damit Anspruch auf die Zahlung einer Rente auf Dauer hat. Gelingt ihm dieser Beweis nicht, beschränkt sich sein Rentenanspruch auf Zahlung einer Zeitrente.

Beispiel
Nehmen wir an, bei Frau Schönenborn, die bereits seit Jahren arbeitslos ist, wurde nach Stellung des Rentenantrages durch den ärztlichen Gutachter des zuständigen Rentenversicherungsträger festgestellt, dass sie nur noch drei bis unter sechs Stunden täglich leistungsfähig ist. Mit einer Besserung des Gesundheitszustandes ist nicht mehr zu rechnen, eher mit einer Verschlechterung. Gleichwohl gewährt der Rentenversicherungsträger Frau Schönenborn lediglich eine Rente wegen voller Erwerbsminderung auf Zeit. Frau Schönenborn möchte

nunmehr wissen, ob dies rechtmäßig ist oder ob sie – weil eine Besserung ihrer gesundheitlichen Verhältnisse und ihres Leistungsvermögens nicht mehr erwartet werden kann – Anspruch auf Zahlung einer Dauerrente hat.

!

Arbeitsmarktrenten nur auf Zeit

Wie wir oben auf Seite 61 lesen konnten, haben auch Versicherte, die drei Stunden täglich, jedoch nicht sechs Stunden am Tag arbeiten können, entgegen dem Wortlaut des Gesetzes Anspruch auf Zahlung einer Rente wegen voller Erwerbsminderung, wenn sie arbeitslos sind. Derartige Renten werden üblicherweise auch als Arbeitsmarktrenten bezeichnet. Nach § 102 Abs. 2 SGB VI sind jedoch Arbeitsmarktrenten stets als Renten auf Zeit zu zahlen. Hier gilt auch nicht der Grundsatz, wonach Renten auf Zeit längstens für eine Gesamtdauer von neun Jahren gewährt werden dürfen und daran anschließend in der Regel Anspruch auf Zahlung einer Dauerrente besteht. Arbeitsmarktrenten sind bis zur Vollendung der Regelaltersgrenze wiederholt zu befristen. Die Zahlung der Rente beginnt ebenfalls erst nach Ablauf von sechs Monaten nach Eintritt des Versicherungsfalles. Der Rentenversicherungsträger hat demnach Frau Schönenborn zu Recht nur eine Rente auf Zeit gewährt.

Rentenentziehung nicht erforderlich

Zeitrenten enden automatisch mit dem Zeitpunkt der Befristung. Es ist nicht erforderlich, dass der Rentenversicherungsträger vor Ablauf der Zeitrente nochmals auf das Ende der Zahlungsfrist hinweist oder dass die Rente sogar durch einen zusätzlichen Bescheid entzogen wird. Die Rentenversicherungsträger haben sich jedoch verpflichtet, vor Ablauf der Zeitrente – durch Einholung entsprechender Befundberichte der behandelnden Ärzte oder Durchführung weiterer ärztlicher Untersuchungen – von Amts wegen zu prüfen, ob Anspruch auf Weiterzahlung der Rente als Zeit- oder Dauerrente besteht.

Beispiel

Ist einem Versicherten bis zum 31.3. eine Rente wegen verminderter Erwerbsfähigkeit auf Zeit gezahlt worden, so endet die Zahlung der Rente mit diesem Datum, ohne dass es eines Entziehungsbescheides durch den Rentenversicherungsträger bedarf. Der Leistungsberechtigte kann jedoch damit rechnen, dass der Rentenversicherungsträger zeitgerecht vor Ablauf der Rente durch Einleitung entsprechender medizinischer Ermittlungen prüft, ob die Rente weiter zu zahlen ist.

2.6 Höhe der Rente wegen Erwerbsminderung

Rentenhöhe

Wir konnten bereits lesen, dass es zwei unterschiedliche, abgestufte Renten wegen Erwerbsminderung gibt: Die Rente wegen voller Erwerbsminderung, die gezahlt wird, wenn Versicherte nicht mehr in der Lage sind, drei Stunden täglich zu arbeiten. Darüber hinaus besteht auch Anspruch auf Zahlung einer Rente wegen voller Erwerbsminderung, wenn der Versicherte arbeitslos ist und zwar noch drei Stunden täglich, jedoch nicht mehr sechs Stunden am Tag arbeiten kann (Arbeitsmarktrente). Verfügt ein noch drei- bis unter sechsstündig leistungsfähiger Versicherter über einen seinem Restleistungsvermögen entsprechenden Teilzeitarbeitsplatz, so hat er lediglich Anspruch auf Rente wegen teilweiser Erwerbsminderung. Diese Rente ist nur halb so hoch wie die Rente wegen voller Erwerbsminderung. Der Rentenanspruch beschränkt sich auch dann nur auf die halbe Rente, d.h. die Rente wegen teilweiser Erwerbsminderung, wenn der Versicherte vor dem 2.1.1946 geboren und bei ihm der Versicherungsfall der Berufsunfähigkeit im Sinne von § 240 Abs. 2 SGB VI eingetreten ist.

Zusätzlicher Rentenabschlag

Ebenso wie die meisten Altersrenten werden auch die Erwerbsminderungsrenten mit einem Rentenabschlag gewährt, wenn die Rente vor einem bestimmten Lebensalter beginnt.

Bis zum 31.12.2011 ist dies das 63. Lebensjahr, d.h., wenn die Erwerbsminderungsrente mit Vollendung des 63. Lebensjahres oder später beginnt, wird die Rente ohne Abschläge gezahlt. Bei einem früheren Rentenbeginn muss der Rentner für jeden Monat des Rentenbezugs vor Vollendung des 63. Lebensjahres einen Rentenabschlag von 0,3 Prozent, jedoch höchstens 10,8 Prozent in Kauf nehmen. Bei einem Rentenbeginn vor Vollendung des 60. Lebensjahres wird die Rente mit einem Abschlag von 10,8 Prozent gewährt.

Vom 1.1.2012 bis zum 31.12.2023 wird das Alter des abschlagsfreien Rentenbezugs schrittweise vom 63. auf das 65. Lebensjahr angehoben, sodass ab dem 1.1.2024 die Rente wegen Erwerbsminderung ohne Abschläge erst ab dem 65. Lebensjahr bezogen werden kann. Für jeden Monat des früheren Rentenbezugs muss der Rentner einen Rentenabschlag von 0,3 Prozent, höchsten 10,8 Prozent in Kauf nehmen. Bei einem Rentenbeginn vor dem 63. Lebensjahr wird die Rente dann nur mit diesem Abschlag gewährt. Für die Zeit vom 1.1.2012 bis zum 31.12.2023 ergibt sich die Höhe der Rentenabschläge bei Erwerbsminderungsrenten aus der nachfolgenden Tabelle:

Bei Beginn der Rente des Versicherten		**Tritt an die Stelle des Lebensalters**	
		65 Jahre	**62 Jahre**
		das Lebensalter	
Jahr	**Monat**	**Jahre + Monate**	**Jahre + Monate**
Vor 2012		63 + 0	60 + 0
2012	Januar	63 + 1	60 + 1
2012	Februar	63 + 2	60 + 2
2012	März	63 + 3	60 + 3
2012	April	63 + 4	60 + 4
2012	Mai	63 + 5	60 + 5
2012	Juni – Dezember	63 + 6	60 + 6
2013		63 + 7	60 + 7
2014		63 + 8	60 + 8
2015		63 + 9	60 + 9
2016		63 + 10	60 + 10

Bei Beginn der Rente des Versicherten		**Tritt an die Stelle des Lebensalters**	
		65 Jahre	**62 Jahre**
		das Lebensalter	
Jahr	**Monat**	**Jahre + Monate**	**Jahre + Monate**
2017		63 + 11	60 + 11
2018		64 + 0	61 + 0
2019		64 + 2	61 + 2
2020		64 + 4	61 + 4
2021		64 + 6	61 + 6
2022		64 + 8	61 + 8
2023		64 + 10	61 + 10

Das für die abschlagsfreie Rente maßgebliche Alter erhöht sich demnach bei einem Rentenbeginn im Januar 2012 auf 63 Jahre und einen Monat, im Februar 2012 auf 63 Jahre und 2 Monate usw. oder bei einem Rentenbeginn im Jahr 2018 auf 64 Jahre. Ab dem 1.1.2024 können die Erwerbsminderungsrenten dann abschlagsfrei erst ab 65 in Anspruch genommen werden. Bei Inanspruchnahme der Rente mit oder vor Vollendung des 62. Lebensjahres wird ein Abschlag in Höhe von 10,8 Prozent erhoben (36 Monate vor dem 65. Lebensjahr x 0,3 Prozent). Bei einer Inanspruchnahme nach Vollendung des 62. Lebensjahres sinkt der Abschlag je nach Rentenbeginn von 10,5 auf 0 Prozent.

Zurechnungszeit erhöht die Rente

Da die Höhe der Rente – wie bereits erwähnt – von der Zahl und der Höhe der bis zum Rentenfall entrichteten Beiträge abhängt, würden Versicherte, die bereits in jungen Jahren voll oder teilweise erwerbsgemindert werden und bis dahin naturgemäß nur wenige Beiträge entrichten konnten, nur eine »Minirente« erhalten und damit zwangsläufig auf Sozialhilfe angewiesen sein. Dies soll durch die sogenannte Zurechnungszeit verhindert werden (Lesen Sie hierzu S. 228). Die Zurechnungszeit beginnt mit dem Eintritt der Erwerbsminderung und endet mit der Vollendung des 60. Lebensjahres.

Wird z.B. ein Versicherter, der zehn Jahre lang als Arbeitnehmer versicherungspflichtig beschäftigt war, durch einen Unfall bereits mit 30 Jahren erwerbsgemindert, dann wird seine Rente nicht nur auf der Grundlage der zehnjährigen Beitragszahlung als Arbeitnehmer berechnet, sondern die (Zurechnungs-)Zeit vom Unfall bis zum 60. Lebensjahr erhöht die Rente darüber hinaus. Laienhaft vereinfacht hat die Zurechnungszeit zur Folge, dass so getan wird, als habe ein Versicherter nicht nur bis zu dem mit 30 Jahren erlittenen Unfall, sondern bis zum 60. Lebensjahr gearbeitet. Auf der Grundlage der Zurechnungszeit wird seine Rente hochgerechnet.

2.7 Die (besonderen) versicherungsrechtlichen Voraussetzungen

Neben dem Eintritt des Versicherungsfalls der verminderten Erwerbsfähigkeit und der Erfüllung der allgemeinen Wartezeit setzt die Zahlung der Rente voraus, dass der Versicherte in den letzten fünf Jahren vor Beginn der Erwerbsminderung in einem Umfang von mindestens drei Jahren Pflichtbeiträge zurückgelegt hat.

Beispiel

Nehmen Sie an, Frau Müller war insgesamt 13 Jahre lang als Näherin versicherungspflichtig beschäftigt. An ihrem 30. Geburtstag heiratet sie, kündigt ihr Arbeitsverhältnis und wird Hausfrau. An ihrem 34. Geburtstag wird sie durch einen Autounfall schwer verletzt und kann nach ärztlicher Feststellung nicht einmal mehr drei Stunden täglich arbeiten. Kann sie die Rente wegen voller Erwerbsminderung beanspruchen?

Drei Jahre Pflichtbeiträge in den letzten fünf Jahren

Frau Müller ist voll erwerbsgemindert und hat die für die Rentenzahlung erforderliche Wartezeit von fünf Jahren durch ihre 13-jährige Beitragszahlung aufgrund versicherungspflichtiger Beschäftigung bei weitem erfüllt. Sie hat jedoch in den letzten fünf Jahren vor der Erwerbsminderung, d.h. zwischen ihrem 29. und 34. Geburtstag nur zwei

Jahre lang, nämlich während ihres 29. und 30. Lebensjahres, Beiträge zur Rentenversicherung entrichtet. Damit ist die für die Rentenzahlung gesetzlich geforderte Voraussetzung, dass in den letzten fünf Jahren drei Jahre Pflichtbeiträge enthalten sein müssen, nicht erfüllt. Frau Müller fehlt genau ein Jahr Beitragszeit. Hätte sie den Unfall an ihrem 33. Geburtstag erlitten, wären die Voraussetzungen erfüllt, denn dann wäre die Zeit vom 28. bis zum 33. Geburtstag der maßgebliche Fünfjahreszeitraum. In diesem Zeitrahmen wären aber drei Jahre Beitragszeit enthalten.

Beispiel

Wir gehen nunmehr davon aus, dass Frau Müller ihr Arbeitsverhältnis zum 31.12.1997 gekündigt hat, weil sie am 1.1.1998 ein Kind zur Welt bringt. Am 1.1.2004 wird sie voll erwerbsgemindert. Hat sie nunmehr Anspruch auf Rente ?

Zeiten der Kindererziehung als Streckungstatbestände

Auch hier ist zu prüfen, ob Frau Müller zumindest drei Jahre Pflichtbeitragszeiten in den letzten fünf Jahren vor Beginn der Erwerbsminderung hat. Maßgeblich wären also die fünf Jahre vom 1.1.1999 bis zum 31.12.2003 (letzter Tag vor Beginn der Erwerbsminderung). In dieser Zeit sind nur zwei Jahre Pflichtbeitragszeit enthalten. Frau Müller hat zwar zwischen 1999 und 2004 nicht gearbeitet, sodass keine Pflichtbeiträge aufgrund einer versicherungspflichtigen Beschäftigung zu zahlen waren. Wir haben jedoch bereits gesehen, dass bei Geburten nach dem 31.12.1991 die ersten drei Jahre der Kindererziehung eine Pflichtbeitragszeit ist (bei Geburten vor dem 1.1.1992 ist es ein Jahr; vgl. hierzu unten das Kapitel »Die rentenrechtlichen Zeiten«, S. 153 ff. und dort »Kindererziehungszeiten«, S. 169 ff.). Damit hat Frau Müller in den letzten fünf Jahren vor ihrer Erwerbsminderung immer noch keine Pflichtbeiträge in einem Umfang von drei Jahren zurückgelegt. Kindererziehungszeiten haben jedoch noch weitere positive Auswirkungen auf die Rente: Sie sind in einem Umfang von maximal zehn Jahren von der Geburt an gerechnet auch sogenannte Berücksichtigungszeiten (vgl. hierzu auch unten das Kapitel »Die rentenrechtlichen Zeiten«, S. 153 ff. und dort »Berücksichtigungszeiten«, S. 229 ff.). Diese Zeiten haben die Aufgabe, dafür zu sorgen, dass Rentenansprüche nicht verloren gehen. In der Praxis geschieht dies dadurch, dass die Zeit der Kindererziehung von maximal zehn Jahren (abzüglich der in dieser Zeit enthaltenen Pflichtbeitragszeiten) den Fünfjahreszeitraum nach hinten in die Vergangenheit hinaus verschiebt, also verlängert. Da Frau Müller bis zum Beginn ihrer Erwerbsminderung als Berücksichtigungszeit fünf Jahre Kindererziehungszeiten hat (vom 1.1.1998 bis zum 31.12.2003), beginnt der maßgebliche Zeitrahmen nicht am 1.1.1999, sondern wegen der fünf Jahre Kindererziehung als Berücksichtigungszeit abzüglich der darin enthaltenen drei Jahre Kindererziehungszeit als Pflichtbeitragszeit (vom 1.1.1998 bis zum 31.12.2000) zwei Jahre früher, also am 1.1.1997. Nunmehr ist zu prüfen, ob sie von diesem Zeitpunkt an bis zu ihrer Erwerbsminderung am 1.1.2004 drei Pflichtbeitragsjahre hat. Dies ist natürlich der Fall, denn sie hat ja bis zum 1.1.1998 gearbeitet und damit zuzüglich der drei Jahre der Kindererziehung als Pflichtbeitragszeit ein weiteres Jahr der Pflichtversicherung wegen Beschäftigung. Damit hat Frau Müller Anspruch auf Rente.

Beispiel

Wir nehmen nun an, dass Frau Müller vom 1.8.1998 bis zum 31.7.2002 gearbeitet und vom 1.8.2002 bis zum 31.7.2003 Arbeitslosengeld bezogen hat. Anschließend wird die Zahlung von Arbeitslosenhilfe und (ab 1.1.2005) von Arbeitslosengeld II wegen des zu hohen Einkommens ihres Ehemannes abgelehnt. Da Frau Müller jedoch weiterhin an Arbeit interessiert ist, meldet sie sich arbeitslos. Am 1.8.2007 wird sie voll erwerbsgemindert. Hat Frau Müller hier ebenfalls Anspruch auf Rente?

Auch hier gehen wir davon aus, dass die Wartezeit erfüllt ist. Fraglich bleibt also allein, ob Frau Müller in den letzten fünf Jahren vor Eintritt der Erwerbsminderung, d.h. zwischen dem 1.8.2002 und dem 31.7.2007 (= 5 Jahre), drei Jahre Pflichtbeitragszeit hat. In dieser Zeit hat sie zunächst bis zum 31.7.2003, also zwölf Monate lang Arbeitslosengeld bezogen. Seit dem 1.1.1992 sind auch sogenannte Entgeltersatzleistungen, wie z.B. Arbeitslosengeld oder Krankengeld – diese Leistungen sollen Lohn ersetzen, der durch Arbeitslosigkeit oder Krankheit weggefallen ist – Pflichtbeitragszeiten (vgl. hierzu unten das Kapitel »Die rentenrechtlichen Zeiten«, S. 153 ff. und dort »Bezug von Lohnersatzleistungen und Vorruhestandsgeld«, S. 178 ff.), sodass Frau Müller durch den Bezug von Arbeitslosengeld vom 1.8.2002 bis zum 31.7.2003 über zwölf Monate Pflichtbeitragszeit verfügt. Lohnersatzleistungen, die als Pflichtbeitragszeiten gelten, sind außerdem auch Zeiten des Bezugs von Krankengeld, Arbeitslosenhilfe, Verletztengeld, Versorgungskrankengeld, Übergangsgeld und Unterhaltsgeld sowie (vom 1.1.2005 bis zum 31.12.2010) Arbeitslosengeld II (§ 3 Nr. 3 und 3a SGB VI).

Mit Lohnersatzleistungen die Wartezeit erfüllen

Die Zeiten des Bezugs von Entgeltersatzleistungen werden als Pflichtbeitragszeiten nicht nur bei der Prüfung berücksichtigt, ob der Versicherte in den letzten fünf Jahren vor dem Versicherungsfall drei Jahre Pflichtbeiträge hat, sondern sie fließen auch ansonsten in die Rente ein, d.h. sie können die Rente erhöhen und sind auch auf die allgemeine Wartezeit anzurechnen, sodass sie damit Grundlage für einen Rentenanspruch an sich sein können.

Lohnersatzleistungen, wie z.B. Arbeitslosengeld, sind jedoch nur dann Pflichtbeitragszeiten, wenn der Versicherte – wie hier Frau Müller – im letzten Jahr vor Beginn der Leistung zuletzt versicherungspflichtig (beschäftigt) war – Ausnahme: Arbeitslosengeld II (§ 3 Nr. 3 und Nr. 3a SGB VI).

Fortsetzung Beispiel

Zurück zum Ausgangsfall: Frau Müller verfügt also in der Zeit vom 1.8.2002 zum 31.7.2007 (Fünfjahreszeitraum) nur über zwölf Pflichtbeitragsmonate. Die Tatsache, dass Frau

Müller im Anschluss an den Bezug von Arbeitslosengeld weiterhin arbeitslos war, schützt sie jedoch vor dem Verlust des Rentenanspruchs: Zeiten, in denen ein Versicherter beim Arbeitsamt/Agentur für Arbeit gemeldet war und nur wegen des zu berücksichtigenden Einkommens – hier des Einkommens des Ehemannes – oder Vermögens keine Leistungen bezogen hat, verlängern ebenso wie Berücksichtigungszeiten (im Fall zuvor) den maßgeblichen Fünfjahreszeitraum nach hinten. Das bedeutet hier, dass die Arbeitslosigkeit der Frau Müller ohne Leistungsbezug vom 1.8.2003 bis zum 31.7.2007 (vier Jahre) den Fünfjahreszeitraum in die Vergangenheit hinein verlängern. Folglich ist zu prüfen, ob Frau Müller zwischen dem 1.8.1998 und dem 31.7.2007 drei Jahre Pflichtbeiträge hat. Da sie bis zum 1.8.2003 gearbeitet hat (= 48 Monate) und die Zeit des Arbeitslosengeldbezugs vom 1.8.2002 bis zum 31.7.2003 (= 12 Monate) ebenfalls Pflichtbeitragszeit ist, verfügt sie über deutlich mehr als drei Jahre Pflichtbeitragszeit. Frau Müller hat auch hier Anspruch auf Rente.

!

Arbeitslosmeldung wichtig

Das letzte Beispiel macht deutlich, wie wichtig es ist, sich arbeitslos zu melden, auch wenn man keine Leistungen vom Arbeitsamt/Agentur für Arbeit bezieht (vgl. hierzu BSG, Urteil vom 15.12.1994, Az.: 4 RA 64/93). Falls keine Pflichtbeitragszeiten vorhanden sind (z.B. durch versicherungspflichtige Arbeit, Kindererziehung, Pflege eines Schwerpflegebedürftigen seit dem 1.4.1995 oder Bezug von Entgeltersatzleistungen (seit dem 1.2.1992) und auch keine »Streckungstatbestände« (z.B. Berücksichtigungszeiten) vorliegen, ist die Arbeitslosmeldung die einzige Möglichkeit, den Rentenanspruch aufrechtzuerhalten. Ohne die Arbeitslosmeldung hätte Frau Müller im letzten Beispiel ihren Rentenanspruch verloren und könnte – da sie ja voll erwerbsgemindert ist und deshalb durch Arbeit keine neuen Pflichtbeiträge mehr erwerben kann – Rente erst ab Vollendung der Regelaltersgrenze erhalten.

Im Folgenden soll zur weiteren Verdeutlichung noch einmal ein Überblick über die Zeiten gegeben werden, die den Fünfjahreszeitraum vor Beginn der Rente wegen Erwerbsminderung, der drei Jahre Pflichtbeiträge enthalten muss, verlängern, um Rentenansprüche aufrechtzuerhalten. Es sind dies nach den § 43 Abs. 3, 4 SGB VI folgende Zeiten:

- Anrechungszeiten (vgl. hierzu im Einzelnen Kapitel 3 »Die rentenrechtlichen Zeiten«, S. 153 ff. und dort »Anrechnungszeiten«, S. 221 ff.)
- Zeiten des Bezugs einer Rente wegen verminderter Erwerbsfähigkeit,
- Berücksichtigungszeiten (vgl. hierzu das Kapitel 3 »Die rentenrechtlichen Zeiten«, S. 153 ff. und dort »Berücksichtigungszeiten«, S. 229 f.),
- Zeiten einer schulischen Ausbildung nach der Vollendung des 17. Lebensjahres bis zu sieben Jahren, gemindert um Anrechnungszeiten wegen schulischer Ausbildung und
- Zeiten, die nur deshalb keine Anrechnungszeiten sind, weil durch sie eine versicherte Beschäftigung oder selbstständige Tätigkeit nicht unterbrochen wird.

Zur Erläuterung des letzten Verlängerungstatbestandes noch ein kurzes Beispiel:

Beispiel

Wir haben im letzten Beispiel gelesen, dass Zeiten der Arbeitslosigkeit, in denen Leistungen vom Arbeitsamt/ Agentur für Arbeit wegen des zu berücksichtigenden Einkommens z.B. des Ehepartners nicht bezogen werden, normalerweise sogenannte Anrechnungszeiten sind, wenn der Versicherte in dieser Zeit bei der Agentur für Arbeit arbeitslos gemeldet ist. Anrechnungszeiten liegen jedoch nur vor, wenn durch sie eine versicherungspflichtige Beschäftigung oder selbstständige Tätigkeit unterbrochen wird (§ 58 Abs. 2 SGB VI), d.h., wenn der Versicherte vor und nach der Arbeitslosigkeit versicherungspflichtig gearbeitet hat oder zumindest nach der Arbeitslosigkeit gesundheitlich noch in der Lage war, wieder eine Arbeit aufzunehmen (BSG, Urteil vom 19.4.1978, Az.: 4 RJ 91/77). Demnach lag

> bei Frau Müller im letzten Beispiel, die nach ihrer Arbeitslosigkeit erwerbsgemindert war, keine Anrechnungszeit vor, weil sie im Anschluss an die Arbeitslosigkeit wegen ihrer (krankheitsbedingten) Erwerbsminderung nicht mehr arbeiten konnte. Die Arbeitslosigkeit hat damit keine versicherte Beschäftigung unterbrochen. Gleichwohl wird der Fünfjahreszeitraum auch hier durch die Arbeitslosigkeit verlängert. Das gleiche gilt auch für sonstige Anrechnungszeiten (vgl. hierzu das Kapitel »Die rentenrechtlichen Zeiten«, S. 153 ff. und dort »Anrechnungszeiten«, S. 221 ff.).

Pflichtbeitrag in sechs Monaten

Zeiten, die keine Anrechnungszeiten sind, weil sie eine versicherte Beschäftigung nicht unterbrechen, können jedoch nur dann den Fünfjahreszeitraum verlängern und damit Rentenansprüche aufrechterhalten, wenn in den letzten sechs Kalendermonaten vor dieser Zeit wenigstens ein Pflichtbeitrag oder eine Anrechnungs- oder Berücksichtigungszeit liegt (§ 43 Abs. 4 Nr. 3 SGB VI). Da Frau Müller im letzten Beispiel vor der Zeit, während der ihr Arbeitslosenhilfe wegen des Einkommens ihres Ehemannes nicht gezahlt wurde, Arbeitslosengeld erhalten hat und dies (seit dem 1.1.1992) eine Pflichtbeitragszeit ist, war der gesetzlich geforderte Pflichtbeitrag innerhalb der sechs Monate vorhanden.

2.8 Die Wartezeit

Neben dem Vorliegen von voller oder teilweiser Erwerbsminderung und den besonderen versicherungsrechtlichen Voraussetzungen, die wir gerade besprochen haben, setzt die Zahlung der Rente voraus, dass der Versicherte die sogenannte allgemeine Wartezeit von fünf Jahren zurückgelegt hat. Er muss also für die Dauer von fünf Jahren Beiträge zur Rentenversicherung gezahlt oder gleichwertige Zeiten (Ersatzzeiten) zurückgelegt haben. Welche Zeiten auf die allgemeine Wartezeit angerechnet werden können, wurde bereits bei der Regelaltersrente (vgl. S. 18 ff.) besprochen.

Beispiel
Nehmen wir an, Frau Heidenreich hat nach ihrem Abitur eine Lehre als Bankkauffrau aufgenommen. Schon zwei Wochen nach Lehrbeginn verunglückt sie auf dem Weg zu ihrer Arbeitsstelle so schwer, dass sie voll erwerbsgemindert ist. Hat sie Anspruch auf Rente?

Ist die allgemeine Wartezeit erfüllt?

Frau Heidenreich ist zwar voll erwerbsgemindert, sie hat jedoch weder die Wartezeit von fünf Jahren erfüllt noch sind für sie in den letzten fünf Jahren vor Eintritt der Erwerbsunfähigkeit Pflichtbeiträge für einen Zeitraum von drei Jahren gezahlt worden. Rentenversicherungsbeiträge hat sie nur während der zweiwöchigen Lehrzeit entrichtet (§ 1 Nr. 1 SGB VI). Die Schulzeit ist keine Beitragszeit, sondern in begrenztem Umfang nur eine sogenannte Anrechnungszeit (vgl. hierzu unten das Kapitel »Die rentenrechtlichen Zeiten«, S. 153 ff. und dort »Anrechnungszeiten«, S. 221 ff.), die auf die allgemeine Wartezeit jedoch nicht angerechnet wird. Da schon ein Tag einer versicherungspflichtigen Beschäftigung als voller Beitragsmonat auf die Wartezeit anzurechnen ist, verfügt Frau Heidenreich über einen Beitragsmonat. Dieser reicht natürlich für die fünfjährige Wartezeit nicht aus.

Vorzeitige Erfüllung der Wartezeit

Die Erfüllung der fünfjährigen Wartezeit ist jedoch nicht erforderlich, wenn die Erwerbsminderung

- aufgrund eines Arbeitsunfalls oder einer Berufskrankheit,
- aufgrund einer Wehrdienstbeschädigung,
- aufgrund einer Zivildienstbeschädigung oder
- aufgrund einer Inhaftierung als politisch Verfolgter im Gebiet der ehemaligen DDR eingetreten ist.

In diesen Fällen gilt die fünfjährige Wartezeit als (vorzeitig) erfüllt.

Da Frau Heidenreich auf dem Weg zur Arbeit verunglückt ist, ist ihr Unfall als Arbeitsunfall anzusehen (§ 8 Abs. 2 SGB VII). Die vorzeitige Erfüllung der Wartezeit setzt beim Arbeitsunfall voraus, dass das Unfallopfer im Zeitpunkt des Unfalls pflichtversichert ist, was bei Frau Heidenreich während ihrer Lehre der Fall war. Im Falle der vorzeitigen Wartezeiterfüllung ist es natürlich auch nicht erforderlich, dass für den Versicherten in den letzten fünf Jahren drei Jahre lang Pflichtbeiträge gezahlt worden sind.

Ein Beitrag reicht aus

Lag im Zeitpunkt des Arbeitsunfalls keine Versicherungspflicht vor, wäre es auch ausreichend, wenn in den letzten zwei Jahren vor dem Unfall mindestens ein Jahr mit Pflichtbeiträgen vorhanden ist. In den Fällen der Wehr- oder Zivildienstbeschädigung oder bei Gesundheitsschäden wegen Inhaftierung als politisch Verfolgter reicht es, wenn vor der Erwerbsminderung irgendwann einmal ein Beitrag zur Rentenversicherung gezahlt worden ist (BSG, Urteil vom 31.3.1993, Az.: 13 RJ 35/91).

Beispiel

Nehmen wir z.B. an, ein Bundeswehrsoldat habe während seines Grundwehrdienstes ständig Kontakt mit Flugbenzin gehabt. Nach Beendigung des Wehrdienstes macht er sich selbstständig und zahlt keine Beiträge zur gesetzlichen Rentenversicherung. Zehn Jahre später wird er wegen eines schweren Krebsleidens voll erwerbsgemindert. Es stellt sich heraus, dass seine Erkrankung auf den früheren Kontakt mit Flugbenzin zurückzuführen ist und deshalb eine Wehrdienstbeschädigung darstellt.

Wehrdienstschaden

Der ehemalige Soldat hat hier Anspruch auf die Rente wegen voller Erwerbsminderung, auch wenn die Rentenversicherungsbeiträge, die der Bund für ihn während des Wehrdienstes zahlen musste (§§ 3 Nr. 2, 170 Abs. 1 Nr. 1 SGB VI), bereits vor Jahren entrichtet wurden. Ausreichend wäre bei im Übrigen gleicher Sachlage auch gewesen, wenn er den Grundwehrdienst nach einem Monat hätte abbrechen müssen und für ihn damit nur ein Rentenversicherungsbeitrag eingezahlt worden wäre.

2.9 Beginn der Rentengewährung

Renten wegen verminderter Erwerbsfähigkeit werden ebenso wie die Altersrenten vom ersten Tag des Monats an gezahlt, an dem alle Zahlungsvoraussetzungen erfüllt sind. Erforderlich ist allerdings, dass der Rentenantrag innerhalb von drei Monaten nach Beginn der Erwerbsminderung gestellt wird. Wird der Antrag später gestellt, wird die Rente erst vom Beginn des Antragsmonats an gezahlt.

Wurde z.B. ein Versicherter am 4. Mai voll erwerbsgemindert, so wird die Rente erst ab 1. Juni gezahlt, denn dieser Tag ist der erste Monatserste, an dem alle Anspruchsvoraussetzungen vorliegen. Erforderlich ist natürlich, dass auch die Wartezeit und die sogenannten versicherungsrechtlichen Voraussetzungen als weitere Anspruchsvoraussetzungen erfüllt sind. Ein Anspruch auf Rente ab 1. Juni besteht jedoch nur, wenn der Antrag bis zum 31. August gestellt wird. Die dreimonatige Antragsfrist beginnt also am ersten des Monats nach Eintritt der Erwerbsminderung. Würde der Rentenantrag erst am 15. November gestellt, also nicht innerhalb von drei Monaten nach Beginn der Erwerbsminderung, würde die Rente erst vom Beginn des Antragsmonats an, d.h. ab 1. November gezahlt.

!

Frist

Alle Voraussetzungen müssen um 0.00 Uhr des maßgeblichen Monatsersten vorliegen. Erleidet ein Versicherter z.B. am Nachmittag des 1. Mai einen Verkehrsunfall und wird er hierdurch erwerbsgemindert, so könnte die Rente auch hier erst ab 1. Juni gezahlt werden, weil um 0.00 Uhr des 1. Mai die Anspruchsvoraussetzungen noch nicht erfüllt waren.

Sonderfall Rente auf Zeit

Eine Rente wegen Erwerbsminderung auf Zeit wird, wie Sie im letzten Kapitel bereits lesen konnten, erst nach Ablauf von sechs Monaten nach Eintritt des Versicherungsfalls gezahlt.

Beispiel

Nehmen wir an, Herr Müller ist bereits vier Jahre arbeitslos und bei schlechter Gesundheit. Er beantragt deshalb am 2.2.2006 beim zuständigen Rentenversicherungsträger die Bewilligung einer Kur. Während des Kuraufenthaltes im August 2006 wird festgestellt, dass Herr Müller bereits seit Januar 2006 nicht mehr in der Lage ist, auch nur drei Stunden täglich zu arbeiten. Er beantragt daraufhin im September die Rente wegen voller Erwerbsminderung. Ab wann kann er Rente beanspruchen?

Kurantrag = Rentenantrag

Da Herr Müller nur noch weniger als drei Stunden einsatzfähig ist, hat er Anspruch auf Rente wegen voller Erwerbsminderung. Obwohl er schon seit Januar 2006 voll erwerbsgemindert ist, könnte er nach den oben aufgestellten Grundsätzen zur Antragstellung die Rente allerdings erst seit 1.9.2006 beanspruchen, denn er hat den Rentenantrag später als drei Monate nach Beginn der Erwerbsminderung gestellt. In diesem Falle wird – wie wir bereits lesen konnten – die Rente jedoch erst vom Beginn des Antragsmonats an gezahlt. Hier wirkt sich jedoch für Herrn Müller vorteilhaft aus, dass er schon am 2.2.2006 einen Kurantrag gestellt hat: Stellt sich nämlich während einer medizinischen Maßnahme zur Rehabilitation, wie z.B. einer Kur, heraus, dass volle oder teilweise Erwerbsminderung vorliegt, gilt der Kurantrag als Rentenantrag (§ 116 Abs. 2 SGB VI). Da Herr Müller diesen Antrag innerhalb von drei Monaten nach Beginn der Erwerbsminderung gestellt hat, ist ihm die Rente vom 1.2.2006 an zu zahlen.

2.10 Renten wegen verminderter Erwerbsfähigkeit, Hinzuverdienst und andere Sozialleistungen

Die Gewährung einer Rente wegen verminderter Erwerbsfähigkeit, d.h. einer Rente wegen voller oder teilweiser Erwerbsminderung bzw. wegen teilweiser Erwerbsminderung bei Berufsunfähigkeit ist abhängig davon, ob und wie viel der Rentenbezieher durch Ausübung einer abhängigen

Beschäftigung oder einer selbstständigen Erwerbstätigkeit zur Rente hinzuverdient. Der Hinzuverdienst kann zum völligen Wegfall oder auch nur zur Minderung der Rente führen. Es kann auch sein, dass der Hinzuverdienst – wenn er gering ist – gar keinen Einfluss auf die Rentenzahlung hat. Aber nicht nur Hinzuverdienst kann die Rente mindern oder gar zum Wegfall bringen. Auch der Bezug anderer Sozialleistungen während der Zahlung einer Rente wegen verminderter Erwerbsfähigkeit hat Auswirkungen auf die Rentenzahlung, d.h. die Kollision einer Rente wegen verminderter Erwerbsfähigkeit mit anderen Sozialleistungen, z.B. mit Krankengeld, Arbeitslosengeld oder Arbeitslosengeld II, Übergangsgeld, Mutterschaftsgeld usw. kann zur Rentenminderung bzw. zum Wegfall der Rente führen.

Beispiel

Der in Köln wohnende und 1960 geborene Herr Baumann hat im Jahr 2006 29.494 Euro, im Jahr 2007 29.951 Euro und im Jahr 2008 30.879 Euro brutto durch seine Arbeit als kaufmännischer Angestellter verdient. Er verunfallte am 15.1.2009 und ist als Folge dieses Unfalls berufsunfähig. Der zuständige Rentenversicherungsträger bewilligt ihm daraufhin antragsgemäß ab 1.2.2009 Rente wegen teilweiser Erwerbsminderung bei Berufsunfähigkeit nach § 240 SGB VI (lesen Sie hierzu S. 69 ff.). Die Rente beläuft sich auf brutto 800 Euro. Seit 1.7.2009 nimmt er eine Beschäftigung als Bürohilfskraft auf und erzielt einen Bruttoverdienst von 1.800 Euro monatlich. Am 15.5.2010 erkrankt B arbeitsunfähig und bezieht nach sechswöchiger Lohnfortzahlung ab 1.7.2010 Krankengeld in Höhe von monatlich 1.200 Euro. Kann die Rente entzogen bzw. gemindert werden?

Hinzuverdienst bei Renten wegen teilweiser Erwerbsminderung

Die Rente wegen teilweiser Erwerbsminderung ist – ebenso wie die Rente wegen voller Erwerbsminderung (lesen sie hierzu die folgenden Beispiele) – abhängig vom Hinzuverdienst. Ob der Hinzuverdienst (aus abhängiger Beschäftigung wie bei Herrn Baumann oder auch aus einer selbstständigen Erwerbstätigkeit) zu einer Minderung der Rente führt, ist abhängig von der Höhe des Hinzuverdienstes.

Generell rentenunschädlich (sowohl neben einer Rente wegen voller Erwerbsminderung als auch – erst recht – neben einer Rente wegen teilweiser Erwerbsminderung) ist ein Hinzuverdienst in Höhe von 400 Euro brutto im Monat (§ 96 a Abs. 1 SGBVI).

Hinzuverdienstgrenzen werden individuell berechnet

Ob bei einem höheren Verdienst – höher als 400 Euro – die Rente wegen teilweiser Erwerbsminderung zu mindern ist oder gar wegfällt, ist von Rentner zu Rentner unterschiedlich. Es gibt keine festen Hinzuverdienstgrenzen, sondern diese werden individuell berechnet.

Ob die Rente des Herrn Baumann zu mindern ist oder gar wegfällt, ist also individuell zu berechnen. Wird ein Einkommen erzielt, das über der zulässigen Hinzuverdienstgrenze für die volle Rente liegt, bedeutet das jedoch nicht zwingend, dass die Rente dann ganz wegfällt. Das Gesetz unterscheidet in eine volle und eine halbe Rente wegen teilweiser Erwerbsminderung (§ 96a Abs. 1a Nr. 1 SGB VI). Wird der zulässige Hinzuverdienst für die volle Rente überschritten, so ist zunächst zu prüfen, ob das Einkommen des Rentners noch unter der zulässigen Hinzuverdienstgrenze für die halbe Rente liegt. Ist dies der Fall, wird diese Rente gezahlt. Ist der Hinzuverdienst auch höher als die zulässige Hinzuverdienstgrenze für die halbe Rente, fällt die Rente ganz weg.

Zweimaliges Überschreiten der Hinzuverdienstgrenzen unschädlich

Die insoweit maßgeblichen Hinzuverdienstgrenzen dürfen ebenfalls ohne Rentenminderung zweimal im Kalenderjahr – z.B. wegen der Zahlung von Urlaubs- oder Weihnachtsgeld – bis zum Doppelten überschritten werden. Die Gründe für das Überschreiten sind unbeachtlich (BSG, Urteil vom 31.1.2002, Az.: B13 R 7 33/0112).

Verdient z.B. ein Rentner neben der Rente wegen teilweiser Erwerbsminderung bei Berufsunfähigkeit durch eine Arbeit als Pförtner bei einem zulässigen Hinzuverdienst für die volle Rente von 1.000 Euro brutto monatlich genau diesen Betrag hinzu, so wäre es rentenunschädlich, wenn er darüber hinaus im Jahr 1.000 Euro Weihnachtsgeld und 1.000 Euro Urlaubsgeld erhält (welcher Hinzuverdienst im Einzelfall zulässig ist, können sie in den nachfolgenden Ausführungen lesen).

Der zulässige Hinzuverdienst ist zunächst abhängig vom Einkommen des Rentners in den letzten drei Jahren vor Rentenbeginn, im Falle von Herrn Baumann also das (Brutto-)Einkommen während der Jahre 2006, 2007 und 2008. Hat der Rentner viel verdient, darf er auch während der Rente viel hinzu verdienen. Hat er weniger verdient, ist auch der zulässige Hinzuverdienst geringer. Dabei wird das Einkommen der letzten drei Kalenderjahre vor Rentenbeginn zur Berechnung der Hinzuverdienstgrenzen in Entgeltpunktwerte (vgl. hierzu das Kapitel »Die Rentenberechnung«, S. 238 ff.) umgerechnet.

Hat ein Versicherter in den letzten Jahren vor Rentenbeginn ebensoviel verdient wie der Durchschnitt aller Versicherten, so erhält er einen Entgeltpunkt. Lag sein Verdienst 20 Prozent unter dem Durchschnittsverdienst, erhält er 0,8 Entgeltpunkte. War sein Verdienst 20 Prozent höher als der Durchschnittsverdienst, so wären 1,2 Entgeltpunkte in Ansatz zu bringen. Da Herr Baumann während der letzten Jahre vor Rentenbeginn genauso viel verdient hat wie der Durchschnitt aller Versicherten, sind für ihn drei Entgeltpunkte (EP) – ein Entgeltpunkt pro Jahr – zu berücksichtigen.

Bezugsgröße

Die für den Verdienst der letzten drei Jahre vor Rentenbeginn in Ansatz zu bringenden Entgeltpunkte sind mit der im Zeitpunkt des Hinzuverdienstes geltenden Bezugsgröße als zweitem Berechnungsfaktor zu multiplizieren. Hierbei handelt es sich im Ergebnis um das Durchschnittsentgelt in der gesetzlichen Rentenversicherung im jeweils vorvergangenen Kalenderjahr, das sich in der Regel von Jahr zu Jahr erhöht. Die Bezugsgröße wird in der Sozialversicherung in einer Reihe von Fällen – so auch hier – als Rechengröße verwandt. In den Jahren 2009 und 2010, also in den beiden Jahren, in denen Herr Baumann neben der Rente Einkommen erzielt hat, betrug die Bezugsgröße in den alten Bundesländern 2.520 Euro bzw. 2.555 Euro und in den neuen Bundesländern 2.135 Euro bzw. 2.170 Euro monatlich.

Der letzte Berechnungsfaktor korrespondiert mit der jeweiligen Teilrente: Er ist dem Gesetz (§ 96a SGB VI) zu entnehmen und beträgt für die volle Rente 0,23, und für die halbe Rente 0,28. Im Falle von Herrn Baumann würde damit z.B. die zulässige Hinzuverdienstgrenze für die volle Rente im Jahr 2009: 3 Entgeltpunkte x 0,23 x 2.520 (Bezugsgröße) = 1.738,80 Euro (brutto) betragen. Da er 1.800 Euro im Monat brutto verdient und dieser Verdienst über der für die volle Rente maßgeblichen Hinzuverdienstgrenze (von 1.738,80 Euro) liegt, hat er nur Anspruch auf Rente in Höhe der halben Rente, dies aber auch nur, wenn die insoweit maßgebliche Hinzuverdienstgrenze nicht überschritten wird. Für das Jahr 2010 wäre in die obige Berechnung die Bezugsgröße von 2.555 Euro in Ansatz zu bringen, in den neuen Bundesländern 2.170 Euro.

Die Hinzuverdienstgrenze für die halbe Rente überschreitet Herr Baumann im Jahr 2009 jedoch nicht. Diese Grenze errechnet sich wie folgt: 3 (Entgeltpunkte) x 0,28 x 2.520 = 2.116,80 Euro. Sein Verdienst von 1.800 Euro liegt unter diesem Betrag, sodass er die halbe Rente in Hohe von 400 Euro neben seinem Verdienst weiter bezieht.

Tipp

Hinzuverdienstgrenzen berechnen lassen

Da die Berechnung des zulässigen Hinzuverdienstes – wie wir unschwer erkennen konnten – sehr schwierig und kompliziert ist, sollten Sie sich als Rentner vor der eventuellen Aufnahme einer Erwerbstätigkeit vom zuständigen Rentenversicherungsträger stets die für Sie individuell maßgeblichen Hinzuverdienstgrenzen berechnen lassen. Zu dieser Serviceleistung sind die Rentenversicherungsträger verpflichtet. In ihrem Rentenbescheid sind die zulässigen Hinzuverdienstgrenzen auch aufgeführt. Die Werte verlieren jedoch im Laufe der Zeit ihre Aktualität, da der Hinzuverdienst durch den aktuellen Rentenwert dynamisiert ist.

!

Schließen Sie also keinen Arbeitsvertrag, bevor Sie die Hinzuverdienstgrenzen nicht kennen, denn Sie gehen sonst die Gefahr ein, dass Sie später Rente zurückzahlen müssen.

Krankengeld und Rente wegen teilweiser Erwerbsminderung

Zurück zum Fall: Der Bezug des Krankengeldes führt nicht zu einer Änderung der Hinzuverdienstgrenze. Vom reinen Zahlbetrag her müsste Herr Baumann seit 1.7.2009 Anspruch auf die volle Rente wegen teilweiser Erwerbsminderung haben, denn das Krankengeld liegt mit 1.200 Euro unter der für die volle Rente zulässigen Hinzuverdienstgrenze von 1.738,80 Euro. Nach § 96a Abs. 3 SGB VI stehen jedoch bei der Feststellung des Hinzuverdienstes, der neben einer Rente wegen teilweiser Erwerbsminderung erzielt wird, dem Arbeitsentgelt oder -einkommen u.a. Krankengeld gleich, das aufgrund einer Arbeitsunfähigkeit oder einer stationären Behandlung geleistet wird, die nach Beginn der Rente begonnen haben. Dabei ist nach § 96a Abs. 3 SGB VI als Hinzuverdienst (weiterhin) das der Sozialleistung zu Grunde liegende Arbeitsentgelt zu berücksichtigen. Da die Arbeitsunfähigkeit des Herrn Baumann, die Grundlage für die Krankengeldzahlung war, nach dem Beginn der Rente begann, ist bei Herrn Baumann auch ab Krankengeldzahlung nicht der Zahlbetrag des Krankengeldes, sondern weiterhin der Verdienst vor Rentenbeginn in Ansatz zu bringen. Herr Baumann hat damit trotz des geringen Krankengeldes weiterhin nur Anspruch auf die halbe Rente.

Hinzuverdienst in den neuen Bundesländern

In den neuen Bundesländern berechnet sich die Hinzuverdienstgrenze genauso wie in dem vorbeschriebenen Beispiel. Allerdings ändert sich ein Berechnungsfaktor: Als Bezugsgröße wären 2.170 Euro in die oben beschriebene Berechnung einzusetzen.

Arbeitsunfähigkeit vor Rentenbeginn

Hat die Arbeitsunfähigkeit bereits vor der Rente begonnen, so wird das Krankengeld vom (späteren) Rentenbeginn an nach § 50 Abs. 2 Nr. 2 SGB V um den Zahlbetrag der Rente wegen teilweiser Erwerbsminderung gekürzt. Für die Vergangenheit hätte die Krankenkasse einen Erstattungsanspruch gegen den Rentenversicherungsträger. Den überschießenden Betrag bräuchte Herr Baumann jedoch nicht zurückzuzahlen.

Ebenso wie Krankengeld wird auch der Bezug von Versorgungskrankengeld, Übergangsgeld (bei Beginn der Arbeitsunfähigkeit nach Rentenbeginn) und von Leistungen im

Sinne des § 18a Abs. 3 S. 1 Nr. 1 SGB VI, d.h. der Bezug von Verletztengeld, Arbeitslosengeld, Kurzarbeitergeld, Mutterschaftsgeld, Insolvenzgeld und Winterausfallgeld nach § 96a Abs. 3 S. 4 SGB VI dem Arbeitsentgelt oder Einkommen gleichgestellt.

Der Betrag des Arbeitsentgeltes ist nach § 96a Abs. 3 S. 4 SGB VI selbst dann für die Berechnung des Hinzuverdienstes heranzuziehen, wenn die Sozialleistung aus Gründen ruht, die nicht im Rentenbezug begründet sind.

Selbst bei Sperrzeit keine höhere Rente

Bezieht z.B. ein Versicherter wegen anzurechnenden Hinzuverdienstes nur eine halbe Rente (wegen teilweiser Erwerbsminderung), dann verbleibt es – wie wir bereits lesen konnten – bei dieser Teilrente, wenn er anschließend arbeitslos wird und Arbeitslosengeld bezieht, das deutlich geringer ist als der zuvor erzielte Verdienst. Auf die Rente wird weiterhin der frühere Verdienst, nicht hingegen das geringere Arbeitslosengeld angerechnet. Dies gilt auch dann, wenn eine Sperrzeit verhängt wird und der Versicherte neben der halben Rente damit gar kein Arbeitslosengeld bezieht.

Durch diese gesetzliche Regelung soll gewährleistet werden, dass der Versicherte durch den Bezug von Sozialleistungen nicht besser gestellt wird als wenn Arbeitsentgelt weiter bezogen würde.

!

Besteht neben der Rente wegen teilweiser Erwerbsminderung Anspruch auf Arbeitslosengeld II, so wird die Rente als Einkommen auf das Arbeitslosengeld II angerechnet.

Hinzuverdienst bei Renten wegen voller Erwerbsminderung

Die zuvor entwickelten Grundprinzipien der Hinzuverdienstberechnung gelten auch bei der Rente wegen voller Erwerbsminderung. Die Rente wegen voller Erwerbsminderung gelangt nur ungekürzt zur Auszahlung, wenn der Hinzuverdienst 400 Euro im Monat nicht übersteigt. Bei einem höheren Verdienst neben der Rente wird diese zumindest um ein Viertel gekürzt.

Auch hier individuelle Berechnung

Bei höherem Hinzuverdienst sind ebenfalls individuell zu berechnende Hinzuverdienstgrenzen zu berücksichtigen. Als Berechnungsgrundlage sind – wie bei der Rente wegen teilweiser Erwerbsminderung – zunächst die Bruttoeinkünfte der letzten drei Kalenderjahre vor Eintritt der Erwerbsminderung bzw. die sich daraus zu errechnenden Entgeltpunkte heranzuziehen. Diese sind wiederum mit der während des jeweiligen Hinzuverdienstzeitraums geltenden Bezugsgröße zu multiplizieren. Abhängig vom Hinzuverdienst wird die Rente wegen voller Erwerbsminderung in voller Höhe (bei einem Verdienst von nicht mehr als 400 Euro monatlich), in Höhe von drei Vierteln, in Höhe der Hälfte sowie in Höhe eines Viertels gezahlt. Die weiteren Faktoren für die Berechnung des jeweils zulässigen Hinzuverdienstes betragen 0,17 für die Dreiviertelrente, 0,23 für die halbe Rente und 0,28 für die Viertelrente.

Hat beispielsweise ein Versicherter in den letzen drei Jahren vor der am 1.1.2010 beginnenden Rentc wegen voller Erwerbsminderung im Durchschnitt ein Einkommen erzielt, das 20 Prozent über dem Durchschnittsverdienst aller Versicherten lag, sodass ihm 3,6 Entgeltpunkte für diese drei Jahre zuzuerkennen sind (1,2 Entgeltpunkte x 3 Jahre), so würde bei einer Bezugsgröße in den alten Bundesländern im Jahr 2010 von 2.555 Euro die zulässige Hinzuverdienstgrenze für die ¾-Rente 1.563,66 Euro (3,6 x 2.555 x 0,17) betragen. Für die Berechnung der Hinzuverdienstgrenzen der anderen Teilrenten wären die Werte 0,23 bzw. 0,28 in die Berechnung einzusetzen.

Zweimaliges Überschreiten des Hinzuverdienstes unschädlich

Auch bei der Rente wegen voller Erwerbsminderung dürfen die insoweit maßgeblichen Hinzuverdienstgrenzen ohne Rentenminderung zweimal im Kalenderjahr – z.B. wegen der Zahlung von Urlaubs- oder Weihnachtsgeld – bis zum Doppelten überschritten werden.

Beispiel

Herr Dr. Bürger ist bis zu einer am 15.8.2007 beginnenden Herzerkrankung in seinem Beruf als Flugkapitän versicherungspflichtig beschäftigt. Wegen der Schwere der Krankheit beantragt er die Rente wegen voller Erwerbsminderung. Nach Scheitern mehrerer

Arbeitsversuche und zwischenzeitlichem Bezug von Krankengeld bezieht er seit 1.1.2009 Krankengeld mit einem Restanspruch bis zur Aussteuerung von 14 Monaten. Mit Bescheid vom 1.4.2009 bewilligt ihm der zuständige Rentenversicherungsträger rückwirkend ab 1.9.2007 Rente wegen voller Erwerbsminderung, die allerdings monatlich 110 Euro geringer ist als das Krankengeld.

Rente wegen voller Erwerbsminderung und Krankengeld

Beim Zusammentreffen einer Rente wegen voller Erwerbsminderung mit Krankengeld endet der Anspruch auf Krankengeld mit Beginn der Rente (§ 50 Abs. 1 Nr. 1 SGB V).

Als Beginn der Rente ist dabei der Zeitpunkt der Bewilligung der Rente durch den Bewilligungsbescheid anzusehen (vgl. z.B. BSG, Amtliche Entscheidungssammlung Band 72, Seite 163 ff.), sodass Herr Dr. Bürger vom ersten des Monats, der dem Zugang des Bewilligungsbescheides folgt, keinen Anspruch auf Krankengeld mehr hat. Für die Vergangenheit muss er das höhere Krankengeld nicht erstatten. Die Krankenkasse hat allerdings für die Vergangenheit einen Erstattungsanspruch gegen den Rentenversicherungsträger in Höhe der Rentenzahlungen.

Da Dr. Bürger damit ab Rentenbewilligung für die Zukunft den Anspruch auf das höhere Krankengeld verloren hat, hätte es sich empfohlen, zunächst eine Rentenprobeberechnung durchführen zu lassen. Er hat allerdings die Möglichkeit, den Antrag auf Rentengewährung noch innerhalb der Widerspruchsfrist dieses Bescheides zurück zu nehmen, um sich damit weiterhin den höheren Krankengeldanspruch bis zur Aussteuerung zu sichern (vgl. BSG, Amtliche Entscheidungssammlung Band 76, Seite 218 ff.).

Dies gilt aber nur eingeschränkt; hat ihn die Krankenkasse – wozu sie berechtigt ist – aufgefordert, einen Kurantrag zu stellen, und stellt sich während der Kur heraus, dass volle Erwerbsminderung vorliegt, so darf der dann nach § 116 Abs. 2 SGB VI als Rentenantrag geltende Kurantrag, nach der Rechtsprechung regelmäßig nur mit Zustimmung der Krankenkasse zurückgenommen werden. Diese Zustimmung wird jedoch regelmäßig von der Kasse berechtigterweise verweigert, sodass der Versicherte nur Anspruch auf die im Vergleich zum Krankengeld geringere Rente hat. Bei ihrer Entscheidung über die Zustimmung hat die Kasse jedoch die berechtigten Interessen des Versicherten zu berücksichtigen (BSG in der Entscheidungssammlung Sozialrecht (SozR) § 1248 Nr. 33).

Die Mindesthinzuverdienstgrenze

Für den Fall, dass in den letzten drei Jahren vor Rentenbeginn kein Einkommen oder nur ein sehr geringes Einkommen erzielt wurde, gibt es Mindesthinzuverdienstgrenzen, die sich errechnen, indem die Hälfte des Durchschnittseinkommens bei der Berechnung der Hinzuverdienstgrenzen in Ansatz gebracht wird. Aber auch hier gilt natürlich der Grundsatz, dass bei einem Verdienst neben der Rente von nicht mehr als 400 Euro die Rente ungemindert zu leisten ist. Bei einem höheren Verdienst gelten für die Rente wegen voller Erwerbsminderung z.B. im Jahr 2010 und 2011 folgende Mindesthinzuverdienstgrenzen:

	West	Ost
	Euro	
– 1/4 der Vollrente	1.073,31	911,40
– 1/2 der Vollrente	881,48	748,65
– ¾ der Vollrente	651,53	553,35

§

Bei der Gewährung der vollen Erwerbsminderungsrente werden Verletzten- und Übergangsgeld aus der gesetzlichen Unfallversicherung dem Arbeitsentgelt oder Arbeitseinkommen gleichgesetzt (§ 96a Abs. 3 S. 2 SGB VI; vgl. hierzu oben S. 121 f.).

3. Die Hinterbliebenenrenten

»Renten wegen Todes«

Anders als bei den bisher besprochenen Renten wegen Alters und verminderter Erwerbsfähigkeit haben die Empfänger einer Hinterbliebenenrente, d.h. der überlebende Ehegatte, eingetragene Lebenspartner oder die überlebenden Kinder eines verstorbenen Versicherten ihren Rentenanspruch nicht selbst durch Beitragszahlungen oder andere rentenrechtliche Zeiten »erwirtschaftet«. Sie haben vielmehr Anspruch auf Rente, weil der verstorbene Versicherte Beiträge gezahlt hat und weil unter dem Gesichtspunkt staatlicher Fürsorge unterstellt wird, dass durch den Tod des Versicherten und seine dadurch weggefallenen Unterhaltsleistungen eine Versorgungslücke entstanden ist, die durch die Zahlung einer Rente geschlossen werden soll. Die Hinterbliebenenrenten haben also Unterhaltsersatzfunktion.

Verliert z.B. ein minderjähriges Kind durch einen Unfall seine Eltern, soll der durch den Tod der unterhaltspflichtigen Eltern entfallene Unterhaltsanspruch durch die Gewährung einer Vollwaisenrente ausgeglichen werden.

§

Das Gesetz sieht Renten für hinterbliebene Ehegatten (Witwen- und Witwerrenten), für die hinterbliebenen Kinder (Waisenrenten) und für hinterbliebene eingetragene Lebenspartner vor.

3.1 Allgemeine Leistungsvoraussetzungen

Auslösendes Ereignis für einen Anspruch auf Hinterbliebenenrente ist also der Tod des Ehegatten, des früheren (geschiedenen) Ehegatten oder zumindest eines Elternteils. Der Tod ist durch die Vorlage einer Sterbeurkunde nachzuweisen.

Auch eingetragene Lebenspartner haben Anspruch auf Hinterbliebenenrenten

Aufgrund einer zum 1.1.2005 geänderten Gesetzeslage haben auch eingetragene Lebenspartner Anspruch auf Hinterbliebenenrente, wenn einer der Partner ab dem 1.1.2005 verstirbt. Die Begründung einer eingetragenen Lebenspartnerschaft ist einer Heirat, die Lebenspartnerschaft der Ehe, der Lebenspartner einem Ehegatten und der überlebende Lebenspartner einer Witwe bzw. einem Witwer gleichgestellt (§ 46 Abs. 4 SGB VI).

Für alle Renten wegen Todes ist außerdem erforderlich, dass der Verstorbene die allgemeine Wartezeit zurückgelegt hat, die bereits mehrfach besprochen wurde (vgl. hierzu auch das Kapitel »Die Wartezeiten«, S. 231 ff.). Ausreichend ist auch, wenn ein Fall der vorzeitigen Wartezeiterfüllung nach § 53 SGB VI vorliegt (vgl. hierzu S. 113).

Beispiel

Ist ein junger Familienvater, der erst kurze Zeit (es reicht ein Monat) versicherungspflichtig beschäftigt war, durch einen Arbeitsunfall ums Leben gekommen, so hätten seine Frau und seine Kinder Anspruch auf Witwen- und Waisenrente, auch wenn er die allgemeine Wartezeit noch nicht zurückgelegt hätte, d.h. noch nicht fünf Jahre lang Beiträge in die gesetzliche Rentenversicherung eingezahlt hätte. Daneben bestünde auch noch ein Anspruch auf eine Unfallrente, die jedoch unter Umständen auf die Hinterbliebenenrente anzurechnen ist.

3.2 Die Witwen- und Witwerrenten

Neuregelung der Hinterbliebenenrenten

Das Witwen- und Witwerrentenrecht ist zum 1.1.2002 in wesentlichen Teilen neu geregelt worden. Die Neuregelungen gelten jedoch nicht für alle Sterbefälle und Ehepartner. Nur bestimmte Personen sind von den Neuregelungen, die den Anspruch auf die Hinterbliebenenrenten durchweg einschränken, betroffen. Die gesetzlichen Neuregelungen gelten nur für Witwen und Witwer, deren Ehen ab dem 1.1.2002 geschlossen wurden. Bei Heirat vor dem 1.1.2002 gilt das neue Recht nur, wenn beide Ehepartner am 1.1.2002 das 40. Lebensjahr noch nicht vollendet hatten. Auch für Todesfälle vor dem 1.1.2002 gilt das alte Recht weiter. Auf die für diesen Personenkreis geltenden Neuregelungen wird bei den einzelnen Hinterbliebenenrenten eingegangen.

a) Die große Witwen- bzw. Witwerrente

Beispiel

Nehmen wir an, Herr und Frau Berger haben 1999 geheiratet. Am 15.5.2010 stirbt Herr Berger, der in den letzen 35 als abhängig beschäftigter Arbeitnehmer Pflichtbeiträge in die gesetzliche Rentenversicherung eingezahlt hat. Seine Frau ist im Zeitpunkt seines Todes 46 Jahre alt und möchte wissen, ob sie Anspruch auf Witwenrente hat.

Frau Berger hat Anspruch auf die sogenannte große Witwenrente. Anspruch auf diese Rentenleistungen haben hinterbliebene Ehegatten, bei denen davon ausgegangen wird, dass sie den durch den Tod des Versicherten erlittenen Unterhaltsverlust nicht ohne Weiteres ausgleichen können, weil sie entweder ein Kind erziehen, schon ein gewisses Alter erreicht haben (bei Todesfällen bis zum 31.12.2011 45 Jahre; lesen Sie hierzu S. 129) oder teilweise oder voll erwerbsgemindert sind (vgl. S. 58 ff.).

✓

Die große Witwenrente wird also dann gezahlt, wenn folgende Leistungsvoraussetzungen vorliegen (§§ 46, 242a SGB VI):

Leistungsvoraussetzungen

- Tod des Versicherten und
- rechtsgültige Ehe im Zeitpunkt des Todes und
- der Versicherte hat die allgemeine Wartezeit erfüllt und
- die Witwe bzw. der Witwer hat das 45. Lebensjahr vollendet oder
- die Witwe bzw. der Witwer ist erwerbsgemindert oder
- die Witwe bzw. der Witwer erzieht ein eigenes Kind oder ein Kind des Versicherten, das das 18. Lebensjahr noch nicht vollendet hat, und
- die Witwe bzw. der Witwer hat nicht wieder geheiratet und
- der Rentenantrag wurde gestellt.

§

Für den Anspruch auf große Witwenrente ist es nicht erforderlich, dass die Witwe bereits im Zeitpunkt des Todes

des Versicherten das 45. Lebensjahr vollendet hat. Wird sie erst zwei Jahre nach dem Tod des Versicherten 45 und war sie in diesen zwei Jahren auch nicht erwerbsgemindert und hat auch kein Kind erzogen, so erhält sie ab dem Tod zunächst die kleine Witwenrente (lesen Sie hierzu S. 132 ff.) und ab Vollendung des 45. Lebensjahres die große Witwenrente. Dies gilt natürlich auch für Witwer.

Gesetzesänderung ab 2012

Für Todesfälle ab dem 1.1.2012 ändert sich das Gesetz. Ab diesem Zeitpunkt wird die große Witwen-/Witwerrente nicht mehr ab Vollendung des 45. Lebensjahres gezahlt. Diese Altersgrenze wird vielmehr schrittweise vom 1.1.2012 bis zum 31.12.2028 auf das 47. Lebensjahr angehoben. Ab dem 1.1.2029 wird die große Witwen- bzw. Witwerrente erst ab Vollendung des 47. Lebensjahres gezahlt. Für die Zeit vom 1.1.2012 bis zum 31.12.2028 gilt folgende Tabelle:

Sterbejahr des Versicherten	Anhebung	
	um Monate	auf das Alter, Jahr + Monate
2012	1	45 + 1
2013	2	45 + 2
2014	3	45 + 3
2015	4	45 + 4
2016	5	45 + 5
2017	6	45 + 6
2018	7	45 + 7
2019	8	45 + 8
2020	9	45 + 9
2021	10	45 + 10
2022	11	45 + 11
2023	12	46 + 0
2024	14	46 + 2

Sterbejahr des Versicherten	Anhebung	
	um Monate	auf das Alter, Jahr + Monate
2025	16	46 + 4
2026	18	46 + 6
2027	20	46 + 8
2028	22	46 + 10
Ab 2029	24	47 + 0

Die Tabelle ist wie folgt zu verstehen: Bei dem Tod eines Versicherten z.B. im Jahr 2016 wird die große Witwenrente an seine Ehefrau erst ab Vollendung eines Lebensalters von 45 Jahren und 6 Monaten, bei einem Tod z.B. im Jahr 2023 erst ab Vollendung des 46. Lebensjahres gezahlt. Ab 2029 erst ab dem 47. Lebensjahr.

Höhe der Rente

Die große Witwen-/Witwerrente beträgt 60 Prozent der Vollrente des Versicherten. Wurde die Ehe ab dem 1.1.2002 geschlossen oder hatten – bei früherer Heirat – beide Eheleute am 1.1.2002 das 40. Lebensjahr noch nicht vollendet, beträgt die Witwen /Witwerrente nur noch 55 Prozent der Vollrente des Versicherten, d.h. der Rente, die der Verstorbene als Rentner bereits bezog, bzw. bezogen hätte, wenn er Rentner gewesen wäre.

Höhere Witwen- und Witwerrente bei (früherer) Kindererziehung

Zum Ausgleich erhalten jedoch Witwen oder Witwer, denen nur noch eine Rente in Höhe von 55 Prozent der Rente des Verstorbenen zusteht, für Zeiten der Kindererziehung einen dynamisierten Zuschlag, der zur Witwen-/Witwerrente geleistet wird (§ 78 a SGB VI), in Höhe von (im Jahr 2011) rund 54 Euro für das erste und circa 27 Euro für jedes weitere Kind (in den neuen Bundesländern circa 46 Euro bzw. 23 Euro).

Das Sterbevierteljahr

Um die mit dem Tod des verstorbenen Ehegatten verbundenen Aufwendungen zumindest zum Teil abzudecken und um die Umstellung auf die neuen Lebensverhältnisse zu erleichtern, hat der hinterbliebene Ehegatte während der ersten drei Monate, die dem Sterbemonat folgen, Anspruch auf die volle Rente, die der Verstorbene erhalten hat oder die ihm – falls er kein Rentner war – zugestanden hätte. Die dreimonatige Vollrente wird »Rente für das Sterbevierteljahr« oder auch »Vorschusszahlung für das Sterbevierteljahr« genannt. Diese Leistung steht den hinterbliebenen Ehegatten sowohl bei der großen als auch bei der kleinen Witwen- bzw. Witwerrente zu.

Ist z.B. die Ehefrau am 15. Mai verstorben, hätte der 43-jährige kinderlose und erwerbstätige Ehemann zunächst Anspruch auf die volle Rente für die Monate Juni, Juli und August und anschließend bis zur Vollendung des 45. Lebensjahres Anspruch auf die kleine Witwerrente, wobei er sich allerdings sein Einkommen zum Teil anrechnen lassen muss (vgl. hierzu S. 134 ff.). Während der Zahlung des sogenannten Sterbevierteljahres wird das eigene Einkommen des Hinterbliebenen nicht angerechnet.

Rentenabschläge auch bei Hinterbliebenenrenten

Auch Hinterbliebenenrenten werden ohne Abschlag nur dann gewährt, wenn der Versicherte – so die Gesetzeslage bis zum 31.12.2011 – mit Vollendung des 63. Lebensjahres oder später verstirbt. Für jeden Monat seines Todes vor Vollendung des 63. Lebensjahres müssen die Hinterbliebenen einen Rentenabschlag von 0,3 Prozent, höchstens 10,8 Prozent in Kauf nehmen. Ab dem 1.1.2012 wird die Altersgrenze des abschlagsfreien Rentenbezugs bis zum 31.12.2023 schrittweise vom 63. Lebensjahr auf das 65. Lebensjahr angehoben (lesen Sie hierzu die Tabelle auf S. 104), sodass die Hinterbliebenenrente ab dem 1.1.2024 nur abschlagsfrei geleistet wird, wenn der Versicherte mit 65 oder später gestorben ist. Für jeden Monat des Todes vor Vollendung des 65. Lebensjahres wird die Hinterbliebenenrente dann um einen Abschlag von 0,3 Prozent, höchstens 10,8 Prozent gemindert. Bei Versicherten, die im Zeitpunkt ihres Todes über Pflichtbeitragszeiten von 35 Jahren verfügen, wird die Witwenrente auch bis 2024 abschlagsfrei ab dem 63. Lebensjahr gewährt. Bei einem Rentenbeginn ab 2024 ist für die abschlagsfreie Rentengewährung ab dem 63. Lebensjahr eine Pflichtbeitragszeit des Versicherten von 40 Jahren erforderlich.

b) Die kleine Witwen- und Witwerrente

Nachdem die Leistungsvoraussetzungen für die sogenannte große Witwen- bzw. Witwerrente besprochen wurden, liegen die Voraussetzungen für die kleine Witwen- bzw. Witwerrente auf der Hand:

Die kleine Witwenrente wird also gezahlt, wenn folgende Leistungsvoraussetzungen vorliegen:

Leistungsvoraussetzungen

- Tod des Versicherten und
- rechtsgültige Ehe im Zeitpunkt des Todes und
- der Versicherte hat die allgemeine Wartezeit erfüllt und
- die Witwe bzw. der Witwer hat das 45. Lebensjahr bzw. das Alter der Tabelle auf S. 129 f. noch nicht vollendet und
- die Witwe bzw. der Witwer ist nicht erwerbsgemindert und
- die Witwe bzw. der Witwer erzieht weder ein eigenes Kind oder ein Kind des Versicherten, welches das 18. Lebensjahr noch nicht vollendet hat, und
- Witwe bzw. Witwer hat nicht wieder geheiratet und
- der Rentenantrag wurde gestellt.

Höhe der Rente

Die kleine Witwen-/Witwerrente beträgt (wie bereits erwähnt) 25 Prozent der Vollrente des Versicherten. Auch die kleine Witwen-/Witwerrente wird nur mit Rentenabschlägen geleistet (lesen Sie hierzu S. 131). Während der ersten drei Monate nach dem Tod wird auch das sogenannte Sterbevierteljahr gezahlt (lesen Sie hierzu S. 130).

Gesetzesverschärfung bei Heirat ab 1.1.2002

Haben Eheleute ab dem 1.1.2002 geheiratet oder haben sie – bei früherer Heirat – beide am 1.1.2002 das 40. Lebensjahr noch nicht vollendet, so besteht nur Anspruch auf eine 24-monatige kleine Witwenrente. Danach fällt der Anspruch auf Rente ersatzlos weg. Entstehen aber nach Wegfall dieser Rente die Anspruchsvoraussetzungen für die große Witwen-/Witwerrente (lesen Sie hierzu oben), so wird diese Rente auf Antrag (!) gezahlt.

c) Die Versorgungsehe

Bei Ehen, die ab dem 1.1.2002 geschlossen wurden, besteht kein Anspruch mehr auf eine Witwen- bzw. Witwerrente, wenn die Ehe nicht mindestens ein Jahr gedauert hat. Es gibt jedoch auch Ausnahmen. Lassen Sie uns die Einzelheiten anhand eines Falles besprechen.

> **Beispiel**
> Die Eheleute Fischer haben am 4.3.2002 geheiratet. Am 10.10.2002 verstirbt der Ehemann bei einem Verkehrsunfall. Frau Fischer möchte wissen, ob sie eine Witwenrente beanspruchen kann.

Keine Rente bei Versorgungsehen

Ebenso wie im Bereich der gesetzlichen Unfallversicherung und in der Beamtenversorgung besteht bei Ehen, die ab dem 1.1.2002 geschlossen wurden, kein Anspruch auf Witwen- oder Witwerrente, wenn der Versicherte vor Ablauf eines Jahres nach der Heirat verstirbt (§ 46 Abs. 2 a SGB VI).

Widerlegbare Vermutung

Bei dem Tod eines Ehepartners innerhalb eines Jahres nach Eheschließung wird vermutet, dass der zumindest überwiegende Zweck der Heirat darin lag, einen Anspruch auf Hinterbliebenenrente zu erhalten. Allerdings ist diese Vermutung widerlegbar:

Ist nach den besonderen Umständen des Falles die Annahme nicht gerechtfertigt, dass es der alleinige oder überwiegende Zweck der Heirat war, bei Tod des Versicherten eine Hinterbliebenenrente zu erhalten, besteht trotz der Dauer der Ehe von weniger als einem Jahr Anspruch auf Rente. Solche besonderen Umstände muss allerdings der Rentenantragsteller (der Hinterbliebene) beweisen.

Nach der Rechtsprechung ist von besonderen Umständen, die gegen eine sogenannte Versorgungsehe sprechen, (typisierend) auszugehen, wenn der Tod – wie bei Herrn Fischer – durch ein unvorhersehbares Ereignis, wie z.B. durch einen Unfall oder ein Verbrechen eingetreten ist, wenn die Eheleute gemeinsame Kinder haben oder der überlebende Ehegatte ein Kind des Verstorbenen erzieht. Die Vermutung, dass wegen der Hinterbliebenenrente geheiratet wurde, ist selbst bei der Heirat eines kranken oder sogar auf Pflege angewiesenen Versicherten widerlegt, wenn im Zeitpunkt der Eheschließung mit dessen Ableben in absehbarer Zeit nicht zu rechnen war (BSG, Urteil vom 5.5.2009, Az.: B 13 R 55/08 R). Neben diesen Gründen ist aber auch jeder andere Umstand geeignet, die Vermutung zu widerlegen, dass die Ehe geschlossen wurde, um einen Anspruch auf Hinterbliebenenrente zu begründen. So ist z.B. auch dann nicht von einer Versorgungsehe trotz Ehedauer von weniger als einem Jahr auszugehen, wenn die Eheleute wegen des Wunsches geheiratet haben, einen gemeinsamen Namen zu tragen (BSG, Urteil vom 27.8.2009, Az.: B 13 R 101/08 R) oder weil die Ehefrau ihrem todkranken Ehemann kurz vor seinem Tod nicht seinen langjährigen, innigen Wunsch abschlagen konnte, ihn zu heiraten (LSG Nordrhein-Westfalen, Urteil vom 18.5.2009, Az.: L 3 R 115/08). Ausreichend ist dabei, dass nur einer der Ehepartner aus einem anderen Grund als der Begründung des Hinterbliebenenrentenanspruchs geheiratet hat. Bei Heirat eines zum Zeitpunkt der Eheschließung offenkundig bereits an einer lebensbedrohlichen Erkrankung leidenden Versicherten, ist in der Regel allerdings davon auszugehen, dass die Ehe geschlossen wurde, um Versorgungsansprüche zu begründen.

d) Anrechnung von Einkommen auf die Witwen- bzw. Witwerrente

Nicht jedes Einkommen wird angerechnet; Freibetrag

Jeder Hinterbliebene, dem eine Witwen- oder Witwerrente gezahlt wird, muss sich auf diese Rente eigene Einkünfte anrechnen lassen. Nicht jedes Einkommen führt jedoch zu einer Kürzung der Hinterbliebenenrente, sondern der Witwe bzw. dem Witwer steht zunächst ein Freibetrag zu. Übersteigt ihr Einkommen diesen Freibetrag nicht, haben sie Anspruch auf Zahlung der vollen Hinterbliebenenrente. Ist das Einkommen jedoch höher als dieser Freibetrag, dann wird es zum Teil auf die Witwen- bzw. Witwerrente angerechnet, sodass diese nicht voll ausgezahlt wird. Außerdem werden bestimmte Einkünfte gar nicht auf die Hinterbliebenenrente angerechnet. Welche Einkünfte Anrechnung finden und wie die Anrechnung durchgeführt wird, können Sie ab S. 136 nachlesen. Zunächst soll erläutert werden, wie hoch der Freibetrag ist und – für besonders interessierte Leser – wie sich dieser errechnet.

Beispiel

Gehen wir davon aus, Herr und Frau Stürmer, die beide 62 Jahre alt sind und in München leben, erhalten beide eine monatliche Altersrente von je 650 Euro netto, d.h. nach Abzug aller Abzüge von der Rente (z.B. Beitrag zur Krankenversicherung). Sie haben vor 15 Jahren geheiratet. Am 15.11.2010 stirbt Herr Stürmer. Frau Stürmer möchte wissen, ob sie die große Witwenrente in Höhe von 60 Prozent der Rente ihres verstorbenen Ehemannes erhält oder ob sie wegen des Bezugs der eigenen Rente mit einer Kürzung der Hinterbliebenenrente rechnen muss.

Keine Einkommensanrechnung auf das Sterbevierteljahr

Frau Stürmer erhält zunächst einmal für die Monate Dezember 2010 und Januar und Februar 2011 das sogenannte Sterbevierteljahr, d.h. monatlich die volle Rente ihres verstorbenen Ehemannes in Höhe von 650 Euro weitergezahlt. Ihre eigene Rente wird hierauf – egal wie hoch sie ist – nicht angerechnet (hätte Herr Stürmer noch keine Rente erhalten, hätte die Hinterbliebenenrente (das Sterbevierteljahr) bereits vom Todestag an gezahlt werden müssen).

Freibetrag

Vom 1.3.2011 an findet jedoch eine Einkommensanrechnung statt, falls die eigene Rente einen bestimmten Freibetrag übersteigt. Es fragt sich also, wie hoch dieser Freibetrag ist. Der maßgebliche Freibetrag wird Jahr für Jahr neu festgelegt und beträgt z.B. vom 1.7.2010 bis zum 30.6.2011 in den alten Bundesländern 718,08 Euro und in den neuen Bundesländern 637,03 Euro. Da die eigene Rente der Frau Stürmer den für sie maßgeblichen Freibetrag von 718,08 Euro nicht übersteigt – ihre Rente beträgt ja nur

650 Euro – erhält sie zuzüglich zur eigenen Rente die ungekürzte große Witwenrente in Höhe von 60 Prozent der Rente ihres verstorbenen Ehemannes, also 390 Euro.

Wie wird der Freibetrag errechnet?

Der Freibetrag wird – wie gesagt – Jahr für Jahr, und zwar zum 1. Juli eines jeden Jahres, neu berechnet, damit er der Entwicklung der Löhne und Renten angepasst ist. Er ergibt sich aus dem sogenannten aktuellen Rentenwert. Lassen Sie sich durch den Fachbegriff nicht vom Weiterlesen abhalten. Der Begriff des aktuellen Rentenwertes ist leicht erklärt und taucht im Rentenrecht immer wieder auf: Der aktuelle Rentenwert ist – wie bereits erwähnt – der Rentenbetrag, den ein Durchschnittsverdiener durch ein Jahr Arbeit und die entsprechende Zahlung von Rentenversicherungsbeiträgen an Rente erwirtschaftet. Er beträgt vom 1.7.2010 bis zum 30.6.2011 unverändert in den alten Bundesländern 27,20 Euro und in den neuen Bundesländern 24,13 Euro und ist abhängig von der Einkommensentwicklung.

Freibetrag = das 26,4-Fache des aktuellen Rentenwertes

Der für die Einkommensanrechnung bei der Witwen- bzw. Witwerrente maßgebliche Freibetrag beträgt nun stets das 26,4-Fache des jeweils maßgeblichen aktuellen Rentenwertes. Für die Zeit seit 1.7.2010 bis 30.6.2011 also 26,4 x 27,20 = 718,08 Euro in den alten Bundesländern und 637,03 Euro (26,4 x 24,13) in den neuen Bundesländern.

Beispiel

Nehmen wir an, die eigene Rente der Frau Stürmer belief sich in der ersten Jahreshälfte 2011 auf 1.000 Euro (brutto), sodass sie den oben erwähnten Freibetrag von 718,08 Euro übersteigt. Frau Stürmer möchte nun wissen, in welchem Umfang die Hinterbliebenenrente, die 900 Euro beträgt, gekürzt wird?

Berechnung der Einkommensanrechnung

Zunächst müssen wir festhalten, dass immer nur das (fiktive) Nettoeinkommen (vgl. das nächste Beispiel und die Tabellen ab S. 138) bei der Einkommensanrechnung zu berücksichtigen ist. Bei einem Rentner sind zur Ermittlung der Nettorente bei einem Rentenbeginn ab 2011 14 Prozent von 1.000 Euro Bruttorente, also 140 Euro abzuziehen, sodass die Nettorente der Frau Stürmer 860 Euro beträgt. Ihre Rente übersteigt also den Freibetrag von 718,08 Euro um 141,92 Euro. Dieser Betrag wird jedoch nicht voll von der Witwenrente abgezogen, sondern nur in einem Umfang von 40 Prozent, also in Höhe von 56,77 (= 40 Prozent von 141,92). Demnach erhält Frau Stürmer neben ihrer eigenen Rente nur eine Witwenrente in Höhe von 843,23 Euro (900 Euro – 56,77 Euro).

Einkommensanrechnungen bei Zeiten der Kindererziehung

Bei der Erziehung von Kindern erhöht sich der Freibetrag, und zwar für jedes Kind um das 5,6-fache des jeweils aktuellen Rentenwertes. Für die hier maßgebliche Zeit vom 1.7.2010 bis zum 30.6.2011 ergibt sich damit in den alten Bundesländern pro Kind ein zusätzlicher Freibetrag von 152,32 Euro (5,6 x 27,20 Euro) und in den neuen Bundesländern von 135,13 Euro (5,6 x 24,13 Euro).

Beispiel

Nehmen wir nunmehr an, Frau Stürmer bezieht neben der Witwenrente keine Rente, sondern Arbeitseinkommen aus abhängiger Beschäftigung in Höhe von brutto 1.000 Euro. Ändert sich hierdurch etwas an der Einkommensanrechnung?

Nur das (pauschalierte) Nettoeinkommen wird angerechnet

Wir konnten im vorletzten Beispiel bereits lesen, dass auf die Hinterbliebenenrente nur das Nettoeinkommen angerechnet werden darf, das sich natürlich bei Arbeitseinkommen anders berechnet als bei einer Rente. Bei einer Altersrente oder einer Erwerbsminderungsrente sind bei einem Rentenbeginn ab 2011 pauschal 14 Prozent abzuziehen. Für die Errechnung des Nettoeinkommens beim Arbeitsentgelt aus einem Arbeitsverhältnis, schreibt das Gesetz einen Abzug von pauschal 40 Prozent vor, sodass das Bruttoeinkommen von Frau Stürmer um 400 Euro (= 40 Prozent von 1.000 Euro) zu mindern ist, egal, ob ihre tatsächlichen Abzüge höher oder niedriger sind als dieser Betrag. Bei der Einkommensanrechnung ist damit ein Nettoeinkommen von 600 Euro (1.000 Euro – 400 Euro) zu berücksichtigen. Da dieses Einkommen den Freibetrag von 718,08 Euro nicht übersteigt, hat Frau Stürmer hier neben ihrem Gehalt Anspruch auf die volle, ungekürzte Witwenrente.

Der folgenden Tabelle können Sie entnehmen, welche Pauschalbeträge von den Einkunftsarten, die bei der Einkommensanrechnung berücksichtigt werden, abzuziehen sind:

Abzug von Pauschalbeträgen

Art des Einkommens	Abzüge
Erwerbseinkommen	
Arbeitsentgelt	40 Prozent
Arbeitseinkommen aus selbstständiger Tätigkeit	39,8 Prozent
Bezüge von Beamten, Richtern, Berufssoldaten, Soldaten auf Zeit, Dienstordnungsangestellte (z.B. Angestellte bei einer Krankenkasse)	27,5 Prozent
geringfügige Beschäftigung (»400-Euro-Job«)	kein Abzug
Überbrückungsgelder vom Arbeitgeber	40 Prozent
Krankengeld, Verletztengeld, Versorgungskrankengeld, Mutterschaftsgeld, Übergangsgeld, Kurzarbeitergeld, Arbeitslosengeld, Insolvenzgeld	Beitragsanteile zur Bundesagentur für Arbeit und – soweit Beiträge zur Sozialversicherung oder zur privaten Krankenversichert gezahlt werden – pauschal 10 Prozent
Renten aus eigener Versicherung (z.B. Altersrenten und Renten wegen Erwerbsminderung) aus der Rentenversicherung	bei Rentenbeginn vor 2010 13 Prozent, ab 2011 14 Prozent

Eine Reihe von Einkünften werden jedoch gar nicht auf die Hinterbliebenenrenten angerechnet:

✓

Welche Einkünfte werden nicht angerechnet?

- Einkünfte aus Kapitalvermögen, Vermietung und Verpachtung sowie Einkünfte aus privaten Versicherungen,
- Leistungen der betrieblichen Altersversorgung einschließlich der Zusatzversorgung des öffentlichen Dienstes,
- Sozialhilfe,
- Leistungen der Ausbildungsförderung,
- Grund- und Ausgleichsrenten nach dem Bundesversorgungsgesetz,
- Wohngeld
- Leistungen aus der Kriegsopferfürsorge,
- Pflegegeld aus der Pflegeversicherung,
- BAföG,
- Stipendien,
- Blindengeld,
- Arbeitslosengeld II
- Sold während des Wehr- oder Ersatzdienstes,
- Kriegsopferfürsorge.

!

Änderung des Gesetzes

Aufgrund einer zum 1.1.2002 in Kraft getretenen Gesetzesänderung wird der Kreis der Erwerbseinkommen und Erwerbsersatzeinkommen, die nicht auf die Hinterbliebenenrente anzurechnen sind, jedoch eingeschränkt. Zukünftig werden Betriebsrenten, sofern sie nicht aus steuerlich gefördertem Altersvermögen resultieren, Renten wegen Alters oder verminderter Erwerbsfähigkeit aus privaten Lebens- oder Rentenversicherungen, allgemeinen Unfallversicherungen sowie sonstige private Versorgungsrenten, soweit sie nicht aus steuerlich gefördertem Altersvermögen resultieren, kurzfristige Erwerbsersatzeinkommen aufgrund privater Vorsorge (z.B. Krankengeld eines privaten Krankenversicherungsunternehmens), Zusatzrenten der öffentlich-rechtlichen Versicherungs- oder Versorgungseinrichtungen bestimmter Berufsgruppen sowie Vermögenseinkommen angerechnet. Zum Vermögenseinkommen zählen insbesondere Einnahmen aus Kapitalvermögen im Sinne von § 20 EStG in Form laufend oder einmalig gezahltem Einkommen (z.B. Gewinnanteile aus Anteilen an Gesellschaften mit beschränkter Haftung und Aktiengesellschaften, § 20 Abs. 1 Nr. 1 EStG), Einnahmen als stiller Gesellschafter (§ 20 Abs. 1 Nr. 4 EStG), seit dem 1.1.2009 auch Spekulationsgewinne aus dem Verkauf von Aktien, Zinsen aus Hypotheken und Grundschulden (§ 20 Abs. 1 Nr. 5 EStG), Erträge aus sonstigen Kapitalforderungen jeder Art (§ 20 Abs. 1 Nr. 7 EStG), z.B. Zinsen aus Sparguthaben, festverzinslichen Wertpapieren, Pfandbriefen u.Ä.).

Die bisherigen Ausführungen machen bereits deutlich, dass die Anrechnung von Einkünften auf Witwen- und Witwerrenten sehr kompliziert ist. Hinzu kommt, dass bei bestimmten Einkünften das parallel zur Rente erzielte Einkommen, bei anderen Einkommensarten wiederum die im Vorjahr erzielten Einkünfte anzurechnen sind. Eine Darstellung aller Gesichtspunkte ist hier nicht möglich. Erkundigen Sie sich deshalb in Zweifelsfällen bei Ihrem Rentenversicherungsträger. Falls Sie neben der Hinterbliebenenrente Einkommen erzielen, sollten Sie dies in jedem Fall dem Rentenversicherungsträger mitteilen. Nur so können Rentenrückforderungen vermieden werden.

Die vorgenannten Einkommensanrechnungen gelten jedoch nur für einen eingeschränkten Personenkreis. Betroffen sind nur Ehepaare, die nach dem 31.12.2001 geheiratet haben oder bei denen beide Partner am 1.1.2002 noch unter 40 Jahre alt waren – also nach dem 1.1.1962 geboren sind.

3.3 Rente nach dem vorletzten Ehegatten

In den letzten Fällen konnten wir lesen, dass der Anspruch auf eine Witwen- bzw. Witwerrente voraussetzt, dass der/die Hinterbliebene nicht wiedergeheiratet hat. Mit der Wiederheirat erlischt der Hinterbliebenenrentenanspruch.

Dies wirft natürlich die Frage auf, was passiert, wenn auch der neue Ehegatte stirbt und seinem überlebenden Partner eine deutlich geringere Hinterbliebenenrente »hinterlässt«, als dieser aus seiner ersten Ehe hatte. Ähnliche Probleme können auftreten, wenn die neue Ehe geschieden wird und der Ehepartner, der nach dem Tod seines früheren Ehegatten eine gute Hinterbliebenenrente hatte, nun gegen den geschiedenen Ehegatten nur geringe oder keine Unterhaltsansprüche hat und möglicherweise mittellos dasteht.

Beispiel

Lassen Sie uns die rentenrechtlichen Möglichkeiten, die in einer solchen Situation bestehen, anhand eines kleinen Falles erörtern: Nehmen wir an, Frau Thiel, die eine Witwenrente bezogen hatte, hat mit 56 Jahren wieder geheiratet und sich ihre Rente abfinden lassen. Vier Jahre später wird die zweite Ehe geschieden. Frau Thiel wird ein Unterhaltsanspruch gegen ihren geschiedenen Ehemann in Höhe von monatlich 250 Euro zugesprochen. Ansonsten hat sie jedoch kein Einkommen und findet auch keine Arbeit. Vor dem Gang zum Sozialamt möchte sie wissen, ob sie wieder an ihre frühere Witwenrente »herankommen« kann, die nach Auskunft des zuständigen Rentenversicherungsträgers immerhin 950 Euro monatlich betragen würde.

Wiederaufleben der früheren Rente

Das Gesetz sieht in der Tat die Möglichkeit vor, dass eine frühere Witwen- bzw. Witwerrente wiederaufleben kann (§ 46 Abs. 3 SGB VI). Voraussetzung ist, dass die zweite Ehe aufgelöst oder für nichtig erklärt wurde und dass die Voraussetzungen für die Zahlung einer kleinen oder großen Witwen- bzw. Witwerrente vorliegen (vgl. die Fälle im letzten Kapitel, in denen die Voraussetzungen für die Witwen- bzw. Witwerrentenansprüche im einzelnen aufgeführt sind.) Die beiden Hauptfälle, in denen ein Wiederaufleben der Witwen- bzw. Witwerrente zum Zuge kommt, sind die Fälle der Beendigung der Ehe durch Tod des zweiten Ehegatten oder durch Scheidung.

Im Ausgangsfall ist die zweite Ehe der Frau Thiel durch Scheidung aufgelöst worden. Da Frau Thiel 58 Jahre alt ist, hat sie nach Rechtskraft der Scheidung auf Antrag Anspruch auf die große Witwenrente aus ihrer ersten Ehe.

Anrechnung des Unterhaltsanspruchs

Frau Thiel muss sich jedoch auf diese Rente von 950 Euro den Unterhaltsanspruch gegen ihren geschiedenen Ehemann von 250 Euro anrechnen lassen, sodass ihr nur eine Rente in Höhe von 700 Euro ausgezahlt werden wird. Auf Witwen- bzw. Witwerrenten, die nach Auflösung der zweiten Ehe gezahlt werden, sind alle Renten-, Versorgungs- und Unterhaltsansprüche aus dieser Ehe anzurechnen.

Wäre z.B. der zweite Ehemann der Frau Thiel verstorben und hätte sie auch aus seiner Versicherung einen Witwenrentenanspruch von z.B. 400 Euro, dann müsste sie sich auch diese Rente auf die aus der ersten Ehe wiederaufgelebte Witwenrente anrechnen lassen. Die Rente aus der Versicherung ihres ersten Ehemannes betrüge dann 550 Euro.

!

Eigenes Einkommen muss sich der Berechtigte natürlich auch auf die wiederaufgelebte Witwen- bzw. Witwerrente anrechnen lassen. Hier gilt das gleiche wie bei der »normalen« Bewilligung dieser Rente (lesen Sie hierzu »Anrechnung von Einkommen auf die Witwen- bzw. Witwerrenten«, S. 134 ff.).

Für die Zahlung der Witwen- bzw. Witwerrente nach Auflösung der zweiten Ehe ist es nicht erforderlich, dass der Berechtigte schon vor dieser Ehe Anspruch auf eine Hinterbliebenenrente aus der Versicherung seines ersten Ehegatten hatte. Es reicht, dass die Voraussetzungen für die Zahlung der Witwen- bzw. Witwerrente nach dem vorletzten Ehegatten nach Auflösung der zweiten Ehe bestehen.

Hätte Frau Thiel z.B. nach dem Tod ihres Ehemannes keinen Anspruch auf die Zahlung einer Witwenrente gehabt, weil ihr damaliges Einkommen zu hoch gewesen wäre, so hätte sie gleichwohl nach Auflösung der zweiten Ehe Anspruch auf eine Rente aus der Versicherung ihres ersten Ehemannes, wenn nach Ende der zweiten Ehe die Anspruchsvoraussetzungen für diese Rente vorliegen.

Kein zweimaliges Wiederaufleben

Witwen- bzw. Witwerrenten nach dem vorletzten Ehegatten werden jedoch nur nach dem Ende der nachfolgenden Ehe, nicht nach einer nochmaligen Wiederheirat gezahlt. Ein früherer – z.B. nach Ende der zweiten Ehe – wiederaufgelebter Rentenanspruch kann nicht noch einmal – z.B. nach der dritten oder vierten Ehe – wiederaufleben. Nach Auflösung der vierten Ehe kann jedoch eine Hinterbliebenenrente aus der Versicherung des dritten Ehepartners geltend gemacht werden, d.h. wiederaufleben.

3.4 Die Waisenrenten

Nach dem Tod eines Elternteils bzw. beider Eltern können die hinterbliebenen Kinder Waisenrente beanspruchen.

a) Die Halbwaisenrente

Beispiel

Lassen Sie uns die einzelnen Anspruchsvoraussetzungen für die Halbwaisenrente anhand eines Falles entwickeln: Nehmen wir an, Herr und Frau Worms haben einen achtjährigen Sohn namens Peter. Herr Worms ist schon immer selbstständiger Unternehmer und hat weder freiwillige Beiträge noch Pflichtbeiträge in die gesetzlichen Rentenversicherungen gezahlt. Frau Worms ist seit der Heirat vor zehn Jahren halbtags als Sekretärin bei ihrem Mann tätig. Nachdem Peter neun Jahre alt geworden ist, stirbt Frau Worms bei einem Verkehrsunfall. Hat ihr Sohn Anspruch auf Waisenrente?

§

Kinder haben bis zur Vollendung des 18. Lebensjahres Anspruch auf Halbwaisenrente, wenn sie

- noch einen unterhaltspflichtigen Elternteil haben und
- wenn der verstorbene Elternteil die allgemeine Wartezeit erfüllt hat (§ 48 Abs. 1 SGB VI).

Einkommen des überlebenden Elternteils unbedeutend

Im Ausgangsfall hat Peter nach dem Tod seiner Mutter mit seinem Vater nur noch ein Elternteil. Sein Vater ist ihm gegenüber als sogenannter Verwandter gerader Linie auch unterhaltspflichtig (§ 1601 BGB). Da seine Mutter durch ihre mehr als zehnjährige versicherungspflichtige Tätigkeit als Sekretärin die allgemeine Wartezeit (= mindestens fünfjährige Beitragszeit) zurückgelegt hat, sind die Anspruchsvoraussetzungen für die Halbwaisenrente erfüllt. Auf die Höhe des Einkommens des Vaters kommt es nicht an. Auch wenn er Millionär oder Sozialhilfeempfänger wäre, müsste die Halbwaisenrente gezahlt werden.

Auch vorzeitige Erfüllung der Wartezeit reicht aus

Auch bei der Halbwaisenrente reicht es, wenn die Wartezeit vorzeitig erfüllt ist oder wenn der verstorbene Elternteil aufgrund vorzeitiger Wartezeitenerfüllung eine Rente bezogen hatte (vgl. S. 113).

Wäre Frau Worms z.B. nach nur einjähriger versicherungspflichtiger Erwerbstätigkeit durch einen Arbeitsunfall ums Leben gekommen, hätte Peter ebenfalls Anspruch auf Waisenrente, weil die allgemeine Wartezeit durch den Arbeitsunfall vorzeitig erfüllt wäre (§ 53 Abs. 1 Nr. 1 SGB VI).

Beispiel

Unterstellen wir nunmehr, dass nicht Frau, sondern Herr Worms gestorben wäre. Hätte Peter auch jetzt Anspruch auf Rente?

Der Verstorbene muss die allgemeine Wartezeit erfüllt haben

Im letzten Beispiel konnten wir lesen, dass der Rentenanspruch nur besteht, wenn der verstorbene Elternteil die allgemeine Wartezeit erfüllt hat. Da für Herrn Worms noch nie Beiträge zur gesetzlichen Rentenversicherung gezahlt worden sind, kann er auch die allgemeine Wartezeit nicht erfüllt haben (vgl. auch das Kapitel »Die Wartezeiten«, S. 231 ff.). Es besteht deshalb kein Anspruch auf Waisenrente. Sollte Frau Worms sterben, hätte Peter allerdings Anspruch auf Vollwaisenrente. Für die Halbwaisenrente würde es im Übrigen ausreichen, wenn Herr Worms früher einmal in einem Umfang von fünf Jahren (allgemeine

Wartezeit) Beiträge zur Rentenversicherung gezahlt hätte. Es ist nicht erforderlich, dass im Zeitpunkt des Todes Beiträge entrichtet wurden.

> **Beispiel**
> Nehmen wir nun an, dass Peter nicht das leibliche Kind der Eheleute Worms ist, sondern von ihnen adoptiert wurde. Hätte Peter auch hier nach dem Tod von Frau Worms Anspruch auf Rente?

Waisenrente nicht nur für leibliche Kinder

Waisenrente erhalten neben den leiblichen, also den ehelichen und nichtehelichen Kindern, auch adoptierte Kinder, Stief- und Pflegekinder, die in den Haushalt des Verstorbenen (d.h. vor seinem Tod) aufgenommen waren, sowie Enkel und Geschwister, die in den Haushalt des Verstorbenen aufgenommen waren oder von ihm überwiegend unterhalten wurden (§ 48 Abs. 3 SGB VI).

b) Die Vollwaisenrente

Hat ein Kind keinen unterhaltspflichtigen Elternteil mehr, besteht Anspruch auf Vollwaisenrente.

> **Beispiel**
> Nehmen wir wie im vorletzten Beispiel an, dass Frau Worms verstarb, als Peter nur ein Jahr alt war. Drei Jahre später stirbt auch sein Vater. Hat Peter nunmehr Anspruch auf eine Vollwaisenrente?

Wir haben oben in den beiden vorletzten Fälle zwar gelesen, der Anspruch auf Waisenrente setzt voraus, dass der verstorbene Elternteil die allgemeine Wartezeit erfüllt hat, was bei Herrn Worms ja nicht der Fall war. Für die Vollwaisenrente ist jedoch ausreichend, wenn einer der verstorbenen Elternteile – wie hier Frau Worms – die Wartezeit zurückgelegt hat. Stirbt anschließend der andere Elternteil, so besteht Anspruch auf Vollwaisenrente, auch wenn dieser Elternteil nie Beiträge zur Rentenversicherung entrichtet hat.

> **Beispiel**
> Gehen wir nunmehr davon aus, dass Peter kurz nach dem Tod des Vaters von guten Freunden der Familie adoptiert wird. Besteht weiterhin Anspruch auf Waisenrente?

Adoption führt nicht zum Verlust der Waisenrente

Ja! Obwohl durch die Adoption ein quasi Eltern-Kindschaftsverhältnis begründet wird und alle verwandtschaftlichen Beziehungen zu den früheren Verwandten erlöschen, besteht der Anspruch auf Waisenrente – entgegen früherem Recht – auch nach der Adoption fort. Hierdurch soll die Aufnahme des Kindes in die neue Familie erleichtert werden.

c) Dauer der Rentengewährung

Waisenrente nur bis zum 18. Lebensjahr – nur in Ausnahmefällen längere Zahlung

Halb- und Vollwaisenrenten werden bis zur Vollendung des 18. Lebensjahres uneingeschränkt gewährt, d.h. es wird stets die volle Rente unabhängig vom Einkommen und Vermögen der Waisen oder des noch lebenden Elternteils gezahlt (§ 48 Abs. 4 Nr. 1 SGB VI). In Ausnahmefällen wird die Rente auch über den 18. Geburtstag der Waisen hinaus gezahlt, und zwar bis zur Vollendung des 27. Lebensjahres und unter Umständen sogar noch länger. Bei Rentenzahlungen nach Vollendung des 18. Lebensjahres muss sich die Waise jedoch eigenes Einkommen zum Teil auf die Rente anrechnen lassen. Lassen Sie uns zunächst jedoch die Ausnahmefälle, in denen Waisenrente auch über das 18. Lebensjahr hinaus gezahlt wird, anhand einiger Fallbeispiele erläutern.

Beispiel

Nehmen wir an, Herr Schneider ist 17 Jahre alt und bezieht eine Halbwaisenrente in Höhe von 300 Euro monatlich. Er besucht das Gymnasium und macht voraussichtlich mit 19 Jahren das Abitur. Anschließend will er Medizin studieren. Das Studium wird er voraussichtlich mit 29,5 Jahren abgeschlossen haben. Herr Schneider möchte wissen, wie lange ihm die Waisenrente gezahlt wird.

Waisenrente auch über das 18. Lebensjahr hinaus zahlbar

Herr Schneider hat zunächst unabhängig von seinem schulischen bzw. beruflichen Werdegang und unabhängig von Einkünften, die er neben dem Schulbesuch erzielt, bis zur Vollendung des 18. Lebensjahres Anspruch auf die volle Waisenrente in Höhe von 300 Euro monatlich (§ 48 Abs. 4 Nr. 1 SGB VI).

§

Über das 18. Lebensjahr hinaus besteht bis zur Vollendung des 27. Lebensjahres Anspruch auf Waisenrente, wenn die Waise

- sich in der Schul- oder Berufsausbildung befindet oder
- sich in einer Übergangszeit von höchstens vier Kalendermonaten befindet, die zwischen zwei Ausbildungsabschnitten oder zwischen einem Ausbildungsabschnitt und der Ableistung des gesetzlichen Wehr- oder Zivildienstes oder eines freiwilligen sozialen – oder ökologischen Jahres liegt oder
- ein freiwilliges soziales oder ökologisches Jahr leistet oder
- wegen körperlicher, geistiger oder seelischer Behinderungen außerstande ist, sich selbst zu unterhalten (§ 48 Abs. 4 Nr. 2a und b SGB VI).

Weitere Verlängerung bei Wehr- und Zivildienst

In den Fällen der Schul- und Berufsausbildung und des freiwilligen sozialen Jahres verlängert sich der Rentenanspruch über das 27. Lebensjahr hinaus um Zeiten des gesetzlichen Wehr- und Zivildienstes bzw. um gleichgestellte Zeiten, wie z.B. Dienstzeiten im Bundesgrenzschutz oder Dienstzeiten als Entwicklungshelfer (§ 48 Abs. 5 SGB VI).

Rente bis zum Ende des Schuljahres

Im Ausgangsfall hat Herr Schneider zunächst Anspruch auf die Waisenrente bis zu seinem Abitur (auch während der Ferien), weil er sich bis dahin noch in der Schulausbildung befindet. Die Rente ist unabhängig vom Tag der Prüfung oder der Aushändigung des Abschlusszeugnisses noch bis zum Ende des Schuljahres, d.h. in der Regel bis zum 31.7. zu zahlen (bei Fach- oder Hochschulausbildungen wird die Rente nur bis zum Ende des Prüfungsmonats gezahlt). Wenn Herr Schneider im Anschluss daran wie geplant Medizin studieren sollte, hätte er für die Dauer des Hochschulbesuches bis zur Abschlussprüfung bzw. (höchstens) bis zur Vollendung des 27. Lebensjahres wieder Anspruch auf die Waisenrente. Hätte er zwischen dem Abitur und dem Studium noch seinen Wehrdienst oder Zivildienst ableisten müssen, verlängerte sich der Rentenanspruch sogar noch um die Zeit des gesetzlichen Grundwehrdienstes, die zuletzt (bis zur Aussetzung der Wehrpflicht) sechs Monate betrug. Anschließend wird keine Rente mehr gezahlt, auch wenn er weiter studiert. Die Rente wird jedoch nur um die tatsächliche Dauer des Dienstes, längstens um die Dauer des gesetzlichen Grundwehrdienstes bzw. Zivildienstes verlängert.

Beispiel

Nehmen wir an, Herr Schneider hat das Gymnasium nicht geschafft und die Schule mit 16 verlassen. Nach einer anschließenden Lehre will er auf der Abendschule das Abitur nachholen. Die wöchentliche Unterrichtszeit beträgt zwanzig Stunden. Daneben arbeitet Herr Schneider halbtags (20 Stunden wöchentlich). Kann er auch während dieser Schulausbildung Waisenrente beanspruchen?

Schulausbildung und Arbeit

Ausbildungszeiten (Schul- und Berufsausbildung), zu denen auch eine Abendschulausbildung gehört, rechtfertigen nur dann die Zahlung einer Waisenrente, wenn die Ausbildung einen tatsächlichen zeitlichen Aufwand von wöchentlich mehr als 20 Stunden erfordert. Der tatsächliche Aufwand ist ohne Bedeutung für Zeiten, in denen das Ausbildungsverhältnis trotz einer Erkrankung fortbesteht und damit gerechnet werden kann, dass die Ausbildung fortgesetzt werden kann. Das gilt auch für die Dauer der Schutzfristen nach dem Mutterschutzgesetz (§ 48 Abs. 4 S. 2 SGB VI).

Im Ausgangsfall wird Herr Schneider durch die Schule und die Halbtagstätigkeit gleich intensiv, nämlich je 20 Stunden wöchentlich belastet, sodass man annehmen könnte, er würde von der Schulausbildung nicht überwiegend in Anspruch genommen und könnte deshalb auch keine Waisenrente beanspruchen. Bei der Ausbildungszeit sind jedoch auch die Zeiten der Vor- und Nacharbeit, die ein durchschnittlich begabter Schüler (nicht die jeweilige Waise!) benötigt, und An- und Abfahrtszeiten zu berücksichtigen. Damit wird die Arbeitskraft des Herrn Schneider hier überwiegend durch die Abendschulausbildung in Anspruch genommen, sodass er während der Schulausbildungszeit Anspruch auf Waisenrente hat.

Arten der Schulausbildung

Zur Schulausbildung gehört übrigens neben dem Besuch aller staatlichen Schulen (Grund-, Haupt-, Realschulen und Gymnasien, Fachschulen, Fachoberschulen, Fachhochschulen und Hochschulen) auch der Besuch privater allgemeinbildender und weiterführender Schulen, wenn der Unterricht nach staatlich genehmigten Lehrplänen erteilt wird (BSG, Urteil vom 23.8.1989, Az.: 10 RKg 5/86). Eine Schulausbildung mit der Folge des Anspruchs auf Waisenrente besteht aber z.B. nicht für Zeiten des Nachhilfeunterrichts oder private Prüfungsvorbereitungen (BSG, Urteile vom 7.9.1988, Az.: 10 RKg 6/87 und vom 7.12.1977, Az.: 1 RA 107/76) oder für Zeiten der Vermittlung ausschließlich spezieller Kenntnisse, z.B. in einer Bibel- oder Koranschule.

Meisterschule

Zur Berufsausbildung gehören auch die Umschulung oder Fortbildung nach Abschluss einer Ausbildung (z.B. Besuch einer Meisterschule, BSG, Urteil vom 11.8.1983, Az.: 1 RA 73/82).

Rente auch für Überbrückungszeiten

Lag der gesetzliche Wehr- oder Zivildienst zwischen zwei Ausbildungsabschnitten, z.B. zwischen der Schul- und der Hochschulausbildung, dann ist auch die Überbrückungszeit bis zur Aufnahme des Wehrdienstes und danach bis zum Beginn der (weiteren) Ausbildung eine Ausbildungszeit, wenn sie nicht länger als vier Monate dauert. Die Waise muss also innerhalb von vier Monaten nach der Ausbildung den Wehrdienst (Zivildienst) angetreten und nach dem Grundwehrdienst (Zivildienst) innerhalb von vier Monaten mit der weiteren Ausbildung beginnen. Dasselbe gilt für das Ableisten eines ökologischen oder sozialen Jahres und für Unterbrechungen zwischen zwei Ausbildungsabschnitten. In den Zwischenzeiten besteht dann auch Anspruch auf Waisenrente. Sind die Zwischenzeiten länger als vier Monate, besteht kein Rentenanspruch. Daran ändert auch nichts, wenn die Zwischenzeit sinnvoll genutzt und die Verzögerung der Ausbildung durch einen Numerus clausus verursacht wurde (BSG, Urteil vom 9.2.1984, Az.: 11 RA 52/83). Rente kann erst wieder vom Beginn des Studiums an gezahlt werden. Die Überbrückungszeit kann auch nicht teilweise (bis zu vier Monaten) anerkannt werden. Als Ausbildungs- (bzw. Übergangszeiten) zählt auch die Zeit der Bewerbung um einen Ausbildungsplatz (BSG, Urteil vom 17.4.2008, Az.: B 13/4 49/06 R).

Waisenrente auch bei Zeiten der Kindererziehung

Werden die Ausbildung oder eine Übergangszeit durch eine Zeit der Kindererziehung unterbrochen, wird die Waisenrente auch während der Kindererziehung in den ersten drei Lebensjahren des Kindes weitergezahlt (BSG, Urteil vom 17.4.2008, Az.: B 13/4 49/06 R).

d) Anrechnung von Einkommen

Freibetrag = das 17,6-Fache des aktuellen Rentenwertes

Bei der Gewährung einer Waisenrente (Voll- und Halbwaisenrente) über das 18. Lebensjahr hinaus muss sich die Waise neben der Rente erzielte Einkünfte zum Teil anrechnen lassen. Die Einkommensanrechnung wird genau wie bei der Witwen- bzw. Witwerrente durchgeführt (vgl. S. 134 ff.). In einem Punkt weicht die Einkommensanrechnung bei der Waisenrente jedoch von der bei Witwen- bzw. Witwerrenten ab: Waisen haben nur einen geringeren Freibetrag. Er beträgt nur das 17,6-Fache des aktuellen Rentenwerts und damit z.B. in der Zeit vom 1.7.2010 bis zum

30.6.2011 478,72 Euro in den alten und 424,69 Euro in den neuen Bundesländern. Übersteigt das neben der Rente erzielte Einkommen diesen Freibetrag, so sind von dem übersteigenden Teil 40 Prozent von der Rente abzuziehen.

e) Höhe der Waisenrente

Die Halbwaisenrente beträgt 10 Prozent und die Vollwaisenrente 20 Prozent der vollen Rente, die der Versicherte im Zeitpunkt seines Todes bezogen hat bzw. bezogen hätte, wenn er Rentner gewesen wäre.

3.5 Beginn der Hinterbliebenenrenten

Eine Hinterbliebenenrente (Witwen- bzw. Witwerrenten und Waisenrenten) wird vom Todestag an gezahlt, wenn der Verstorbene noch nicht Rentner war. Hat er eine Rente bezogen, wird die Hinterbliebenenrente vom Beginn des Folgemonats an gewährt.

§

Verstirbt der Versicherte z.B. am 16.5.2001 durch einen Arbeitsunfall, dann erhalten seine Ehefrau und seine Kinder vom 16.5.2001 an die Hinterbliebenenrente (§ 99 Abs. 2 S. 2 SGB VI). Hätte der Versicherte bereits selbst eine Rente, z.B. eine Rente wegen Erwerbsminderung bezogen, würden die Hinterbliebenenrenten erst vom 1.6.2001 an gezahlt.

Rentenantrag innerhalb von zwölf Monaten

Voraussetzung ist jedoch, dass der Rentenantrag innerhalb von zwölf Monaten gestellt wird. Wird er später gestellt, werden Hinterbliebenenrenten rückwirkend für längstens zwölf Monate gezahlt.

Beispiel

Nehmen wir an, Herr Zander lebt schon seit Jahren von seiner geschiedenen Ehefrau und seinem Kind getrennt, ohne dass Kontakt zueinander besteht. Am 18.5.2004 stirbt Herr Zander durch einen Arbeitsunfall. Sein Kind erfährt von seinem Tod erst im August 2005 und beantragt am 1.9.2005 die Waisenrente. Es möchte wissen, von wann an die Rente gezahlt wird.

Rückwirkende Rentenzahlung nur für zwölf Monate

Da der Rentenantrag länger als ein Jahr nach dem Tod des Versicherten gestellt wurde, wird die Rente erst vom 1.9.2005 an gezahlt, also rückwirkend nur für die Dauer von zwölf Monaten. Nur bei einem Antrag bis zum 18.5.2005 wäre die Rente noch vom Todestag an gewährt worden. Durch die außergewöhnlich lange rückwirkende Zahlung der Rente für zwölf Monate soll den Interessen der Hinterbliebenen Rechnung getragen werden, die – wie hier – zu dem Verstorbenen keinen Kontakt mehr hatten und aus Unkenntnis über den Tod den Antrag erst später stellen konnten. Länger als zwölf Monate wird die Rente jedoch auch in diesen Fällen nicht rückwirkend gezahlt.

Kapitel 3
Die rentenrechtlichen Zeiten

Überblick

Rentenrechtliche Zeiten sind alle Zeiten, die für die Renten, die wir nun alle besprochen haben, von Bedeutung sind. Wir haben bereits gesehen, dass die Zahlung einer Rente neben dem Eintritt des Versicherungsfalles voraussetzt, dass eine bestimmte Wartezeit erfüllt wurde. Auf die verschiedenen Wartezeiten (vgl. hierzu auch das Kapitel »Die Wartezeiten«, S. 231 ff.) werden ganz unterschiedliche Zeiten angerechnet. Dies können z.B. Zeiten sein, in denen ein Arbeitnehmer Pflichtbeiträge zur gesetzlichen Rentenversicherung gezahlt hat, es können aber auch z.B. Kindererziehungszeiten, Zeiten der Ausbildung oder Wehr- und Zivildienstzeiten sein. All dies sind rentenrechtliche Zeiten, die nachfolgend besprochen werden. Außerdem konnten wir lesen, dass die Höhe einer Rente u.a. von der Zahl und Höhe der gezahlten Beiträge abhängt. Wer über lange Jahre hohe Beiträge gezahlt hat, kriegt später eine höhere Rente als jemand, der nur niedrige Beiträge entrichtet hat. Neben den Zeiten, für die der Versicherte selbst Beiträge gezahlt hat, werden jedoch auch andere Zeiten, z.B. auch Zeiten des Bezugs von Arbeitslosengeld oder anderer Lohnersatzleistungen oder Zeiten der Schwangerschaft oder der Krankheit als rentenrechtliche Zeiten bei der Berechnung einer Rente berücksichtigt. Wir können also festhalten, dass die rentenrechtlichen Zeiten sowohl für die Berechnung der Höhe einer Rente als auch dafür von Bedeutung sind, dass überhaupt ein Rentenanspruch besteht.

1. Beitragszeiten

Im Mittelpunkt der rentenrechtlichen Zeiten stehen die auf der Zahlung von Beiträgen beruhenden sogenannten Beitragszeiten. Ohne Beitragszeiten besteht kein Anspruch auf Rente und die Beitragszeiten bestimmen im Wesentlichen die Höhe der Rente (lesen Sie hierzu auch S. 238 ff.). Die Beitragszahlungen bilden damit die Grundlage für den späteren Rentenanspruch. Beitragszeiten sind Zeiten, in denen jemand Beiträge zur Rentenversicherung entrichtet. In der Regel muss der Versicherte die Beiträge für seine spätere Rente selbst zahlen. Er erwirbt hierdurch sogenannte Rentenanwartschaften, die nach der Rechtsprechung des Bundesverfassungsgerichts verfassungsrechtlichen Schutz genießen, d.h., sie sind in jedem Fall bei der späteren Rente zu berücksichtigen. Beiträge werden in der Regel gezahlt, weil jemand durch das Gesetz zur Beitragszahlung verpflichtet wird. Er muss diese Beiträge zahlen, ob er will oder nicht (Zwangsversicherung). Der Jurist spricht in diesen Fällen von Pflichtversicherung bzw. Pflichtbeitragszeiten. In den allermeisten Fällen werden Pflichtbeiträge gezahlt, weil jemand als Arbeitnehmer arbeitet und hierfür Lohn erhält. Durch das bestehende Beschäftigungsverhältnis entsteht zugleich die Pflicht, Rentenversicherungsbeiträge (Pflichtbeiträge) zu entrichten. Diese Pflichtversicherung besteht allerdings nur ab einem Verdienst von mehr als 400 Euro monatlich. Beschäftigte, die 400 Euro im Monat oder weniger verdienen, sind als sogenannte »Minijobber« versicherungsfrei (lesen Sie hierzu im Einzelnen S. 202 ff.). Neben der versicherungspflichtigen Beschäftigung als Arbeitnehmer gibt es – wie wir an verschiedenen Stellen dieses Ratgebers bereits lesen konnten – auch noch andere Pflichtbeitragszeiten, z.B. Zeiten der Kindererziehung, Wehrdienstzeiten oder Zeiten des Bezugs von Arbeitslosengeld.

Grundwehrdienst und Bezug von Arbeitslosengeld

Bezieht z.B. jemand Arbeitslosengeld oder leistet er seinen Grundwehrdienst ab, dann zahlen die Bundesagentur für Arbeit bzw. die Bundesrepublik Deutschland für ihn Beiträge in die Rentenversicherung ein, die ebenso wie Beitragszahlungen aufgrund eines Beschäftigungsverhältnisses Pflichtbeitragszeiten sind.

Kindererziehungszeit = Pflichtbeitragszeit

Gleiches gilt für Kindererziehungszeiten. Sie werden, wie wir bereits lesen konnten, bei Geburten vor dem 1.1.1992 in einem Umfang von einem Jahr und bei Geburten nach dem 31.12.1991 pro Kind in einem Umfang von drei Jahren als Pflichtbeitragszeiten berücksichtigt. Auch Kindererziehungszeiten haben dieselbe Qualität wie Beiträge, die aufgrund eines Arbeitsverhältnisses gezahlt worden sind.

Beispiel

Hat eine Versicherte zwei Jahre gearbeitet und für diese Zeit (Pflicht-)Beiträge gezahlt und z.B. am 15.1.1998 ein Kind zur Welt gebracht und anschließend erzogen, dann wäre auch die Zeit vom 1.2.1998 bis zum 31.1.2001 als Kindererziehungszeit eine Pflichtbeitragszeit. Mit ihren Beitragszeiten hätte die Versicherte die allgemeine Wartezeit (= fünf Jahre Beitragentrichtung) erfüllt, sodass bei anschließender Erwerbsminderung Anspruch auf Rente bestünde.

Freiwillige Beiträge

Neben den Pflichtbeiträgen kennt das Rentenrecht auch freiwillige Beiträge. Freiwillige Beiträge kann jeder entrichten, der älter als 16 Jahre und nicht pflichtversichert ist (vgl. hierzu »Die freiwillige Versicherung«, S. 214 ff.).

1.1 Die Versicherungspflicht

a) Beschäftigte

Versicherungspflichtiges Beschäftigungsverhältnis

Wie wir lesen konnten, besteht in den meisten Fällen die Pflicht, Beiträge zur Rentenversicherung zu zahlen, weil jemand in einem Beschäftigungsverhältnis steht und für seine Arbeit Lohn erhält.

Lassen Sie uns die Grundsätze zur Versicherungspflicht aufgrund eines Beschäftigungsverhältnisses anhand einiger Beispiele erörtern:

Beispiel

Nehmen wir an, Herr Berger ist 15 Jahre alt, hat die Hauptschule abgeschlossen und nimmt eine Lehre als Tischler auf. Als Ausbildungsvergütung erhält er monatlich 100 Euro. Sein Arbeitgeber meint, dass wegen des geringen Gehalts und des Alters des Lehrlings noch keine Sozialversicherungsbeiträge zu zahlen seien. Hat er mit dieser Ansicht recht?

Beiträge zur Sozialversicherung = Beitragszeiten

Nein! Auch für den Lehrling Berger müssen unabhängig von seinem Alter und der Höhe seines Einkommens Beiträge zur Sozialversicherung (Kranken-, Pflege-, Renten- und Arbeitslosenversicherung) gezahlt werden, die im Regelfall je zur Hälfte vom Arbeitgeber und Arbeitnehmer zu tragen sind. Bei einem Verdienst, der – wie hier – 400 Euro monatlich nicht übersteigt, zahlt der Arbeitgeber den Beitrag allerdings allein. Daneben muss er auch die Beiträge zur gesetzlichen Unfallversicherung, die an die zuständige Berufsgenossenschaft zu zahlen sind, unabhängig von der Höhe des Verdienstes alleine tragen.

Geringfügige Beschäftigung: Auszubildende

Auch der geringe Verdienst des Lehrlings entbindet nicht von der Pflicht, Beiträge zu zahlen. Das Sozialversicherungsrecht kennt zwar sogenannte geringfügige Beschäftigungsverhältnisse (»Minijobs«), bei denen von dem Beschäftigten keine und nur von dem Arbeitgeber Beiträge zur Sozialversicherung zu entrichten sind. Ein geringfügiges Beschäftigungsverhältnis liegt (u.a.) vor, wenn der Arbeitnehmer im Monat nicht mehr als 400 Euro verdient (vgl. »Die geringfügige Beschäftigung«, S. 202 ff.) Dies gilt jedoch nicht für Auszubildende! Für sie sind immer Beiträge zu zahlen, selbst wenn sie keine Vergütung erhalten. Bei Zahlung eines Lohnes bis 400 Euro muss der Arbeitgeber (allein) den vollen Sozialversicherungsbeitrag zahlen. Auch das Alter eines Beschäftigten spielt für die Rentenversicherungspflicht keine Rolle. Hiervon gibt es nur eine Ausnahme: Bezieher einer Vollrente wegen Alters brauchen keine Rentenversicherungsbeiträge zu zahlen, wenn sie einer an sich versicherungspflichtigen Tätigkeit nachgehen (§ 5 Abs. 4 Nr. 1 SGB VI). Der Arbeitgeber eines solchen Rentners muss allerdings seinen Anteil des Rentenversicherungsbeitrages entrichten.

Wer ist Sozialversicherungspflichtig?

Die Sozialversicherungspflicht besteht jedoch nur für abhängig Beschäftigte (Arbeitnehmer), nicht für Selbstständige. Bestimmte (kleine) Selbstständige unterliegen allerdings der Versicherungspflicht in der gesetzlichen Rentenversicherung (lesen Sie hierzu auch den Abschnitt »Selbstständige«, S. 158 ff.) Die Frage, ob jemand Arbeitnehmer und damit sozialversicherungspflichtig (in der Kranken-, Pflege-, Renten- und Arbeitslosenversicherung) ist oder ob er selbstständig und damit versicherungsfrei ist, lässt sich oft nur schwierig beantworten. Einen gesetzlichen Aufhänger finden wir in § 7 Abs. 1 SGB IV. Danach ist Beschäftigung die nichtselbstständige Arbeit, insbesondere in einem Arbeitsverhältnis. Anhaltspunkte für eine Beschäftigung sind nach dem Wortlaut des Gesetzes eine Tätigkeit nach Weisung und eine Eingliederung in die Arbeitsorganisation des Arbeitgebers (§ 7 Abs. 1 S. 2 SGB IV).

Mit Satz zwei der vorgenannten Bestimmung hat der Gesetzgeber typische Merkmale einer abhängigen Beschäftigung in das Gesetz aufgenommen, die bereits zuvor Bestandteil der Rechtsprechung waren.

Merkmale der abhängigen Beschäftigung

Abhängig beschäftigt und damit Arbeitnehmer ist nach den Grundsätzen, die die Rechtsprechung zum Begriff des entgeltlichen Beschäftigungsverhältnisses in der Sozialversicherung entwickelt hat, wer von einem Arbeitgeber persönlich abhängig ist. Persönliche Abhängigkeit erfordert Eingliederung in den Betrieb und Unterordnung unter das Weisungsrecht des Arbeitgebers in Bezug auf Zeit, Dauer, Ort und Art der Arbeitsausführung (BSG, Amtliche Entscheidungssammlung Band 51, Seite 164 ff.). Der Arbeitnehmer verrichtet fremdbestimmte Arbeit höchstpersönlich (ist also nicht berechtigt seine Arbeit auf andere zu delegieren) und ist in der Regel auch wirtschaftlich vom Arbeitgeber abhängig, obwohl die wirtschaftliche Abhängigkeit nach der Rechtsprechung kein entscheidendes Abgrenzungsmerkmal darstellt. Der abhängig Beschäftigte trägt auch in der Regel kein Unternehmerrisiko, d.h. er erhält eine festes Gehalt (meist nach Tarif) und ist nicht am Gewinn- und Verlust des Unternehmens beteiligt und arbeitet in den Räumen des Arbeitgebers.

Merkmale einer selbstständigen Erwerbstätigkeit

Demgegenüber wird selbstständige Tätigkeit dadurch gekennzeichnet, dass der Selbstständige insbesondere durch Teilhabe am Geschäftskapital das Unternehmerrisiko sowie Entscheidungsverantwortlichkeit für die wesentlichen Funktionen des Unternehmens wie Personal, Finanzen und

Organisation trägt und über die eigene Arbeitskraft, über Arbeitsort und Arbeitszeit frei verfügen kann (BSG, Urteil vom 24.9.1996, Az.: 12 BK 21/96). Als weitere klassische Merkmale für den Unternehmerstatus dürfte die Beschäftigung weiterer Arbeitnehmer, Delegationsmöglichkeiten, das Auftreten gegenüber Kunden in eigenem Namen und auf eigene Rechnung, gegebenenfalls mit einem eigenen Firmennamen, die Arbeit für mehrere Auftraggeber und die freie Gestaltung der Arbeitszeit und der einzelnen Inhalte der Tätigkeit sein.

!

Diese Unterscheidung ist sehr wichtig, denn als Arbeitnehmer unterliegt man der Versicherungspflicht in allen Zweigen der Sozialversicherung, als Selbstständiger ist man hingegen (in der Regel) versicherungsfrei, muss die Risiken der Sozialversicherung (Krankheit, Invalidität, Arbeitslosigkeit und Pflegebedürftigkeit) dann aber privat absichern und alleine bezahlen.

Tipp

Falls Sie nicht sicher sind, ob Sie abhängig Beschäftigter sind oder eine selbstständige Erwerbstätigkeit ausüben, haben Sie die Möglichkeit, dies verbindlich klären zu lassen!

»Clearing-Verfahren«

Nach § 7 a SGB IV können Selbstständige, die sich möglicherweise nicht sicher sind, ob sie den Status eines Selbstständigen haben oder nicht möglicherweise doch abhängig Beschäftigte sind, ebenso wie ihre Auftraggeber bei der Deutschen Rentenversicherung Bund in Berlin (Ruhrstraße 2) – als hierfür allein zuständige Behörde – beantragen, ihren versicherungsrechtlichen Status (Beschäftigter oder Selbstständiger) verbindlich feststellen zu lassen.

b) Selbstständige

Grundsätzlich sind Selbstständige – wie bereits erwähnt – versicherungsfrei, d.h., sie müssen keine Beiträge zahlen. Sie haben aber die Möglichkeit, freiwillige Beiträge zur gesetzlichen Rentenversicherung zu entrichten (vgl. hierzu S. 214 ff.). Außerdem haben sie das Recht, innerhalb von fünf Jahren nach Aufnahme ihrer selbstständigen Tätigkeit einen Antrag auf Pflichtversicherung zu stellen (vgl. hierzu und zu den Vor- und Nachteilen zwischen Pflichtversicherung und freiwilliger Versicherung S. 214 ff.). Darüber hinaus besteht in bestimmten Fällen auch für Selbstständige Versicherungspflicht wie bei Arbeitnehmern.

Beispiel

Gehen wir noch einmal zum Beispiel auf S. 155 zurück und unterstellen, dass der Betrieb, in dem der Lehrling Berger arbeitet, von dem Tischlermeister Holzapfel geführt wird. Muss der Tischlermeister auch für sich Rentenversicherungsbeiträge entrichten?

Handwerkerversicherung

Herr Holzapfel ist kein Arbeitnehmer, sondern selbstständiger Tischlermeister. Man könnte deshalb vermuten, er sei nicht verpflichtet, für sich Rentenversicherungsbeiträge zu zahlen. Das Gesetz bezieht jedoch auch einige »kleine« Selbstständige in die Pflichtversicherung mit ein. Zu ihnen gehören auch selbstständige Handwerker, die – was für diesen Personenkreis Pflicht ist (§§ 1, 7 HandwO) – in die bei den Handwerkskammern geführte sogenannte Handwerksrolle eingetragen sind (zulassungspflichtiges Handwerk (nur) nach der Anlage A der HandwO). Auch sie sind verpflichtet, für die Dauer ihrer Selbstständigkeit Beiträge in die Rentenversicherung einzuzahlen (§ 2 Nr. 8 SGB VI). Anders als bei Arbeitnehmern, bei denen ja der Beschäftigte und der Arbeitgeber die Hälfte des Beitrags tragen, muss der Handwerker – wie jeder Selbstständige – den Beitrag alleine zahlen.

Höhe der Beiträge

Der zuständige Rentenversicherungsträger fordert von dem Handwerker – wie von allen Selbstständigen nach § 2 SGB VI zunächst einen Beitrag in Höhe des sogenannten Regelbeitrages. Dabei wird von der sogenannten Bezugsgröße als fiktives Einkommen ausgegangen. Die Bezugsgröße beträgt vom 1.1.2011 bis zum 31.12.2011 2.555 Euro in den alten und 2.240 Euro in den neuen Bundesländern. Hiervon zahlte der Selbstständige einen Beitrag nach dem jeweiligen Beitragssatz, der während des vorgenannten Zeitraums 19,9 Prozent beträgt. Versicherungspflichtige Selbstständige haben jedoch auch die Möglichkeit, ihr tatsächliches Einkommen – mindestens 400 Euro – durch Einkommenssteuerbescheid nachzuweisen und hiervon den Beitrag zu zahlen.

Befreiung von der Versicherungspflicht

Handwerker haben die Möglichkeit, sich von der Pflicht zur Entrichtung von Beiträgen befreien zu lassen, wenn sie bereits für zumindest 18 Jahre Pflichtbeiträge eingezahlt haben (§ 6 Abs. 1 Nr. 4 SGB VI). Falls Sie als selbstständiger Handwerker also der Ansicht sind, Sie hätten durch die Entrichtung von Pflichtbeiträgen für die Dauer von 18 Jahren oder mehr ausreichend für Ihr Alter vorgesorgt, oder wenn Sie meinen, die gesetzliche Rentenversicherung sei – z.B. neben privaten Lebensversicherungen – nur eine von mehreren Säulen Ihrer individuellen Alterssicherung, dann haben Sie nach 18 Pflichtbeitragsjahren die Möglichkeit, einen Antrag auf Befreiung von der Versicherungspflicht in der gesetzlichen Rentenversicherung zu stellen. Diese Möglichkeit besteht nicht für Bezirksschornsteinfeger.

!

Rentenansprüche können verloren gehen

Durch diese Befreiung verlieren Sie jedoch nach zwei Jahren den rentenrechtlichen Schutz vor den Versicherungsfällen der Berufsunfähigkeit und der vollen und teilweisen Erwerbsminderung, denn die Zahlung einer Erwerbsminderungsrente setzt ja neben dem Eintritt des Versicherungsfalles und der Erfüllung der allgemeinen Wartezeit voraus, dass in den letzten fünf Jahren vor Eintritt des Versicherungsfalles zumindest in einem Umfang von 36 Monaten Pflichtbeiträge zur gesetzlichen Rentenversicherung entrichtet worden sind (vgl. hierzu den Abschnitt »Rente wegen verminderter Erwerbsfähigkeit«, S. 58 ff. und dort »Die (besonderen) versicherungsrechtlichen Voraussetzungen«, S. 106 ff.). Hieran fehlt es aber spätestens zwei Jahre nach der Befreiung von der Versicherungspflicht.

Neben den Handwerkern unterwirft das Gesetz noch folgende »kleine« Selbstständige der Versicherungspflicht in der Rentenversicherung (§ 2 SGB VI), wobei der betroffene Personenkreis jedoch recht willkürlich bestimmt zu sein scheint:

Selbstständige Lehrer

- selbstständige Lehrer und Erzieher, die im Zusammenhang mit ihrer selbstständigen Tätigkeit keinen versicherungspflichtigen Arbeitnehmer beschäftigten. Hierzu gehören Tennis-, Ski-, Reit- und Golflehrer, Musik-, Ballett- und Schauspiellehrer, Lehrer einer Sprach-, Tanz- oder Surfschule, Volkshochschullehrer, selbstständige Dozenten oder Fahrlehrer oder auch Aerobictrainer (vgl. Urteil des Bundessozialgerichts vom 22.6.2005, Az.: B 12 RA 6/04 R). Hat der Lehrer einen Arbeitnehmer mit einem Einkommen von mehr als 400 Euro oder mehrere Arbeitnehmer, die zusammen mehr als 400 Euro verdienen, im Zusammenhang mit der Lehrertätigkeit beschäftigt, unterliegt der selbstständige Lehrer oder Erzieher nicht mehr der Versicherungspflicht (§ 2 Abs. 1 Nr. 1 SGB VI). Als Erzieher gelten auch Tagesmütter (vgl. Urteil des Bundessozialgerichts vom 22.6.2005, Az.: B 12 RA 12/04 R).
  Hat z.B. ein selbstständiger Fahrlehrer einen angestellten Fahrlehrer beschäftigt, unterliegt der Selbstständige nicht mehr der Versicherungspflicht. Die Versicherungspflicht bleibt jedoch bestehen, wenn z.B. ausschließlich eine Putzhilfe angestellt ist, denn diese arbeitet nicht »im Zusammenhang« mit der selbstständigen Tätigkeit.

Selbstständige Pflegepersonen

- selbstständige Pflegepersonen in der Kranken-, Wochen- und Säuglings- oder Kinderpflege, die im Zusammenhang mit ihrer Tätigkeit keinen versicherungspflichtigen Arbeitnehmer beschäftigen (§ 2 Abs. 1 Nr. 2 SGB VI). Hierzu gehören selbstständige Krankenschwestern, Krankenpfleger, Masseure, Krankengymnasten oder Altenpfleger. Voraussetzung für die Versicherungspflicht ist jedoch, dass die Pflegepersonen überwiegend auf der Grundlage einer speziellen oder generellen Weisung eines Arztes arbeiten.
  So gehört z.B. eine auf eigene Rechnung tätige Hauspflegerin, die mehrere Haushalte älterer Menschen

führt, nicht zu den versicherungspflichtigen selbstständigen Pflegepersonen. Auf eigene Rechnung tätige Masseure sind jedoch versicherungspflichtig, wenn sie überwiegend auf ärztliche Anordnung Massagen zu Heilzwecken verabfolgen (BSG, Urteil vom 30.6.1964, Az.: 3 RK 40/59).

Hebammen

- staatlich geprüfte und anerkannte Geburtshelfer (Hebammen und Entbindungspfleger); die Beschäftigung eines versicherungspflichtigen Arbeitnehmers entbindet hier nicht von der Versicherungspflicht (§ 2 Abs. 1 Nr. 3 SGB VI)

Küstenfischer und Schiffer

- freiberuflich tätige Seelotsen sowie Küstenschiffer und Küstenfischer, die zur Besatzung ihres Fahrzeugs gehören oder als Küstenfischer ohne Fahrzeug fischen, unterliegen nur der Versicherungspflicht, wenn sie regelmäßig keine oder höchstens vier versicherungspflichtig tätige Arbeitnehmer gegen Entgelt beschäftigten (§ 2 Abs. 1 Nr. 7 SGB VI); bei Seelotsen, die ebenfalls der Versicherungspflicht unterliegen (§ 2 Abs. 1 Nr. 5 SGB VI), entbindet wiederum die Beschäftigung eines versicherungspflichtigen Arbeitnehmers nicht von der Versicherungspflicht.

Künstler und Publizisten

- Künstler und Publizisten sind durch das Künstlersozialversicherungsgesetz in die Kranken-, Pflege- und Rentenversicherungspflicht eingebunden worden. Erfasst sind Personen, die als selbstständige Musiker (z.B. Orchestermitglieder, Dirigenten oder Komponisten), im Bereich der bildenden Kunst (z.B. Maler oder Grafiker) oder als Schriftsteller, Journalisten oder in anderer Weise publizistisch tätig sind. Die Versicherung wird zum gleichen Beitragssatz, bei gleicher Beitragsbemessungsgrenze und gleichen Leistungen wie bei Arbeitnehmern durchgeführt. Der Künstler zahlt die Hälfte des Beitrages, während die andere Hälfte in Form eines Pauschalbeitrages von den Auftraggebern der Künstler und Publizisten sowie durch einen Bundeszuschuss getragen wird.

Die Versicherungspflicht in der gesetzlichen Rentenversicherung besteht nicht, wenn dass Monatsbruttoeinkommen 400 Euro nicht übersteigt; in diesem Fall ist der Selbstständige versicherungsfrei (§ 5 Abs. 2 Nr. 2 SGB VI).

!

Die Versicherungspflicht der o.g. Selbstständigen besteht (mit Ausnahme der Künstler und Publizisten) nur in der gesetzlichen Rentenversicherung, nicht in der Kranken-, Pflege- und Arbeitslosenversicherung.

Selbstständige mit einem Auftraggeber

Durch § 2 Abs. 1 Nr. 9 SGB VI ist mit Wirkung zum 1.1.1999 eine weitere Gruppe selbstständig Erwerbstätiger in die Versicherungspflicht der gesetzlichen Rentenversicherung einbezogen worden, die als Selbstständige mit nur einem Auftraggeber oder als arbeitnehmerähnliche Selbstständige bezeichnet werden. Nach der vorgenannten gesetzlichen Bestimmung, unterliegen Selbstständige der Versicherungspflicht in der gesetzlichen Rentenversicherung, die auf Dauer und im Wesentlichen nur für einen Auftraggeber tätig sind und im Zusammenhang mit ihrer selbstständigen Tätigkeit regelmäßig keinen versicherungspflichtigen Arbeitnehmer und auch nicht mehrere »Minijobber« beschäftigen, die zusammen mehr als 400 Euro verdienen.

Merkmale unternehmerischen Handelns

Die Frage, ob jemand, der nur für einen Auftraggeber arbeitet, selbstständig ist oder eine abhängige Beschäftigung ausübt und damit als Arbeitnehmer versicherungspflichtig ist, lässt sich oft schwer beantworten und beschäftigt häufig die Sozialgerichte. Der Vorteil einer abhängigen Beschäftigung liegt darin, dass Arbeitgeber und Arbeitnehmer jeweils die Hälfte der Sozialversicherungsbeiträge (Renten-, Kranken-, Pflege- und Arbeitslosenversicherungsbeitrag) bezahlen, während der Selbstständige mit nur einem Auftraggeber – wie alle versicherungspflichtigen Selbstständigen – den Pflichtbeitrag zur gesetzlichen Rentenversicherung alleine bezahlen muss. In den anderen Zweigen der Sozialversicherung, also in der Kranken-, Pflege- und Arbeitslosenversicherung, ist er nicht automatisch versichert. Um entsprechende Absicherungen, z.B. durch den Abschluss einer privaten Krankenversicherung muss der Selbstständige sich selbst kümmern. Sein Auftraggeber hat den Vorteil, dass er für den Selbstständigen keinerlei Sozialabgaben zu erbringen hat. Welche Gesichtspunkte für eine abhängige Beschäftigung und welche für die Ausübung einer selbstständigen Erwerbstätigkeit sprechen, wurde bereits auf S. 157 behandelt. Eine selbstständige Tätigkeit ist in der Regel dann gegeben, wenn sogenannte typische Merkmale unternehmerischen Handelns vorliegen. Diese sind insbesondere in solchen Tätigkeitsumständen zu sehen, die Ausdruck der unternehmerischen Entscheidungsfreiheit, des unternehmerischen Risikos sowie der unternehmerischen Gewinnchancen als Kernbestandteile unternehmerischen Handelns darstellen. Hierzu gehört insbesondere, dass Arbeitsleistungen im eigenen Namen und auf eigene Rechnung und nicht im Namen und auf Rechnung eines Auftraggebers erbracht werden. Für die Ausübung einer selbstständigen Tätigkeit spricht außerdem, wenn der Erwerbstätige die freie Entscheidungsbefugnis über Einkaufs- und Verkaufspreise, über die Einstellung von Personal (auch wenn hiervon angesichts der geringen Größe des Unternehmens – noch – nicht Gebrauch gemacht wurde), über den Einsatz von Kapital, Maschinen und Gerätschaften hat und die die Befugnis besitzt, über Zahlungsweisen der Kunden oder die Gewährung von Rabatten frei zu entscheiden, Art und Umfang der Kundenakquisition frei zu bestimmen sowie über Werbemaßnahmen im eigenen Namen für das eigene Unternehmen frei zu entscheiden.

Arbeitet z.B. ein Computerspezialist ohne eigenen Arbeitnehmer nur für einen (Groß-)Auftraggeber, bestimmt jedoch die Preise selbst, kann die Arbeitszeit selbst einteilen, betreibt Kundenakquisition, um auch andere Auftraggeber zu gewinnen und firmiert unter eigenem Briefkopf, dann ist er zweifellos Selbstständiger, muss gleichwohl Pflichtbeiträge zur gesetzlichen Rentenversicherung entrichten.

Mit dem gesetzlichen Merkmal der regelmäßigen Beschäftigung eines versicherungspflichtigen Arbeitnehmers, das der Versicherungspflicht des Selbstständigen nach § 2 Abs. 1 Nr. 9 SGB VI entgegensteht, soll Manipulationsmöglichkeiten des Selbstständigen entgegengewirkt und gewährleistet werden, dass – abgesehen von unbedeutenden Unterbrechungen – ein Arbeitnehmer im Ergebnis kontinuierlich beschäftigt wird. Nach dem gemeinsamen Rundschreiben der Spitzenorganisationen der Sozialversicherung vom 20.12.1999 wird in Anlehnung an den Grundgedanken des § 8 Abs. 1 Nr. 2 SGB IV (geringfügige Beschäftigung) die Unterbrechung einer Beschäftigung innerhalb eines Jahres von bis zu zwei Monaten als unerheblich angesehen, sodass trotz der Unterbrechung von einer durchgängigen regelmäßigen Beschäftigung auszugehen sei.

Regelmäßige Beschäftigung eines Arbeitnehmers

Im Falle mitarbeitender Gesellschafter einer juristischen Person (z.B. GmbH) oder einer Kapitalgesellscahft (z.B. KG oder GmbH & Co. KG) ist ein versicherungspflichtig beschäftigter Arbeitnehmer der Gesellschaft als Arbeitnehmer des Gesellschafters anzusehen, sodass dieser nicht der Versicherungspflicht nach § 2 Abs. 1 Nr. 9 SGB VI unterliegt, soweit das Einkommen des Arbeitnehmers oder mehrerer Arbeitnehmer zusammen über der vorgenannten Verdienstgrenze liegt. Dies ist auch bei der Beschäftigung von Familienangehörigen oder Auszubildenden der Fall, die regelmäßige Einkünfte von mehr als 400 Euro monatlich erzielen. Ebenso werden mehrere Auftraggeber der Gesellschaft zugerechnet, sodass dieser nicht nach § 2 Nr. 9 SGB VI rentenversicherungspflichtig ist, wenn seine Gesellschaft mehrere Auftraggeber hat (vgl. § 2 Nr. 9 SGB VI in der Fassung des Haushaltsbegleitgesetzes 2006, das zum 1.1.2006 in Kraft getreten ist, aber rückwirkend seit 1.1.1999 gilt).

Sonderfall: mitarbeitende Gesellschafter

Die Tätigkeit des Selbstständigen auf Dauer und im Wesentlichen nur für einen Auftraggeber ist gegeben, wenn ein Dauerauftragsverhältnis oder ein regelmäßig wiederkehrendes Auftragsverhältnis vorliegt und wenn der Selbstständige bei mehreren Auftraggebern gleichwohl mindestens fünf Sechstel seiner gesamten Einkünfte von einem (Haupt-)Auftraggeber erhält.

Tätigkeit nur für einen Auftraggeber

Befreiung von der Versicherungspflicht

Das Gesetz eröffnet mehrere Möglichkeiten, der Befreiung von der Versicherungspflicht nach § 2 Abs. 1 Nr. 9 SGB VI. Insoweit sieht § 6 Abs. 1a SGB VI zunächst eine Befreiungsmöglichkeit für Existenzgründer (S. 1 Nr. 1) und eine Befreiungsmöglichkeit aus Altersgründen (S. 1 Nr. 2) vor.

Befreiungsmöglichkeiten für Existenzgründer

Selbstständige, die nur für einen Auftraggeber tätig sind und auch keinen Arbeitnehmer beschäftigt haben, der monatliche Einkünfte von mehr als 400 Euro bezieht, haben zunächst die Möglichkeit, sich für einen Zeitraum von drei Jahren nach der erstmaligen Aufnahme einer selbstständigen Tätigkeit von der Versicherungspflicht befreien zu lassen (Existenzgründer). Die Befreiung kann auch bei Aufnahme einer zweiten selbstständigen Tätigkeit, die Versicherungspflicht nach § 2 Abs. 1 Nr. 9 SGB VI begründet, beansprucht werden. Allerdings ist die Aufnahme einer (erneuten) selbstständigen Erwerbstätigkeit nicht gegeben, wenn eine bereits zuvor bestehende selbstständige Erwerbstätigkeit lediglich umbenannt wird oder wenn der Geschäftszweck im Vergleich zu der vorangegangenen Erwerbstätigkeit nur unwesentlich verändert worden ist.

Auch Beitragsermäßigung möglich

Will sich der Selbstständige nicht gänzlich von der Versicherungspflicht befreien lassen, so hat er als Existenzgründer auch die Möglichkeit, während der ersten drei Kalenderjahre der Ausübung der selbstständigen Erwerbstätigkeit den monatlichen Pflichtbeitrag auf den halben Regelbeitrag zu begrenzen. Diese Regelung gilt von Amts wegen und auch für andere Selbstständige. Auf Antrag kann auch der volle Beitrag gezahlt werden. Der Regelbeitrag betrug z.B. im Jahr 2011 508,45 Euro in den alten und 445,76 Euro in den neuen Bundesländern und war in den Folgejahren geringfügig höher.

Altersbefreiung

Darüber hinaus können sich nach § 6 Abs. 1a S. 1 Nr. 2 SGB VI Versicherte, die nach § 2 Abs. 1 Nr. 9 SGB VI der Versicherungspflicht unterliegen, von dieser befreien lassen, wenn sie das 58. Lebensjahr vollendet haben und nach einer zuvor ausgeübten selbstständigen Erwerbstätigkeit erstmals nach § 2 Abs. 1 Nr. 9 SGB VI versicherungspflichtig geworden sind (Befreiung aus Altersgründen). Dieser Personenkreis, der möglicherweise bereits langjährig selbstständig erwerbstätig war und die Versicherungsfälle der gesetzlichen Rentenversicherung privat abgesichert hat, soll nicht noch nach Vollendung des 58. Lebensjahres dem Zwang der Versicherungspflicht nach § 2 Abs. 1 Nr. 9 SGB VI unterliegen, weil er im Zuge einer Zurückführung der beruflichen Aktivitäten im Wesentlichen und auf Dauer nur noch für einen Auftraggeber tätig ist und auch keinen versicherungspflichtigen Arbeitnehmer beschäftigt.

!

Die Befreiung wirkt vom Eintritt der Versicherungspflicht an, wenn der entsprechende Befreiungsantrag innerhalb von drei Monaten danach gestellt worden ist, ansonsten vom Ersten des Antragsmonats an (§ 6 Abs. 4 SGB VI).

Befreiung nach Übergangsrecht

Neben § 6 Abs. 1a SGB VI eröffnet § 231 Abs. 5 SGB VI weitere Möglichkeiten der Befreiung von der Versicherungspflicht nach § 2 Abs. 1 Nr. 9 SGB VI. Von der Bestimmung des § 231 Abs. 5 SGB VI werden die Selbstständigen erfasst, die in ihrer am 31.12.1998 ausgeübten selbstständigen Erwerbstätigkeit (noch) nicht der Versicherungspflicht in der Rentenversicherung unterlagen oder auch darüber hinaus (noch) nicht unterliegen, die aber durch Einführung des § 2 Abs. 1 Nr. 9 SGB VI entweder bereits zum 1.1.1999 versicherungspflichtig wurden oder erst zu einem späteren Zeitpunkt versicherungspflichtig werden oder geworden sind. Vom § 231 Abs. 5 SGB VI wurden also nur Selbstständige erfasst, die (spätestens) schon am 31.12.1998 selbstständig waren.

Beispiel

Beschäftigte z.B. ein selbstständig Erwerbstätiger, der nur für einen Auftraggeber tätig war, im Jahre 1998 und über den 31.12.1998 hinaus einen versicherungspflichtigen Arbeitnehmer, den er zum 31.12.2005 entlassen hat, so eröffnet sich ihm – soweit die gesetzlichen Voraussetzungen auch im Übrigen erfüllt sind – seit

> 1.1.2006 die Möglichkeit der Befreiung von der Versicherungspflicht nach § 231 Abs. 5 SGB VI. Der Antrag muss innerhalb eines Jahres, also innerhalb des Jahres 2006 gestellt werden. Hatte er bereits am 1.1.1999 keinen versicherungspflichtigen Arbeitnehmer, sodass er bereits mit in Kraft treten des § 2 Abs. 1 Nr. 9 SGB VI am 1.1.1999 versicherungspflichtig wurde, musste der Befreiungsantrag bis zum 30.6.2000 gestellt sein.

Keine Befreiung bei Versicherungspflicht erst nach dem 31.12.1998

Die Befreiungsmöglichkeit nach der Übergangsvorschrift des § 231 Abs. 5 SGB VI besteht jedoch nicht bei Versicherten, die erst nach dem 31.12.1998 die selbstständige Erwerbstätigkeit für nur einen Auftraggeber aufgenommen haben.

Die Möglichkeit der Befreiung von der Versicherungspflicht nach § 2 Nr. 9 SGB VI besteht für den oben beschriebenen Personenkreis von Selbstständigen, wenn sie vor dem 1.1.1949 geboren sind oder eine der gesetzlichen Rentenversicherung entsprechende private Vorsorge, die bestimmte Voraussetzungen erfüllen muss, betrieben haben. Die zum Teil komplizierten gesetzlichen Voraussetzungen für eine solche private Vorsorge können hier nicht im Einzelnen beschrieben werden. Falls Sie zu dem oben beschriebenen Personenkreis versicherungspflichtiger Selbstständiger gehören und sich von der Versicherungspflicht befreien lassen wollen, sollten Sie sich von Ihrem Rentenversicherungsträger beraten lassen.

c) Sonstige Versicherte

Neben den Arbeitnehmern (Beschäftigte) und bestimmten Selbstständigen, also Personen, die einer Erwerbstätigkeit nachgehen, sind auch andere Menschen in bestimmten Lebensabschnitten pflichtversichert. Diese Personen umreißt das Gesetz mit dem Begriff »sonstige Versicherte« (§ 3 SGB VI). Versicherungspflicht besteht danach z.B. während der Kindererziehung, während des gesetzlichen Grundwehrdienstes und Zivildienstes sowie während des Bezugs sogenannter Lohnersatzleistungen, z.B. Kranken-

oder Arbeitslosengeld. Diese Zeiten werden rentenrechtlich im Ergebnis genauso behandelt, als sei der Versicherte einer Erwerbstätigkeit gegen Entgelt nachgegangen.

Kindererziehungszeiten

Kindererziehungszeiten haben die Bedeutung vollwertiger Pflichtbeitragszeiten, ohne dass der Erziehende Beiträge in die Rentenversicherung einzahlen muss. Die Beiträge werden vom Bund gezahlt. Als Pflichtbeitragszeiten können Kindererziehungszeiten sowohl Rentenansprüche begründen als auch erhöhen. Bei Geburten vor dem 1.1.1992 wird für jedes Kind eine Versicherungszeit von einem Jahr, bei Geburten nach dem 31.12.1991 von drei Jahren in der Rentenversicherung angerechnet. Dabei sind immer das erste Lebensjahr (beginnend mit dem Ersten des Folgemonats nach der Geburt) bzw. die ersten drei Lebensjahre als Kindererziehungszeit zu berücksichtigen.

Unterschied bei Geburten vor dem 1.1.1992 bzw. nach dem 31.12.1991

Lassen Sie uns die Grundzüge der Kindererziehungszeiten anhand einiger Beispiele erläutern:

Beispiel

Nehmen wir an, das Ehepaar Erhard hat drei Kinder. Das erste Kind wurde am 15.10.1991, das zweite Kind am 18.12.1993 und das dritte Kind am 20.12.1995 geboren. Die Eheleute möchten wissen, wem von ihnen und in welchem Umfang Kindererziehungszeiten in der Rentenversicherung gutgeschrieben werden.

Da das erste Kind der Eheleute vor dem 1.1.1992 geboren wurde, wird für dieses Kind nur ein Jahr Kindererziehungszeit angerechnet (§ 249 Abs. 1 SGB VI). Für die anderen beiden Kinder werden je drei Jahre berücksichtigt, da sie nach dem 31.12.1991 geboren wurden (§ 56 SGB VI). Die Kindererziehungszeiten sind ausschließlich das erste Jahr bzw. (bei Geburten nach dem 31.12.1991) die ersten drei Jahre nach der Geburt, wobei die jeweilige Kindererziehungszeit mit dem ersten Tag des Monats

Nur die ersten Jahre nach der Geburt können berücksichtigt werden

nach der Geburt beginnt. Demnach wäre z.B. beim ersten Kind der Eheleute Erhard die Zeit vom 1.11.1991 bis zum 31.10.1992 und beim zweiten Kind die Zeit vom 1.1.1994 bis zum 31.12.1996 als Kindererziehungszeit zu berücksichtigen. Fällt in die Zeit der Kindererziehung die Geburt eines weiteren Kindes oder mehrerer weiterer Kinder (also auch bei Zwillingen oder Drillingen), wird für jedes Kind die gesamte Kindererziehungszeit von einem oder drei Jahren angerechnet. Den Eheleuten Erhard würden also insgesamt sieben Jahre Kindererziehungszeiten gutgeschrieben.

Die Kindererziehungszeit kann nur immer einem Elternteil gutgeschrieben werden. Da das erste Jahr bzw. die ersten drei Lebensjahre des Kindes als Erziehungszeit berücksichtigt werden – ein Verschieben dieser Zeit ist nicht möglich – setzt die Erziehung im Grunde immer voraus, dass der oder die Erziehenden und das Kind in häuslicher Gemeinschaft miteinander leben.

Tatsächliche Erziehung erforderlich

Wäre z.B. Herr Erhard in der Zeit vom 1.1.1994 bis zum 31.12.1995 inhaftiert gewesen, sodass er sich an der Erziehung seiner Kinder nicht beteiligen konnte, könnte ihm die Kindererziehungszeit während dieser Zeit auch nicht zugeordnet werden. Stirbt das Kind innerhalb der ersten drei Jahre, wird auch nur die Erziehung bis zum Tod als Kindererziehungszeit berücksichtigt.

Gemeinsame Kindererziehung

Erziehen, wie die Eheleute Erhard, beide Elternteile das Kind gemeinsam, können sie wählen, wem die Kindererziehungszeit zugeordnet werden soll. Die Kindererziehungszeiten können dabei jedoch nicht z.B. für dieselbe Zeit halbiert und gleichzeitig je zur Hälfte beiden Eltern gutgeschrieben werden. Sie können entweder nur dem einen oder nur dem anderen Elternteil angerechnet werden. Die Eltern können jedoch entscheiden, welche Zeitabschnitte der Kindererziehungszeit welchem Elternteil gutgeschrieben werden sollen.

So könnte das Ehepaar Erhard z.B. dem zuständigen Rentenversicherungsträger mitteilen, dass das erste Jahr der Kindererziehung für das zweite und dritte Kind dem Vater, die nächsten drei Jahre der Mutter und die nächsten zwei Jahre wiederum dem Vater zugeordnet werden sollen. Diese Erklärung kann jedoch nur für die Zukunft und rückwirkend nur für zwei Kalendermonate abgegeben werden. Sollten die Eheleute z.B. erklärt haben, dass die Kindererziehungszeit für das Jahr 1994 dem Rentenkonto des Vaters zugeordnet werden soll, dann müssten sie bis spätestens zum 31.3.1995 erklärt haben, dass die Zeit ab Januar 1995 der Mutter gutgeschrieben werden soll. Würde diese Erklärung erst im April abgegeben, würde der Januar noch dem Vater angerechnet.

Kindererziehungszeiten können zwischen den Eltern aufgeteilt werden

Geben die gemeinsam erziehenden Eltern gar keine Erklärung ab, werden die Kindererziehungszeiten automatisch der Mutter zugerechnet. Die zuständigen Meldebehörden teilen die Geburt des Kindes der Datenstelle der Rentenversicherungsträger mit, die wiederum den zuständigen Rentenversicherungsträger ermittelt. Dieser weist die Mutter auf die Möglichkeit hin, durch übereinstimmende Erklärung den Vater in die Versicherungspflicht einzubeziehen. Voraussetzung hierfür ist aber, dass die Mutter das Kind überwiegend erzogen hat. Haben die Eltern das Kind gemeinsam erzogen und keine Erklärung abgegeben, dass die Kindererziehungszeit einem Elternteil zugeordnet wird, so wird sie demjenigen zugeordnet, der das Kind überwiegend erzogen hat. Dies hat der Rentenversicherungsträger im Zweifel zu ermitteln.

Ohne Erklärung werden die Kindererziehungszeiten der Mutter zugeordnet

Beispiel

Gehen wir nunmehr davon aus, dass Frau Erhard, die in Bochum lebt, bis zur Geburt ihrer Drillinge am 1.1.2002 über eine frühere Zeit der Versicherungspflicht aufgrund einer Beschäftigung als Dozentin von zwei Jahren verfügt. Seit 1.1.2003 nahm sie eine versicherungs pflichtige Beschäftigung auf, mit der sie mehr als 6.000 Euro brutto monatlich und damit deutlich mehr als die für den Bereich der alten Bundesländer geltenden

Beitragsbemessungsgrenze der gesetzlichen Rentenversicherung verdiente. Die Kinderziehung übernahm seit 1.1.2003 Herr Erhard, der noch studiert und bislang keiner versicherungspflichtigen Erwerbstätigkeit nachgegangen ist. Die Eheleute möchten wissen, wem von ihnen sie am besten die Kindererziehungszeiten seit 1.1.2003 zuordnen sollen und welchen Rentenversicherungsträgern sie dieses mitteilen müssen.

Wir haben bereits gelesen, dass Kindererziehungszeiten als Pflichtbeitragszeiten angerechnet werden. Wie dies praktisch geschieht, ist leicht zu erklären: Es wird so getan, als habe der Erziehende für die Jahre der Kindererziehung das Durchschnittseinkommen aller Versicherten erzielt und hierfür Beiträge in die Rentenversicherung gezahlt. Rentenmathematisch ausgedrückt bedeutet dies, dass dem Erziehenden für jedes Jahr der Kindererziehung knapp ein Entgeltpunkt zuerkannt wird. (vgl. S. 238 ff.). Ein Jahr Kindererziehung erbringt z.B. im Jahr 2011 in den alten Bundesländern eine monatliche Rente von 27,20 Euro und in den neuen Bundesländern – weil dort der Durchschnittsverdienst geringer ist – eine monatliche Rente von 24,13 Euro.

Wer soll die Kindererziehungszeiten erhalten?

Im letzten Beispiel konnten wir lesen, dass sich die Eltern, die ihr Kind gemeinsam erziehen, entscheiden können, wem sie die Kindererziehungszeiten zuordnen und wie diese Zuordnung umgesetzt wird. Hier in diesem Beispiel stellt sich die Frage, welchem Ehepartner – entweder Herrn oder Frau Erhard – günstigerweise die Zeiten zuzuordnen sind. Dabei ist zunächst festzustellen, dass die Ausübung einer Erwerbstätigkeit und die dadurch ausgelöste Beitragsentrichtung nicht der Zuordnung von Kindererziehungszeiten entgegensteht. Die für die Höhe der Rente maßgeblichen Entgeltpunkte (vgl. zu diesem Begriff S. 238 ff.), die aus Beiträgen – Pflichtbeiträgen und freiwilligen Beiträgen – erworben werden, werden mit den Entgeltpunkten aus Kindererziehungszeiten addiert. Dies geschieht allerdings nur bis zur Beitragsbemessungsgrenze (vgl. hierzu S. 191). Da

Frau Erhard jedenfalls seit 1.1.2003 bereits mehr als die Beitragsbemessungsgrenze verdient, würden die Kindererziehungszeiten bei der späteren Rentenberechnung für die Zeit ab 1.1.2003 keine Berücksichtigung finden. Den Eheleuten Erhard ist deshalb nur zu raten, die Kindererziehungszeiten ab dem vorgenannten Zeitpunkt Herrn Erhard zuzuschreiben. Da er noch studiert und keiner versicherungspflichtigen Erwerbstätigkeit nachgeht, kämen die Zeiten bei ihm voll zur Anrechnung. Im Übrigen hätte er mit der Anerkennung der Kindererziehungszeiten seit 1.1.2003 (pro Kind zwei Jahre) die allgemeine Wartezeit zurückgelegt und damit diese Anspruchsvoraussetzung für eine spätere Erwerbsminderungsrente oder die Regelaltersrente erfüllt.

Ist die Erklärung dem Rentenversicherungsträger zugegangen, ist sie bindend und kann nachträglich nicht mehr geändert werden. Die gemeinsame Erklärung der Eltern über die Zuordnung der Kindererziehungszeit kann im Übrigen während der Kindererziehung rückwirkend nur für zwei Monate, ansonsten nur für die Zukunft abgegeben werden.

!

Keine nachträgliche Änderung oder rückwirkende Erklärung

Beispiel

Nehmen wir an, die Eheleute Erhard haben eines ihrer Kinder im Jahre 1995 adoptiert, als es gerade ein Jahr alt wurde. Können sie auch für dieses Kind eine Kindererziehungszeit beanspruchen?

Kindererziehungszeiten erhalten leibliche Eltern, Adoptiveltern, Stiefeltern und Pflegeeltern. Da nur die ersten drei Jahre nach der Geburt als Kindererziehungszeiten anerkannt werden, erhalten Vater oder Mutter Erhard nur noch zwei Jahre Kindererziehungszeit für das adoptierte Kind.

Kindererziehungszeiten auch für Adoptiv- und Pflegeeltern

Beispiel

Nehmen wir an, Frau Maricicz kommt aus Kroatien und lebt zusammen mit ihrer Familie schon zwanzig Jahre in Deutschland. Ihre Aufenthaltserlaubnis wird alle zwei Jahre verlängert. Wird für ihr 2005 in Deutschland geborenes und anschließend erzogenes Kind eine Kindererziehungszeit in der Rentenversicherung vorgemerkt?

Kindererziehung durch Ausländer

Auf die Staatsangehörigkeit des einzelnen Elternteils oder des erzogenen Kindes kommt es bei den Kindererziehungszeiten nicht an. Es reicht aus, wenn der erziehende Elternteil während der Erziehung seinen gewöhnlichen Aufenthalt in der Bundesrepublik Deutschland hat (§ 30 Abs. 3 S. 2 SGB I).

Befristete Aufenthalterlaubnis reicht aus

Bei Ausländern ist allerdings erforderlich, dass sie sich während der Erziehung berechtigt in Deutschland aufhalten. Dies ist nach der Rechtsprechung der Fall, wenn der Ausländer zumindest über eine befristete Aufenthaltserlaubnis verfügt (auch eine unbefristete Aufenthaltserlaubnis und eine Aufenthaltsbefugnis sind ausreichend) und damit praktisch den örtlichen Schwerpunkt seiner Lebensverhältnisse auf Dauer im Inland hat (BSG, Urteil vom 27.1.1994, Az.: 5 RJ 16/93). Eine solche Aufenthaltserlaubnis haben sehr viele Ausländer, die zum Teil schon lange in Deutschland leben und die strengen Voraussetzungen für eine unbefristete Aufenthaltserlaubnis oder Aufenthaltsberechtigung (noch) nicht erfüllen. Bei ihnen wird die Aufenthaltserlaubnis (befristet) immer wieder verlängert, sodass sie faktisch auf Dauer in Deutschland leben. Beruht die Befristung jedoch auf einem bestimmten Grund, wird ein gewöhnlicher Aufenthalt nicht angenommen.

Wird z.B. einer ausländischen Studentin für die Dauer ihres Studiums der Aufenthalt in Deutschland ausländerrechtlich erlaubt, kann nicht davon ausgegangen werden, dass sie faktisch auf Dauer im Inland lebt, sondern eben nur bis zum Ende ihres Studiums. Bei ihr würde für ein in

Deutschland geborenes Kind keine Kindererziehungszeit anerkannt. Dabei kommt es immer auf die Rechtslage im Zeitpunkt der Kindererziehung an. Würde der Studentin z.B. nach dem Studium – aus welchem Grund auch immer – eine unbefristete Aufenthaltserlaubnis erteilt, würden die Kindererziehungszeiten rückwirkend nicht berücksichtigt.

Beispiel

Nehmen wir an, Frau Demirel ist Kurdin, begibt sich nach Deutschland und bringt hier ein Kind zur Welt. Ihr Asylantrag wird rechtskräftig abgelehnt. Sie wird jedoch nicht abgeschoben, weil ihr in der Heimat Folter droht. Hat sie Anspruch auf Anerkennung der Kindererziehungszeiten?

Kindererziehung durch Asylbewerber und anerkannte Asylanten

Nein, abgelehnte Asylbewerber, denen der Aufenthalt vorübergehend gestattet bzw. geduldet wird, haben keinen Anspruch auf Anerkennung der Kindererziehungszeiten (BSG, Urteil vom 28.7.1992, Az.: 5 RJ 24/91). Bei Anerkennung des Asylrechts (auch bei »Familienasyl«) besteht jedoch sogar Anspruch auf rückwirkende Anerkennung der Kindererziehungszeiten in Deutschland, d.h. auch für die Zeit des Asylverfahrens (BSG, Urteil vom 28.7.1992, Az.: 5 RJ 24/91).

Beispiel

Nehmen wir an, ein großes polnisches Bauunternehmen erhält den Auftrag, alte Regierungsgebäude in Berlin zu sanieren. Da die Arbeiten voraussichtlich mehr als drei Jahre in Anspruch nehmen werden, nimmt der polnische Arbeiter Prczybylek, für den Gehalt und Sozialversicherungsbeiträge weiter in Polen gezahlt werden, seine Familie mit nach Deutschland. Seine Frau bringt in Berlin ein Kind zur Welt und möchte wissen, ob die Kindererziehungszeiten in der deutschen Rentenversicherung anerkannt werden.

»Einstrahlung«

Nein! Obwohl das Kind in Deutschland geboren und dort erzogen wird, können die Kindererziehungszeiten nicht in der deutschen Rentenversicherung vorgemerkt werden, denn Herr Przybylek ist wegen seiner zeitlich begrenzten Entsendung nach Deutschland nicht in das deutsche, sondern weiterhin in das polnische Rentenversicherungssystem integriert. Das Gesetz spricht in diesen Fällen von einer sogenannten Einstrahlung (§ 5 SGB IV), bei der die Anerkennung von Kindererziehungszeiten ausgeschlossen ist (§ 56 Abs. 4 Nr. 1a SGB VI). Die Kindererziehungszeiten werden in Polen anerkannt und berücksichtigt. Die Anerkennung der Kindererziehungszeit in Deutschland ist nach EU-Recht jedoch nur maximal zwei Jahre ausgeschlossen. Wird der ausländische Arbeitnehmer länger als zwei Jahre nach Deutschland entsandt, wird ab Beginn des dritten Jahres die Kindererziehungszeit hier anerkannt. Dies gilt nur für EU-Bürger. Bei Angehörigen von Nicht-EU-Staaten sind die unterschiedlichen Regelungen der einzelnen zwischen Deutschland und einer Vielzahl anderer Staaten geschlossenen Sozialversicherungsabkommen maßgeblich, die hier nicht im Einzelnen besprochen werden können. Erkundigen Sie sich bei einem deutschen Rentenversicherungsträger.

✓ Außer in diesem Fall kommt die Anerkennung einer Kindererziehungszeit nach § 56 Abs. 4 SGB VI nicht in Betracht, wenn der erziehende Elternteil während der Erziehung

- Abgeordneter, Minister oder Parlamentarischer Staatssekretär war, weil für diese Personen auch während der Kindererziehung ein eigenes Versorgungssystem besteht,
- eine Teilrente wegen Alters bezieht,
- von der Versicherungspflicht befreit ist und nachher nicht nachversichert wurde oder
- weil er nach zwischen- oder überstaatlichem Recht der Pflichtversicherung in der deutschen Rentenversicherung nicht unterliegt.

> **Beispiel**
>
> Nehmen wir an, Herr Klement wird von der Firma VW für fünf Jahre nach China entsandt, um dort ein Autowerk mit aufzubauen. Seine Frau bringt in China ein Kind zur Welt. Hat sie Anspruch auf Anerkennung der Kindererziehungszeit?

»Ausstrahlung«

Dieser Fall ist vergleichbar mit dem letzten Beispiel. Hier wird jedoch nicht ein ausländischer Arbeiter ins Inland, sondern ein deutscher Arbeiter von vornherein bzw. für die Dauer seines Auftrags zeitlich begrenzt ins Ausland entsandt. Das Gesetz spricht in diesen Fällen von Ausstrahlung (§ 4 SGB IV). Da Herr Klement weiterhin bei VW beschäftigt ist und wegen der damit verbundenen Versicherungspflicht auch weiterhin in die deutsche Rentenversicherung integriert ist, werden die Kindererziehungszeiten trotz der Erziehung im Ausland anerkannt (§ 56 Abs. 3 S. 2 SGB VI).

Vertriebene

Kindererziehungszeiten von Vertriebenen im Ausland werden Kindererziehungszeiten in Deutschland gleichgestellt (§ 28b FRG).

Hat z.B. eine Aussiedlerin aus Rumänien, die seit 1989 in Deutschland lebt, in Rumänien 1972 ein Kind zur Welt gebracht und dort erzogen, dann wird ihr ein Jahr Kindererziehungszeit in der deutschen Rentenversicherung angerechnet.

Wehr- und Zivildienst

Wehr- und Zivildienst = Pflichtbeitragszeit

Wehr- und Zivildienstleistende sind für die Dauer des Wehrdienstes und des Zivildienstes ebenfalls pflichtversichert (§ 3 Nr. 2 SGB VI). Hierdurch wird sichergestellt, dass ein versicherungspflichtig Beschäftigter durch die Ausübung des Wehr- oder Zivildienstes keine rentenrechtlichen Nachteile erleidet. Versicherungspflicht während des Wehr- und Zivildienstes besteht auch dann, wenn vor dessen Beginn keine Mitgliedschaft in der gesetzlichen Rentenversicherung vorlag.

Leistet z.B. ein Abiturient nach Abschluss seiner Schulausbildung Wehrdienst, ist auch er während des Wehrdienstes pflichtversichert. Dem steht nicht entgegen, dass er vorher noch keine Beiträge in die Rentenversicherung eingezahlt hat.

Bund zahlt Beiträge

Versicherungspflicht besteht nicht für Berufssoldaten, weil sie nach Beendigung ihres Dienstverhältnisses bzw. nach Eintritt in den Ruhestand Ruhegehalt erhalten. Die Rentenversicherungsbeiträge werden während des Wehr- und Zivildienstes für den Dienstleistenden vom Bund in die Rentenversicherung eingezahlt. Bei der Berechnung des Beitrages und der späteren Rente wird so getan, als habe er während dieser Zeit ein Gehalt in Höhe von 60 Prozent (bis zum 31.12.1999 80 Prozent) der Bezugsgröße erzielt (vgl. hierzu S. 159).

Bezug von Lohnersatzleistungen und Vorruhestandsgeld

Lohnersatzleistungen = Pflichtbeitragszeit

Versicherungspflicht besteht seit dem 1.1.1992 auch während des Bezugs sogenannter Lohn- oder Entgeltersatzleistungen, d.h. während des Bezugs von Krankengeld, Verletztengeld, Versorgungskrankengeld, Übergangsgeld, Unterhaltsgeld, Arbeitslosengeld oder Arbeitslosenhilfe (§ 3 Nr. 3 SGB VI) sowie vom 1.1.2005 bis zum 31.12.2010 Arbeitslosengeld II (§ 3 Nr. 3a SGB VI).

Beispiel

Nehmen wir an, Frau Dorau hat vom 1.1.2002 bis Ende 2004 versicherungspflichtig gearbeitet. Nach ihrer Entlassung bezieht sie ein Jahr lang Arbeitslosengeld und ein Jahr lang Arbeitslosengeld II. Dann wird sie voll erwerbsgemindert und möchte wissen, ob ihr die entsprechende Versichertenrente zu gewähren ist.

Die Zeiten des Bezugs von Arbeitslosengeld und Arbeitslosengeld II sind vollwertige Pflichtbeitragszeiten, sodass sie uneingeschränkt auf die für die Rente wegen voller

Erwerbsminderung erforderliche allgemeine Wartezeit von fünf Jahren angerechnet wird. Da Frau Dorau neben dem Bezug von Arbeitslosengeld drei Jahre lang versicherungspflichtig gearbeitet hat, hat sie diese Wartezeit zurückgelegt. Durch die zweijährige Pflichtbeitragszeit des Bezugs von Arbeitslosengeld und Arbeitslosengeld II und das letzte Jahr ihrer versicherungspflichtigen Beschäftigung hat Frau Dorau auch die übrigen versicherungsrechtlichen Voraussetzungen für die begehrte Rentenzahlung erfüllt. Sie hat damit nämlich in den letzten fünf Jahren vor Eintritt des Versicherungsfalls für drei Jahre Pflichtbeitragszeiten (vgl. hierzu S. 106 ff.), sodass ihr die Rente zu zahlen ist.

Arbeitslosengeldbezug = Pflichtbeitragszeit

> **Beispiel**
>
> Nehmen wir an, Frau Dorau habe nach ihrer Entlassung nicht sofort Arbeitslosengeld bezogen, sondern zunächst für die Dauer von 14 Monaten einen sogenannten »Minijob« (geringfügige Beschäftigung) ausgeübt. Anschließend bezieht sie Arbeitslosengeld und Arbeitslosengeld II. Ändert dies die Rechtslage?

Entgeltersatzleistungen sind nur dann Pflichtbeitragszeiten, wenn im letzten Jahr vor Beginn einer oder mehrerer aufeinander folgender Entgeltersatzleistungen zuletzt mindestens ein Pflichtbeitrag gezahlt worden ist. Liegt jedoch – wie hier – zwischen diesem Pflichtbeitrag und dem Beginn der Entgeltersatzleistung Versicherungsfreiheit z.B. aufgrund einer geringfügigen Beschäftigung vor oder wurden zuletzt freiwillige Beiträge gezahlt, tritt Versicherungspflicht nicht ein. Die Zeiten des Bezugs der Entgeltersatzleistungen sind dann nur Anrechnungszeiten (vgl. hierzu »Die Anrechnungszeiten«, S. 221 ff.).

Im letzten Jahr muss zuletzt ein Pflichtbeitrag gezahlt worden sein

Für Frau Dorau hat dies zur Folge, dass sie keinen Anspruch auf Rente hat, denn Anrechnungszeiten sind auf die allgemeine Wartezeit nicht anrechenbar (vgl. hierzu S. 231 ff.). Sie hat damit die für die Zahlung einer Rente wegen Erwerbsunfähigkeit erforderliche allgemeine Wartezeit nicht zurückgelegt.

Tipp

Antrag auf Pflichtversicherung

Frau Dorau hat jedoch die Möglichkeit, Versicherungspflicht für die Zeit des Bezugs von Arbeitslosengeld bzw. Arbeitslosengeld II zu beantragen (§ 4 Abs. 3 Nr. 1 SGB VI). Die Zeiten des Bezugs dieser Entgeltersatzleistungen gelten dann auch als Pflichtversicherungszeiten, sodass Frau Dorau die Anspruchsvoraussetzungen für die Zahlung einer Rente wegen voller Erwerbsminderung erfüllt hätte. Die Beiträge würden dann von der Bundesagentur für Arbeit gezahlt.

Wer zahlt die Beiträge?

Beim Bezug von Entgeltersatzleistungen werden die Rentenversicherungsbeiträge in der Regel von dem zuständigen Leistungsträger alleine gezahlt, z.B. beim Bezug von Arbeitslosengeld von der Bundesagentur für Arbeit. Wird Krankengeld oder Verletztengeld gezahlt, dann müssen die jeweiligen Sozialleistungsträger, d.h. bei der Gewährung von Krankengeld die Krankenkasse und bei der Zahlung von Verletztengeld die zuständige Berufsgenossenschaft, und der Leistungsberechtigte die Beiträge je zur Hälfte tragen. Beitragsbemessungsgrundlage sind 80 Prozent des der Entgeltersatzleistung zugrunde liegenden Arbeitsentgelts oder -einkommens. Beim Bezug von Arbeitslosengeld II betrug die Bemessungsgrundlage für die Beitragsentrichtung ab 2005 400 Euro, d.h. von diesem Betrag wurden Beiträge zur Rentenversicherung gezahlt. Vom 1.1.2007 bis zum 31.12.2010 waren es 205 Euro.

Zeiten der Pflege eines Pflegebedürftigen

Pflegezeiten = Pflichtbeitragszeiten

Am 1.1.1995 trat das Gesetz zur sozialen Absicherung des Risikos der Pflegebedürftigkeit (Pflegeversicherungsgesetz) in Kraft. Seit dem 1.4.1995 werden bei häuslicher Pflege Leistungen aus der Pflegeversicherung gewährt. Die Leistungsträger sind bei Mitgliedern in der gesetzlichen Krankenversicherung die Pflegekassen, deren Aufgaben von den Krankenkassen übernommen werden bzw. bei privat Krankenversicherten das jeweilige Versicherungsunternehmen. Der Pflegebedürftige hat zwei

Möglichkeiten, Pflegeleistungen in Anspruch zu nehmen: Er kann sich einmal von den Pflegekräften eines sozialen Pflegedienstes pflegen lassen. In diesem Beispiel erhält der Pflegebedürftige selbst von der Pflegekasse kein Geld, sondern die Kasse rechnet mit dem Pflegedienst unmittelbar ab. Die Pflege wird dem Pflegebedürftigen als sogenannte Sachleistung gewährt. Die andere Möglichkeit besteht darin, dass der Pflegebedürftige je nach Grad seiner Pflegebedürftigkeit Pflegegeld von der Pflegekasse erhält und die Pflegetätigkeit sozusagen von »Privatpersonen«, d.h. nicht von einem Pflegedienst durchgeführt wird. Der Kreis der Pflegepersonen umfasst hierbei in erster Linie Familienangehörige, Verwandte, aber auch Nachbarn, Freunde und sonstige Helfer. Für diesen Personenkreis hat die Pflegetätigkeit auch rentenrechtliche Bedeutung: Pflegepersonen sind seit dem 1.4.1995 für die Dauer der Pflegetätigkeit in der gesetzlichen Rentenversicherung pflichtversichert (§ 3 Nr. 1a SGB VI).

Lassen Sie uns die Grundsätze der Pflichtversicherung wegen Pflege anhand einiger Beispiele kurz erörtern:

Beispiel

Nehmen wir an, Frau Ernst pflegt ihren schwerstpflegebedürftigen Ehemann schon seit zehn Jahren rund um die Uhr. Herr Ernst bezieht seit dem 1.1.2009 von der Pflegekasse Pflegegeld nach der Pflegestufe III (2011: 685 Euro, ab 2012 700 Euro monatlich). Frau Ernst möchte wissen, wie sich ihre Pflegetätigkeit auf ihre Rentenversicherung auswirkt und was sie unternehmen muss.

Nichterwerbsmäßige Pflege

Pflegepersonen wie Frau Ernst sind in der gesetzlichen Rentenversicherung pflichtversichert, wenn sie einen Pflegebedürftigen, der Leistungen aus der gesetzlichen Pflegeversicherung erhält, wenigstens 14 Stunden wöchentlich in seiner häuslichen Umgebung nicht erwerbsmäßig pflegen. Eine nichterwerbsmäßige Pflege liegt vor, wenn die Pflegekraft für ihre Arbeit kein Geld oder zumindest nicht mehr erhält als das Pflegegeld des Pflegebedürftigen. Das Pflegegeld beträgt bei Pflegebedürftigen der Pflegestufe I im Jahr 2011 monatlich 225 Euro (2012: 235 Euro), der Stufe II 430 Euro (2012: 440 Euro) und bei Pflegebedürftigen der Stufe III – wie bei Herrn Ernst – 685 Euro im Monat (2012: 700 Euro). Erhielte also Frau Ernst oder eine andere Pflegekraft von Herrn Ernst 2011 nicht mehr als 685 Euro im Monat, wäre die Pflege nicht erwerbsmäßig. Die Nichterwerbsmäßigkeit wird bei Familienangehörigen, Verwandten, Freunden oder Nachbarn in der Regel ohne nähere Prüfung unterstellt. Da Frau Ernst ihren Mann ganztags pflegt, erbringt sie auch die wöchentliche Mindestpflegezeit von 14 Stunden. Die Pflegezeit ist damit vollwertige Pflichtbeitragszeit, die ebenso wie die Kindererziehungszeiten Rentenansprüche begründen kann und die spätere Rente erhöht. Beiträge braucht Frau Ernst nicht zu entrichten. Die Rentenversicherungsbeiträge werden für sie von der Pflegekasse an den Rentenversicherungsträger gezahlt, an den für sie – z.B. aufgrund einer früheren versicherungspflichtigen Erwerbstätigkeit – bereits schon mal Beiträge gezahlt worden sind. Sind für Frau Ernst noch keine Rentenversicherungsbeiträge entrichtet worden, wird sie automatisch bei der Deutschen Rentenversicherung Bund oder auf ihren Antrag bei einem regionalen Rentenversicherungsträger (z.B. Deutsche Rentenversicherung Mitteldeutschland) versichert. Bei privat Krankenversicherten zahlt das private Versicherungsunternehmen, bei Beihilfeberechtigten (z.B. Beamten) zahlen die Festsetzungsstelle für Beihilfe und das private Versicherungsunternehmen bzw. die Pflegekasse die Beiträge.

!

Antragstellung nicht vergessen

Frau Ernst muss jedoch die Pflichtversicherung bei der Pflegekasse beantragen, die das Pflegegeld zahlt (bei privat Krankenversicherten bzw. Beihilfeberechtigten also bei dem privaten Krankenversicherungsunternehmen bzw. der Festsetzungsstelle für Beihilfe).

Das Antragsschreiben könnte folgenden Text haben:

Beantragung der Pflegeversicherung bei der Pflegekasse

Wilma Ernst Ort, Datum
Straße
Ort

AOK Rheinland
– Pflegekasse –
Straße
Ort

Versicherungspflicht wegen nichterwerbsmäßiger Pflege

Sehr geehrte Damen und Herren,

hiermit zeige ich an, dass ich meinen Ehemann ganztägig pflege. Meinem Mann ist mit Bescheid vom _____ (Datum) Pflegegeld nach der Pflegestufe III zuerkannt worden.

Ich bitte, mich zur Durchführung der Pflichtversicherung in der gesetzlichen Rentenversicherung wegen nichterwerbsmäßiger Pflege bei der Deutschen Rentenversicherung Westfalen zu melden, an die für mich zuletzt Pflichtbeiträge entrichtet worden sind.

Mit freundlichen Grüßen

______

Es empfiehlt sich, den Antrag unverzüglich zu stellen.

Wie hoch ist die Rente?

Die Höhe der Rente, die der Pflegende durch die nichterwerbsmäßige Pflege erwirtschaftet, richtet sich nach der Pflegestufe des Pflegebedürftigen und dem wöchentlichen Pflegeaufwand. Je höher die Pflegestufe und je zeitaufwendiger die Pflege, um so höher sind auch die Beiträge, die für die Pflegeperson gezahlt werden und desto höher ist damit auch die durch die Pflege erwirtschaftete spätere Rente. Bei der Berechnung der Beiträge wird unabhängig davon, wie viel Geld die Pflegekraft für ihre Pflegetätigkeit tatsächlich erhält, ein Teil der Bezugsgröße als Gehalt unterstellt. Die Bezugsgröße ist eine Rechengröße in der Sozialversicherung, die jährlich dynamisiert wird. Sie betrug z.B. 2011 in den alten Bundesländern 2.555 Euro monatlich, in den neuen Bundesländern 2.240 Euro.

Pflegt z.B. jemand wie Frau Ernst einen Schwerstpflegebedürftigen für die Dauer von mehr als 28 Stunden wöchentlich, dann würde für die Rentenberechnung unterstellt, dass sie hierfür ein Gehalt in Höhe von 80 Prozent der Bezugsgröße, also im Jahr 2011 z.B. in den alten Bundesländern in Höhe von 2.044 Euro (bzw. 80 Prozent von 2.555 Euro) erhält. Hiervon muss die zuständige Pflegekasse Beiträge an den Rentenversicherungsträger zahlen. Bei einem 2011 geltenden Beitragssatz von 19,9 Prozent ergäbe sich ein monatlicher Beitrag von 406,76 Euro und damit für die Pflege für die Dauer eines Jahres eine spätere monatliche Rente von ca. 23 Euro monatlich.

Beispiel

Nehmen wir an, Frau Ernst schafft die Pflege ihres Mannes nicht mehr allein. Ihre Schwester beteiligt sich deshalb in einem Umfang von 15 Stunden wöchentlich an der Pflege ihres Schwagers. Sie möchte wissen, ob auch für sie Rentenversicherungsbeiträge entrichtet werden.

Pflegezeiten können aufgeteilt werden

Es können sich auch mehrere Personen die Pflege eines Pflegebedürftigen teilen. Sie sind dann alle rentenpflichtversichert, sofern sie – jeweils für sich gesehen – die Pflegetätigkeit regelmäßig mindestens 14 Stunden wöchentlich ausüben und die Pflege nicht erwerbsmäßig ist.

!

Vorsicht bei Erwerbstätigkeit

Voraussetzung für die Pflichtversicherung ist jedoch immer, dass die Pflegekraft neben der Pflege regelmäßig nicht mehr als 30 Stunden wöchentlich erwerbstätig ist (§ 3 S. 2 SGB VI). Bei diesen Personen wird unterstellt, dass sie schon durch ihre Erwerbstätigkeit ausreichend in der gesetzlichen Rentenversicherung oder ansonsten abgesichert sind und der zusätzlichen Absicherung durch die Pflegetätigkeit nicht mehr bedürfen.

Würde die Schwester der Frau Ernst z.B. ganztags und damit mehr als 30 Stunden wöchentlich arbeiten und abends ihren Schwager pflegen, bestünde für sie wegen der Pflege keine Pflichtversicherung in der gesetzlichen Rentenversicherung. Würde sie nur z.B. 20 Stunden arbeiten, würden für sie neben den Beiträgen aus ihrer Beschäftigung auch von der Pflegekasse Rentenversicherungsbeiträge entrichtet.

d) Versicherungspflicht auf Antrag

Im Abschnitt »Die Versicherungspflicht« (S. 155 ff.) konnten wir bisher lesen, dass bestimmte Personengruppen, z.B. Arbeitnehmer, der Versicherungspflicht unterliegen, ob sie wollen oder nicht, d.h. es besteht eine Zwangsversicherung. Andere Personengruppen wiederum, insbesondere Selbstständige oder andere Personen, die keiner abhängigen Beschäftigung nachgehen, sind von der Versicherungspflicht ausgeschlossen, weil der Gesetzgeber es ihnen im Prinzip selber überlassen will, ob und wie sie für ihr Alter vorsorgen und sich vor Erwerbsminderung schützen wollen. Andererseits eröffnet das Gesetz aber auch diesen Personengruppen unter bestimmten Voraussetzungen die Möglichkeit, sich in der Rentenversicherung pflichtversichern zu lassen, weil dies – gegenüber der freiwilligen Versicherung (vgl. hierzu unten »Freiwillige Versicherung«, S. 202 ff.) – gewisse Vorteile bietet bzw. Nachteile vermeiden kann.

Einen Fall der Pflichtversicherung auf Antrag, die in § 4 SGB VI geregelt ist, haben wir in Beispiel auf S. 179 schon kennengelernt: Dort bestand während des Bezugs von Arbeitslosengeld keine Versicherungspflicht, weil Frau Dorau vor Beginn der Zahlung des Arbeitslosengeldes nicht zuletzt pflichtversichert war. Der Bezug von Arbeitslosengeld war deshalb nur Anrechnungszeit. Um die daraus entstehenden und im Beispiel (S. 179) beschriebenen Nachteile zu vermeiden, hatte Frau Dorau die Möglichkeit, die Pflichtversicherung zu beantragen, sodass die Rentenversicherungsbeiträge von der Bundesagentur für Arbeit hätten gezahlt werden müssen.

Selbstständige Der Hauptfall der Antragspflichtversicherung ist in § 4 Abs. 2 SGB VI geregelt, wonach auch Selbstständige auf Antrag Pflichtmitglied in der gesetzlichen Rentenversicherung werden können:

Beispiel

Nehmen wir an, Herr Greiner hat am 1.1.2009 ein kleines Wirtschaftsberatungsunternehmen mit zwei Mitarbeitern in Berlin gegründet. Er hat gehört, dass er als Selbstständiger freiwillige Beiträge in die Rentenversicherung einzahlen, aber auch Pflichtmitglied werden kann. Da er sich neben einer Lebensversicherung ein zweites »Standbein« für seine Altersversorgung schaffen will, möchte er wissen, welches der beiden Modelle für ihn besser ist und unter welchen Voraussetzungen er Pflichtmitglied in der Rentenversicherung werden kann.

Antrag auf Pflichtversicherung Herr Greiner liegt zunächst richtig mit seiner Vermutung, dass er (auf Antrag) freiwillige Beiträge zahlen kann, denn freiwilliges Mitglied in der gesetzlichen Rentenversicherung kann jeder werden, der älter als 16 Jahre ist, in Deutschland seinen gewöhnlichen Aufenthalt hat und nicht pflichtversichert ist (§ 7 SGB VI). Nach § 4 Abs. 2 SGB VI haben Selbstständige jedoch auch die Möglichkeit, sich in der gesetzlichen Rentenversicherung pflichtversichern zu lassen, wenn sie innerhalb von fünf Jahren nach Aufnahme ihrer selbstständigen Tätigkeit einen entsprechenden Antrag stellen. Zu den Selbstständigen gehören z.B. Wirtschaftsprüfer, Einzelhandelskaufleute, Handelsvertreter, Makler, mitarbeitende Gesellschafter und alle übrigen Selbstständigen aber auch die von § 2 Nr. 1, 2 und 9 SGB VI erfassten Selbstständigen, wenn sie einen pflichtversicherten Mitarbeiter beschäftigt haben und deshalb als Selbstständige nicht pflichtversichert sind (vgl. hierzu S. 161 ff.).

Vor- und Nachteile der Pflichtversicherung/ freiwilligen Versicherung

Da sowohl bei der Pflichtversicherung als auch im Falle der freiwilligen Versicherung die Beiträge allein von dem Selbstständigen zu zahlen sind, stellt sich die Frage, welche Vor- und Nachteile die jeweiligen Versicherungsmodelle bieten. Die freiwillige Versicherung hat den Vorteil, dass der Versicherte die Höhe der monatlichen Beiträge im Rahmen eines Mindest- und Höchstbeitrages (vgl. hierzu »Die Freiwillige Versicherung«, S. 241 ff.) frei wählen kann und dass er jederzeit in die Versicherung eintreten und wieder aus der Versicherung austreten kann, wenn er aus irgendwelchen Gründen keine Beiträge mehr zahlen will. Die Pflichtversicherung kann der Selbstständige nur innerhalb der oben erwähnten Fünf-Jahres-Frist begründen, und die Pflichtversicherung bleibt bis zur Aufgabe der selbstständigen Erwerbstätigkeit ohne Auflösungsmöglichkeit bestehen (vgl. BSG, Urteil vom 22.6.2005, Az.: B 12 RA 2/04 R). Die Pflichtversicherung kann nicht »gekündigt« werden. Der Versicherungsträger kann deshalb die Beiträge auch eintreiben und Säumniszuschläge erheben. Um dies zu vermeiden, sollten Sie die Beiträge in jedem Falle abbuchen lassen. Im Übrigen ist bei der Pflichtversicherung die Höhe des monatlichen Beitrages vorgeschrieben: Als Einkommen wird bei dem Selbstständigen ein Einkommen in Höhe der Bezugsgröße (2011 in den alten Bundesländern 2.555 Euro, in den neuen Bundesländern 2.240 Euro) unterstellt, von dem dann dem jeweiligen Beitragssatz entsprechend (2011 z.B. 19,9 Prozent) Beiträge zu entrichten sind. Weist der Selbstständige ein höheres oder geringeres Einkommen als die Bezugsgröße mit seinem Einkommensteuerbescheid nach, dann kann er beantragen, dass dieses Einkommen als Bemessungsgrundlage herangezogen wird. Bei der Abwägung, ob der Selbstständige die freiwillige Versicherung oder die Pflichtversicherung wählen soll, ist auch zu berücksichtigen, dass einige Renten (z.B. die Renten wegen Erwerbsminderung und die Altersrente wegen Arbeitslosigkeit) zwingend die Entrichtung von Pflichtbeiträgen voraussetzen (siehe S.106 ff.). Wer sich also als Selbstständiger in der gesetzlichen Rentenversicherung insbesondere vor Erwerbsminderung schützen will, muss unbedingt Pflichtbeiträge zahlen. Außerdem setzt auch die Anerkennung von bestimmten Anrechnungszeiten (vgl. hierzu »Die Anrechnungszeiten«, S. 221 ff.) die Entrichtung von Pflichtbeiträgen voraus.

Wird z.B. ein pflichtversicherter Selbstständiger arbeitsunfähig krank, dann ist auch diese Zeit bei der späteren Berechnung der Rente und je nach Rentenart auch bei der Wartezeit zu berücksichtigen. Ist der Selbstständige nur freiwillig versichert, kommt die Anrechnungszeit nicht zum Tragen.

Für die Altersversorgung reicht die freiwillige Versicherung

Wer als Selbstständiger nur seine Altersversorgung insbesondere ab Vollendung der Regelaltersgrenze oder die Versorgung seiner Hinterbliebenen sicherstellen will, braucht nur freiwillige Beiträge zu zahlen, denn diese reichen zur Erfüllung der jeweiligen Wartezeit aus.

!

Der Selbstständige zahlt bis zum Ablauf von drei Kalenderjahren nach Aufnahme der selbstständigen Tätigkeit nur die Hälfte des an der Bezugsgröße orientierten Beitrages. Er kann beantragen, auch den vollen Beitrag zu zahlen (§ 165 Abs. 1 S. 2 SGB VI).

e) Das Beitragsverfahren

Wie werden und wurden die Beiträge bezahlt?

Nachdem wir jetzt wissen, welche Personen in der gesetzlichen Rentenversicherung pflichtversichert sind, wollen wir uns nun mit der Frage auseinandersetzen, wie die Beiträge entrichtet werden und – was heute immer noch von Bedeutung sein kann – früher entrichtet wurden und welche rechtlichen Probleme im Zusammenhang mit der Beitragsentrichtung auftreten können.

Das Lohnabzugsverfahren

Beispiel

Gehen wir davon aus, dass Herr Berger als Arbeitnehmer beschäftigt ist. Ihm wird ein monatliches Gehalt von 1.500 Euro ausgezahlt. Der Arbeitgeber hat ihn

> jedoch – um Geld zu sparen – nicht bei der zuständigen Krankenkasse angemeldet und für ihn auch keine Sozialversicherungsbeiträge gezahlt. Dieser Missstand wird erst vier Jahre nach Beginn der Beschäftigung aufgrund einer Betriebsprüfung des zuständigen Rentenversicherungsträgers aufgedeckt. Herr Berger möchte nun wissen, ob die Beiträge für ihn noch rückwirkend gezahlt werden können bzw. müssen und wer die Beiträge zahlt oder ob die bisherige vierjährige Beschäftigung für seine spätere Rente verloren ist.

Arbeitgeber und Arbeitnehmer zahlen den Gesamtsozialversicherungsbeitrag zur Hälfte

Herr Berger unterlag mit seinem Verdienst von mehr als 400 Euro der Versicherungspflicht in der gesamten Sozialversicherung (bei einem Verdienst von 400 Euro oder weniger wäre er als geringfügig Beschäftigter versicherungsfrei; vgl. S. 202 ff.), sodass für ihn Beiträge zur Kranken-, Renten-, Arbeitslosen- und zur Pflegeversicherung hätten entrichtet werden müssen. Diese Beiträge müssen der Arbeitgeber und der Arbeitnehmer im Regelfall je zur Hälfte tragen. Dabei ist der Arbeitgeber berechtigt, den Beitragsanteil des Arbeitnehmers direkt von dessen Lohn einzubehalten. Dieses Verfahren wird Lohnabzugsverfahren genannt. Die Beiträge werden anschließend von dem Arbeitgeber als sogenannter Gesamtsozialversicherungsbeitrag an die zuständige Krankenkasse, die auch Einzugsstelle genannt wird, überwiesen. Der Arbeitgeber ist der Beitragsschuldner. Die Einzugsstelle wiederum leitet den Arbeitslosenversicherungsbeitrag an die Bundesagentur für Arbeit, den Pflegeversicherungsbeitrag an die Pflegekasse und den Rentenversicherungsbeitrag an den zuständigen Rentenversicherungsträger weiter. Den Beitrag zur gesetzlichen Unfallversicherung muss der Arbeitgeber alleine tragen und der zuständigen Berufsgenossenschaft überweisen.

Fälligkeit der Beiträge

So weit das Verfahren. Nun zu der Frage zurück, ob im Ausgangsfall die Beiträge für Herrn Berger noch rückwirkend gezahlt werden können bzw. müssen. Grundsätzlich werden die Sozialversicherungsbeiträge (seit dem 1.1.2006) am drittletzten Bankarbeitstag des jeweiligen Monats der Versicherungspflicht fällig (§ 23 Abs. 1 SGB IV). So muss z.B. der Sozialversicherungsbeitrag für den Monat Oktober bis Ende Oktober (am drittletzten Bankarbeitstag) bei der Krankenkasse eingehen. Da der Arbeitgeber die Beiträge im Ausgangsfall nicht abgeführt hat, stellt sich die Frage, ob insbesondere die Rentenversicherungsbeiträge auch noch nach der Fälligkeit entrichtet werden können bzw. müssen, damit sie in die spätere Rente des Herrn Berger einfließen.

Die Beiträge müssen gezahlt worden sein

Damit Rentenversicherungsbeiträge bei der späteren Rente berücksichtigt werden können, müssen sie gezahlt worden sein. Bislang nicht gezahlte, aber fällig gewordene Pflichtbeiträge, sind natürlich vom Rentenversicherungsträger nach der Betriebsprüfung nachzufordern. Wurde die unterbliebene Beitragszahlung nicht im Rahmen einer vom Rentenversicherungsträger durchzuführenden Betriebsprüfung, sondern ansonsten, z.B. durch Herrn Berger selbst festgestellt, ist die Krankenkasse für die Beitragsnachforderung zuständig. Der Beitragsanspruch verjährt jedoch nach vier Jahren.

Wäre der letzte Beitrag für Herrn Berger z.B. im Oktober 2007 (am drittletzten Bankarbeitstag) fällig geworden, dann könnte dieser Beitrag wie alle übrigen Beiträge für das Jahr 2007 noch bis Ende 2011 nachgefordert werden, denn die vierjährige Verjährung beginnt mit dem Ende des Kalenderjahres, in dem die Beiträge fällig wurden. Die Beiträge für das Jahr 2008 könnten noch bis Ende 2012 nachgefordert werden. Beiträge, die wie hier vorsätzlich nicht gezahlt wurden, verjähren sogar erst nach 30 Jahren, d.h., sie können noch 30 Jahre lang nachgefordert werden.

Herr Berger braucht sich jedoch nicht mehr alle Beiträge rückwirkend vom Lohn abziehen zu lassen. Der Arbeitgeber darf den Anteil des Arbeitnehmers am Sozialversicherungsbeitrag nämlich für die Vergangenheit nur bei den drei nächsten Gehaltszahlungen nachholen, danach nur dann, wenn der Abzug ohne Verschulden des Arbeitgebers unterblieben ist. Ist Herr Berger nicht mehr bei dem

Arbeitgeber beschäftigt, dann muss der Arbeitgeber den Gesamtsozialversicherungsbeitrag (Arbeitnehmer- und Arbeitgeberbeitrag) alleine zahlen. Er kann ihn nicht mehr von Herrn Berger geltend machen, da der Arbeitgeber den Arbeitnehmerbeitrag nur vom Lohn einbehalten darf. Ist Herr Berger weiter beschäftigt, kann sein rückständiger Arbeitnehmeranteil von den nächsten drei Lohnzahlungen bis zur Pfändungsfreigrenze einbehalten werden. Ist jedoch die Beitragsnachforderung so hoch, dass der Arbeitnehmeranteil von den nächsten drei Gehaltszahlungen nicht in vollem Umfang einbehalten werden kann, muss der Arbeitgeber neben dem Arbeitgeberanteil den restlichen Arbeitnehmeranteil tragen.

Kann der Arbeitgeber die ausstehenden Rentenversicherungsbeiträge z.B. wegen Insolvenz nicht (mehr) zahlen, lässt sich eine Beitragszeit zugunsten des Beschäftigten nicht begründen. Die Zeit der Beschäftigung ist damit für die spätere Rente des Arbeitnehmers ohne Bedeutung. Ohne Zahlung der Beiträge keine Rente! Lesen Sie jedoch weiter.

Beispiel

Nehmen wir an, Herr Held ist Prokurist und verdient im Monat 7.000 Euro brutto. Er möchte wissen, wie hoch sein monatlicher Rentenversicherungsbeitrag ist.

Beitragssatz

Der Rentenversicherungsbeitrag ist bei Pflichtversicherten nach einem Beitragssatz, der jedes Jahr neu festgesetzt wird, vom Bruttolohn zu berechnen. Der Beitragssatz beträgt z.B. 2011 19,9 Prozent, d.h. 19,9 Prozent vom Bruttolohn sind als Rentenversicherungsbeitrag abzuführen, wobei Arbeitgeber und Arbeitnehmer je die Hälfte tragen. Der Bruttolohn, aus dem sich also die Höhe des Beitrags errechnet, wird auch Beitragsbemessungsgrundlage genannt. Der Bruttolohn wird jedoch nur bis zu einer bestimmten Grenze als Bemessungsgrundlage herangezogen. Diese Grenze wird Beitragsbemessungsgrenze ge-

Beitragsbemessungsgrundlage/ Beitragsbemessungsgrenze

nannt. Sie beträgt z.B. 2011 in den alten Bundesländern 5.500 Euro und in den neuen Bundesländern 4.800 Euro. Verdient also ein Beschäftigter wie Herr Held, bei dem wir eine Beschäftigung in den alten Bundesländern unterstellen, im Jahre 2011 mehr als 5.500 Euro monatlich, dann wird als Rentenversicherungsbeitrag nur ein Betrag in Höhe von 19,9 Prozent von 5.500 Euro abgeführt. Der Lohn, der diesen Betrag übersteigt, bleibt von der Beitragspflicht unberührt.

Beispiel

Nehmen wir an, Herr Igel, der in München lebt und dort auch zuletzt gearbeitet hat, wurde am 15.5.2010 60 Jahre alt und bezieht seit dem 1.6.2010 eine Altersrente für Schwerbehinderte. Als er sich den Rentenbescheid der zuständigen Deutschen Rentenversicherung Oberbayern, der ihm am 3.5.2010 zugegangen ist, genauer ansieht, stellt er fest, dass seine Beschäftigungszeit vom 1.6.1960 bis zum 31.12.1961 bei der Rente nicht berücksichtigt wurde. Während dieser Zeit hatte er als Bauhilfsarbeiter bei einer kleineren Baufirma in Düsseldorf gearbeitet und war seiner Erinnerung nach bei der AOK Düsseldorf krankenversichert. Was kann Herr Igel unternehmen?

Lücken im Versicherungsverlauf?

Herr Igel hat zunächst einmal insoweit richtig gehandelt, als er sich seinen Rentenbescheid genau angesehen und überprüft hat, ob darin auch alle Zeiten enthalten sind, die für die Berechnung der Rente von Bedeutung sind. Jeder Rentenbescheid enthält einen sogenannten Versicherungsverlauf, in dem chronologisch alle rentenrechtlichen Zeiten aufgeführt sind. Diesen Versicherungsverlauf müssen Sie genau prüfen und nachsehen, ob er alle Zeiten enthält, in denen Sie z.B. gearbeitet haben, sich noch in der Ausbildung befanden, schwanger waren, Kinder erzogen haben, arbeitslos waren oder eine Pflegetätigkeit ausgeübt oder andere rentenrechtliche Zeiten zurückgelegt haben.

Es müssen also alle Zeiten aufgeführt sein, die im Kapitel »Die rentenrechtlichen Zeiten« (S. 153 ff.) behandelt werden und die Sie zurückgelegt haben. Fehlen derartige Zeiten, dann sollten Sie gegen den Rentenbescheid vorsorglich Widerspruch einlegen. Ihr schriftlicher Widerspruch muss allerdings innerhalb eines Monats, nachdem Ihnen der Rentenbescheid zugegangen ist, beim Rentenversicherungsträger eingegangen sein. Herr Igel müsste also dafür Sorge tragen, dass sein Widerspruch der Landesversicherungsanstalt Oberbayern, die – wie wir noch lesen werden – für die Rentengewährung zuständig ist, bis zum 5.6.2005 einschließlich vorliegt.

Tipp

Widerspruch

Bevor wir ein Widerspruchsmusterschreiben formulieren, wollen wir uns mit der Rechtslage befassen: Wenn Herr Igel in der Zeit vom 1.6.1960 bis zum 31.12.1961 versicherungspflichtig beschäftigt war und für ihn während dieser Zeit Beiträge gezahlt worden sind, dann hat er auch Anspruch auf Anerkennung dieser Zeit als Pflichtbeitragszeit, die natürlich seine Rente erhöht. Die Anerkennung dieser Pflichtbeitragszeit ist jedoch mit folgenden Schwierigkeiten verbunden: Herr Igel muss die Entrichtung der Beiträge beweisen. Dabei ist er jedoch nicht auf sich allein gestellt, sondern der Rentenversicherungsträger ist verpflichtet, ihm dabei zu helfen. Das bedeutet, dass der Rentenversicherungsträger von sich aus – der Jurist sagt »von Amts wegen« – alle Ermittlungen durchführen muss, um festzustellen, ob für Herrn Igel in der fraglichen Zeit (Pflicht-)Beiträge gezahlt wurden.

Eintragung der Bruttolöhne

Um darstellen zu können, welche Beweismöglichkeiten hier bestehen, müssen wir noch einmal kurz auf das Verfahren der Beitragsentrichtung eingehen: Die Rentenversicherungsbeiträge wurden auch schon in den 60er Jahren nach dem oben beschriebenen Lohnabzugsverfahren entrichtet, das seit 1942 bis heute gilt. Die Beiträge wurden also auch im Falle von Herrn Igel zusammen mit den übrigen Sozialversicherungsbeiträgen vom Arbeitgeber an die zuständige Krankenkasse, hier also an die AOK Düsseldorf, abgeführt und von dieser an den zuständigen Rentenversicherungsträger weitergeleitet. Bis zum 31.12.1972 wurden außerdem für jeden Arbeitnehmer Versicherungskarten (auch Quittungskarten genannt) ausgestellt und geführt. Auf der Vorderseite einer solchen Karte wurden u.a. Name, Wohnort, Geburtstag und die jeweilige Tätigkeit des Versicherten eingetragen. Auf der Rückseite musste der Arbeitgeber Jahr für Jahr bzw. am Ende der Beschäftigung eintragen, wie viel der Arbeitnehmer brutto verdient hatte, d.h. also von welchem Lohn die Beiträge entrichtet wurden. Endete ein Beschäftigungsverhältnis, wurde die Karte dem Arbeitnehmer ausgehändigt, damit er sie seinem nächsten Arbeitgeber zur weiteren Eintragung übergeben konnte. Die erste Karte erhielt die Ordnungsnummer eins und wurde wie die Folgekarten von der Gemeindeverwaltung ausgestellt.

Umtausch der Versicherungskarte

War auf der Rückseite der Karte kein Platz mehr für weitere Eintragungen, war die Karte also voll, musste sie bei der Gemeindeverwaltung oder der zuständigen Krankenkasse eingereicht werden, die sie zur Archivierung dem zuständigen Rentenversicherungsträger übersandte. Erst hierdurch erfuhr der Rentenversicherungsträger, dass und in welchem Umfang Rentenversicherungsbeiträge für den Versicherten gezahlt worden waren.

Aufrechnungsbescheinigung

Der Versicherte erhielt zum Nachweis der Beitragsentrichtung eine Bescheinigung, die alle Eintragungen der Versicherungskarte bestätigte. Diese Bescheinigung wurde Aufrechnungsbescheinigung genannt. Außerdem wurde dem Versicherten die nächste Versicherungskarte mit der nächsten Ordnungsnummer ausgestellt, damit er sie seinem Arbeitgeber zur weiteren Eintragung der Bruttolöhne übergeben konnte.

Im Ausgangsfall wäre es natürlich für Herrn Igel am günstigsten, wenn er noch die Aufrechnungsbescheinigung oder die noch nicht volle und damit noch nicht aufgerechnete Versicherungskarte, in denen die Zeit vom 1.6.1960 bis zum 31.12.1961 bestätigt ist, vorlegen könnte. Damit wäre die Beitragsentrichtung bewiesen. Hat er diese Unterlagen nicht (mehr), dann muss die Deutsche Rentenversicherung Oberbayern, die für die Rentenzahlung zuständig ist, weil an sie die letzten Beiträge gezahlt wurden, weitere Ermittlungen anstellen. Sie wird zunächst bei der Deutschen Rentenversicherung Rheinland (früher Landesversicherungsanstalt Rheinprovinz) als dem seinerzeit zuständigen Rentenversicherungsträger nachfragen, ob dort Versicherungskarten für Herrn Igel archiviert sind. Wenn in dieser Karte Bruttoentgelte für die streitige Zeit eingetragen sind, wäre die Beitragsentrichtung ebenfalls bewiesen. Nachforschungen bei der Krankenkasse (hier der AOK Düsseldorf) erscheinen nur wenig erfolgversprechend, weil die Kassen ihre Unterlagen über den Beitragseinzug in der Regel nur 30 Jahre lang aufbewahren.

Beweis der Beitragsentrichtung/ Glaubhaftmachung

Problematisch wird die Beweislage natürlich, wenn sich keine Versicherungskarte auffindet, was in der Praxis nicht selten vorkommt, weil sich der Versicherte z.B. eine neue Versicherungskarte ausstellen ließ, obwohl die alte noch nicht voll war, sodass die vorherige Karte nicht zum Umtausch gelangt ist. Manchmal sind auch Beschäftigungsverhältnisse nicht in die Versicherungskarten eingetragen worden. In diesen Fällen erleichtert das Gesetz den Beweis der Beitragsentrichtung: Es reicht aus, wenn glaubhaft gemacht werden kann, dass der Arbeitgeber den Beitragsanteil des Arbeitnehmers vom Lohn abgezogen hat oder wenn der Versicherte glaubhaft macht, dass er eine versicherungspflichtige Beschäftigung gegen Arbeitsentgelt ausgeübt hat und für diese Beschäftigung Beiträge gezahlt worden sind. In diesem Fall gilt der Beitrag als gezahlt (§§ 203, 286 Abs. 6 SGB VI). Der Beitragsabzug vom Lohn bzw. die Beitragsentrichtung sind glaubhaft gemacht, wenn sie überwiegend wahrscheinlich sind, d.h. wenn im Sinne einer guten Möglichkeit mehr dafür als dagegen spricht.

Tipp

Geeignete Beweismittel

Im Ausgangsfall könnte Herr Igel z.B. alte Lohnabrechnungen oder Steuerbescheide vorlegen, aus denen sich ergibt, dass Beiträge vom Lohn einbehalten wurden. Er könnte auch den ehemaligen Firmeninhaber oder Lohnbuchhalter als Zeugen benennen, damit diese den Beitragsabzug bzw. die versicherungspflichtige Beschäftigung und Beitragszahlung möglicherweise anhand alter Gehaltsbücher oder sonstiger Lohnunterlagen oder auch nur aus dem Gedächtnis heraus überzeugend bestätigen. Der Beitragsabzug vom Lohn bzw. die Entrichtung der Beiträge ist auch dann überwiegend wahrscheinlich, wenn das versicherungspflichtige Beschäftigungsverhältnis z.B. durch Arbeitszeugnisse glaubhaft gemacht ist und für Kollegen nachgewiesenermaßen Beiträge gezahlt wurden. Dies lässt in der Regel die Schlussfolgerung zu, dass auch für den Versicherten Beiträge entrichtet bzw. vom Lohn abgezogen worden sind. Die Beitragsentrichtung könnte sich auch aus dem Sammelbuch über die Aufrechnung von Quittungskarten, das seinerzeit von den Gemeindeverwaltungen zu führen war, aus Bescheinigungen über die Einzahlung der Beiträge (z.B. Zahlkartenabschnitte) oder auch aus entsprechenden Dokumenten der Rentenversicherungsträger (z.B. Versicherungsverläufe, Beitragsaufstellungen eines Rentenversicherungsträgers oder Bescheide über die Wiederherstellung von Versicherungsunterlagen), die Herr Igel möglicherweise in Händen hält, ergeben. Es reicht hingegen nicht aus, dass nur die versicherungspflichtige Beschäftigung glaubhaft gemacht wird.

Im Falle von Herrn Igel könnte der eingangs besprochene Widerspruch folgendermaßen formuliert werden:

Widerspruch gegen Rentenbescheid

Manfred Igel Datum
Straße
Ort

Deutsche Rentenversicherung
Oberbayern
Straße
Ort

Rentenbescheid vom 2.5.2010

> Sehr geehrte Damen und Herren,
>
> gegen vorgenannten Bescheid, der mir am 5.5.2010 zugegangen ist, lege ich hiermit fristgerecht Widerspruch ein.
>
> Bei der Berechnung meiner Rente ist die Pflichtbeitragszeit vom 1.6.1960 bis zum 31.12.1961 zu Unrecht nicht berücksichtigt worden. Ich war während dieser Zeit bei der Firma Bauer, _____ (Adresse) in Düsseldorf als Bauhilfsarbeiter beschäftigt. Sozialversicherungsbeiträge sind an die AOK Düsseldorf als Einzugsstelle abgeführt worden. Ich bitte, die erforderlichen Ermittlungen einzuleiten.
>
> oder:
>
> Eine Ablichtung der Aufrechnungsbescheinigung (oder der anderen genannten Unterlagen) ist beigefügt.
>
> oder:
>
> Eine Ablichtung meiner Lohnunterlagen, aus denen sich der Beitragsabzug ergibt, ist beigefügt.
>
> oder:
>
> Eine Ablichtung meines Arbeitszeugnisses ist beigefügt.
>
> Ich bitte, den ehemaligen Lohnbuchhalter der Firma Bauer, Herrn _____ (Name, Adresse) als Zeugen zu vernehmen. Er wird bestätigen, dass ich während der oben genannten Zeit versicherungspflichtig beschäftigt war und Rentenversicherungsbeiträge für mich entrichtet wurden.
>
> Mit freundlichen Grüßen
>
> _____

Anrechnungszeiten wegen Arbeitsunfähigkeit, Schwangerschaft oder Arbeitslosigkeit (vgl. hierzu »Die Anrechnungszeiten«, S. 246 ff.) wurden ebenfalls in die Versicherungskarten eingetragen.

Versicherungsnachweisheft

Mit Wirkung vom 1.1.1973 ist das Lohnabzugsverfahren geändert worden. Von diesem Zeitpunkt an wurden für versicherungspflichtig Beschäftigte keine Versicherungskarten mehr ausgestellt, sondern der Arbeitgeber muss die für die

Durchführung der Sozialversicherung maßgeblichen Daten (z.B. Name, Anschrift und Geburtsdatum des Versicherten, Beginn der Beschäftigung, Höhe des monatlichen Bruttolohns und der gezahlten Beiträge) anhand bestimmter Vordrucke, die in einem sogenannten Versicherungsnachweisheft enthalten sind, der zuständigen Krankenkasse melden, die diese Daten wiederum dem zuständigen Rentenversicherungsträger – in der Arbeiterrentenversicherung über die Datenstelle der Rentenversicherung – zuleitet. Eine Durchschrift des Meldebelegs erhielt der Versicherte als Nachweis von seinem Arbeitgeber ausgehändigt.

Die Krankenkasse und der Rentenversicherungsträger könnten insbesondere großen Arbeitgebern auch gestatten, die vorgenannten Daten auf maschinell verwertbaren Datenträgern (z.B. Magnetbändern) zu melden. Dem Versicherten wurde dann ein besonderer Nachweis über die Beitragszeiten ausgehändigt.

Seit dem 1.1.1999 sind die Versicherungsnachweishefte weggefallen. An ihre Stelle ist ein Blankovordruck getreten, der für alle Meldeanlässe verwendet werden kann.

Als Beitrag zur Vereinfachung des Meldeverfahrens haben die Krankenkassen als Einzugsstelle seit 1.10.2000 für alle Betriebe mit systemgeprüfter Software und seit 1.1.2001 für alle andere interessierten Betriebe ein Melde- und Beitragsnachweisverfahren per E-Mail eingeführt. Der Vorteil dieses Systems ist neben der automatischen Ausfüllhilfe bei der Erstellung der Meldungen und Beitragsnachweise durch das Programm, dass die Arbeitgeber diese E-Mail nur noch an eine Adresse versenden müssen. Die Meldungen und Beitragsnachweise werden dann automatisch auf die richtige Einzugsstelle verteilt. Im Übrigen erhalten die Arbeitgeber von den Krankenkassen zeitnah – wenn möglich ebenfalls per E-Mail – einen Rücklauf bei der Vergabe von Versicherungsnummern. Seit dem 1.1.2006 sind nur noch elektronische Meldungen zulässig.

Bei der ersten Meldung eines versicherungspflichtigen Beschäftigungsverhältnisses werden jedem Versicherten

– neben dem Versicherungsnachweisheft eine Versicherungsnummer und – seit dem 1.7.1991 – ein Sozialversicherungsausweis zugeteilt bzw. ausgestellt. Die Versicherungsnummer enthält u.a. das Geburtsdatum (ohne Jahrhundertangabe) und den Anfangsbuchstaben des Familiennamens (Geburtsname).

Versicherungsnummer und Sozialversicherungsausweis

So bedeutet z.B. die Versicherungsnummer 65 160616 B 504, dass die Versicherte Gertrud Becker (B = Becker) am 16.6.1916 geboren wurde. 65 steht für die Deutsche Rentenversicherung Nord. Die Seriennummern für männliche Versicherte erhalten die Nummern 00–99, weibliche Versicherte 50–99.

Tipp

Falls Sie sich mit Ihrem Rentenversicherungsträger in Verbindung setzen, müssen Sie immer Ihre Versicherungsnummer angeben.

Mitführung des Sozialversicherungsausweises

Vor allem Beschäftigte im Baugewerbe, im Gaststätten- und Beherbergungsgewerbe, im Personen- und Güterbeförderungsgewerbe, im Schaustellergewerbe, im Gebäudereinigungsgewerbe, in Unternehmen der Forstwirtschaft und von Unternehmern, die sich am Auf- und Abbau von Messen und Ausstellungen beteiligen, sind zur Mitführung des Sozialversicherungsausweises verpflichtet.

!

Jahresmeldung

Neben der monatlichen Beitragsabrechnung muss der Arbeitgeber eine Jahresmeldung abgeben. Darin bescheinigt der Arbeitgeber den Bruttolohn des vergangenen Jahres. Eine Durchschrift der Meldung erhält der Arbeitnehmer bis spätestens zum 15.4. des Folgejahres (bis zum 31.12.1998 musste die Meldung bis zum 31.3. des Folgejahres abgegeben werden). Diese Jahresmeldung ist besonders wichtig, weil nur sie die Grundlage für die spätere Rentenberechnung bildet.

Tipp

Jahresmeldung genau prüfen

Sie müssen deshalb jede Jahresmeldung genau prüfen und insbesondere darauf achten, dass die Beschäftigungszeiten und die Löhne richtig eingetragen sind. Bei Unstimmigkeiten sollten Sie sich sofort an Ihren Arbeitgeber wenden, damit dieser gegebenenfalls fehlerhafte Meldungen korrigiert. Falls sich die Probleme nicht lösen lassen, wenden

Sie sich an Ihre Krankenkasse. Diese Jahresmeldung ist für Sie nicht nur der Versicherungsnachweis, sondern – wie gesagt – Grundlage der späteren Rentenberechnung und damit praktisch bares Geld.

Liegen dem Rentenversicherungsträger für die Zeit nach dem 1.1.1973 keine Meldungen über den Bestand eines Beschäftigungsverhältnisses vor, dann reicht es auch hier für die Anerkennung von Pflichtbeitragszeiten aus, wenn der Versicherte mit den oben beschriebenen Beweismitteln glaubhaft macht, dass er gegen Arbeitsentgelt beschäftigt war und hierfür Beiträge gezahlt wurden (§ 203 Abs. 1 SGB VI).

Wäre Herr Igel z.B. vom 1.1.1974 bis zum 31.12.1974 versicherungspflichtig beschäftigt gewesen und lägen dem Rentenversicherungsträger entsprechende Meldungen seines damaligen Arbeitgebers nicht vor, wäre das Jahr 1974 als glaubhaft gemachte Beitragszeit anzuerkennen, wenn der damalige Lohnbuchhalter das Arbeitsverhältnis und die Beitragsentrichtung bestätigte.

! Anrechnungszeiten wegen Arbeitsunfähigkeit und Schwangerschaft (vgl. hierzu »Die Anrechnungszeiten«, S. 221 ff.) werden dem Rentenversicherungsträger von der Krankenkasse gemeldet.

Das Beitragsverfahren in der ehemaligen DDR

Ausweis für Arbeit und Sozialversicherung

In der ehemaligen DDR wurde das in den alten Bundesländern – wie auch zuvor im ehemaligen Deutschen Reich – bis 1973 praktizierte Versicherungskartensystem nach dem Ende des Zweiten Weltkrieges nicht wieder aufgenommen. Stattdessen diente der Ausweis für Arbeit und Sozialversicherung bzw. bis 1951 der Versichertenausweis zur Eintragung der Beitragszeiten. Der von dem Versicherten aufzubewahrende Ausweis für Arbeit und Sozialversicherung war das einzige Dokument für die Beitragszahlung und war der Sozialversicherung der DDR im Leistungsfall vorzulegen. Bei dieser oder anderen staatlichen Stellen wurden keine Unterlagen archiviert.

Vermutung der Beitragszahlung

Sind im Ausweis für Arbeit und Sozialversicherung Arbeitszeiten ordnungsgemäß bescheinigt, gilt die Vermutung, dass während der eingetragenen Zeit Versicherungspflicht bestand und für das angegebene Arbeitsentgelt die Beiträge gezahlt worden sind.

Tipp

Bewahren Sie deshalb Ihren Ausweis für Arbeit und Sozialversicherung gut auf. Sollte der Ausweis nicht mehr vorliegen, müssen die Versicherten glaubhaft machen (vgl. dazu S. 195), dass sie ein versicherungspflichtiges Arbeitsentgelt erzielt haben und von diesem entsprechende Beiträge gezahlt worden sind (§ 286 b SGB VI). Als Mittel zur Glaubhaftmachung des versicherungspflichtigen Verdienstes und der Beitragsentrichtung kommen Arbeitsbücher, Zeugnisse, Bescheinigungen des ehemaligen Arbeitgebers oder der staatlichen Versicherung der DDR, Beitragskarten für freiwillig Versicherte, Kontoauszüge der Sozialversicherung über freiwillige Beiträge oder auch Zeugenaussagen in Betracht. Auch Versicherungen an Eides statt des Versicherten selbst sind zugelassen.

Bis zum 30.6.1990 waren in der ehemaligen DDR Einkünfte bis zu einer Beitragsbemessungsgrenze von 600 Mark versicherungspflichtig, d.h., bis zu diesem Betrag waren (Pflicht-)Beiträge abzuführen. Ab dem 1.3.1971 konnten Versicherte der freiwilligen Zusatzrentenversicherung (FZR) beitreten, wenn ihr Bruttoverdienst die Grenze von 600 Mark überstieg. Von dem übersteigenden Betrag konnten bis zum 31.12.1976 freiwillige Beiträge bis zu einem Betrag von 1.200 Mark gezahlt werden. Vom 1.1.1977 bis zum 30.6.1990 (Tag der Schließung der FZR) konnten die Versicherten – abgesehen von einzelnen Berufsgruppen wie z.B. Rechtsanwälten oder Inhabern von Handwerks- und Gewerbebetrieben – frei wählen, für welchen den Grenzbetrag von 600 Mark übersteigenden Bruttoverdienst sie freiwillige Beiträge zahlen wollten. Auch die freiwilligen Beiträge sind bei der späteren Berechnung der Rente zu berücksichtigen.

1.2 Versicherungsfreiheit

Ausnahmen von der Versicherungspflicht

Wir haben bisher gesehen, dass für jeden Arbeitnehmer Pflichtbeiträge in die Rentenversicherung eingezahlt werden müssen. Von diesem Grundsatz gibt es jedoch einige Ausnahmen: Einige Beschäftigungsverhältnisse sind von der Versicherungspflicht ausgenommen, weil sie nur von geringer Bedeutung sind und deshalb eine soziale Schutzbedürftigkeit des Beschäftigten nicht angenommen wird. Andere Tätigkeiten wiederum unterliegen nicht der Versicherungspflicht, weil der Beschäftigte anderweitig gegen die von der gesetzlichen Rentenversicherung abgedeckten Lebensrisiken gesichert ist.

a) Die geringfügige Beschäftigung (»Minijob«)

Ausgenommen von der Versicherungspflicht in der Sozialversicherung, d.h. nicht nur in der Renten-, sondern auch in der Kranken-, Pflege- und Arbeitslosenversicherung, sind sogenannte geringfügig Beschäftigte. Sie sind versicherungsfrei. Dabei ist jedem Leser sicherlich der sogenannte »Minijobber« geläufig, dass also Arbeitnehmer versicherungsfrei sind, wenn sie im Monat nicht mehr als 400 Euro verdienen. Die Rechtslage ist jedoch komplizierter: Zum einen gibt es nicht nur diese Form geringfügig Beschäftigter, sondern auch noch andere Beschäftigungsverhältnisse, bei denen der Arbeitnehmer ebenfalls versicherungsfrei ist. Zum anderen sind die Voraussetzungen für die Versicherungsfreiheit recht kompliziert und hängen vom Einzelfall ab. Lassen Sie uns die Probleme anhand einiger Fälle genauer besprechen.

Beispiel

Nehmen wir an, Frau Klein wohnt in Nürnberg und arbeitet seit 1.1.2009 zweimal wöchentlich im Monat je vier Stunden im Bürohaus eines Versicherungsunternehmens als Raumpflegerin. Sie verdient im Monat 250 Euro. Frau Klein möchte wissen, ob sich diese Arbeit auf ihre spätere Rente positiv auswirkt, insbesondere, ob sie Beiträge zahlen muss.

Versicherungsfreiheit in der Renten-, Pflege-, Kranken- und Arbeitslosenversicherung

Ein Arbeitnehmer ist in der Kranken-, Pflege-, Arbeitslosen- und Rentenversicherung versicherungsfrei, wenn er eine sogenannte geringfügige Beschäftigung (»Minijob«) ausübt. Um eine solche handelt es sich, wenn der Arbeitnehmer – unabhängig von der Arbeitszeit – monatlich nicht mehr als 400 Euro verdient (geringfügig entlohnte Beschäftigung). Diese Höchstverdienstgrenze gilt seit dem 1.4.2003 in ganz Deutschland. Da Frau Klein weniger als 400 Euro verdient, ist auch sie versicherungsfrei, d.h., sie als Arbeitnehmerin braucht keine Sozialabgaben zu zahlen.

Arbeitgeber zahlt Pauschalbeiträge

Die Tatsache, dass Frau Klein versicherungsfrei ist, also keine Beiträge zur Sozialversicherung entrichten muss, bedeutet jedoch nicht, dass das geringfügige Beschäftigungsverhältnis für die Rentenversicherung keine Bedeutung entfaltet. Nur der Arbeitnehmer ist versicherungsfrei. Der Arbeitgeber ist hingegen seit dem 1.4.99 verpflichtet, vom Lohn, d.h. im Fall von Frau Klein von 250 Euro einen Pauschalbeitrag zur gesetzlichen Rentenversicherung zu entrichten, der bis zum 31.5.2006 12 Prozent des Bruttolohnes ausmachte und seit dem 1.6.2006 15 Prozent des Bruttolohnes beträgt. Der Arbeitgeber müsste also einen monatlichen Rentenversicherungsbeitrag für Frau Klein in Höhe von 37,50 Euro (15 Prozent von 250 Euro) zahlen. Falls Frau Klein Mitglied der gesetzlichen Krankenversicherung ist, muss der Arbeitgeber auch einen Pauschalbeitrag zur gesetzlichen Krankenversicherung in Höhe von 13 Prozent des Gehalts (bis zum 31.5.2006 11 Prozent) zahlen. Daneben hat der Arbeitgeber (bei einer Betriebsgröße von bis zu 30 Mitarbeitern) seit dem 1.1.2009 einen Betrag von 0,6 Prozent des Bruttolohnes für Erstattungsleistungen nach dem Aufwendungsausgleichsgesetz (früher Lohnfortzahlungsgesetz) bei Arbeitsunfähigkeit der geringfügig Beschäftigten (Lohnfortzahlung im Krankheitsfall) zu entrichten (sogenannte Umlage 1).

Für Arbeitsausfälle wegen Mutterschaft ist darüber hinaus die Umlage 2 in Höhe von 0,07 Prozent und außerdem eine Insolvenzumlage von 0,1 Prozent des Bruttolohnes zu zahlen. Der Arbeitgeber kann auch von der Vorlage der Steuerkarte absehen und einen Steuerpauschalbeitrag von zwei Prozent des Gehalts zahlen. Er kann jedoch auch hiervon absehen. Außerdem muss der Arbeitgeber bei der für seinen Betrieb zuständigen Berufsgenossenschaft Beiträge zur Unfallversicherung für alle Arbeitnehmer seines Betriebs zahlen.

Die Entrichtung von Unfallversicherungsbeiträgen an die Berufsgenossenschaft entfällt bei geringfügig Beschäftigten in Privathaushalten. Bei diesen Beschäftigten muss ein Pauschalbeitrag zur Unfallversicherung in Höhe von 1,6 Prozent an die Deutsche Rentenversicherung Knappschaft-Bahnsee gezahlt werden (lesen Sie hierzu S. 207 f.)

! Die Selbstversteuerung (durch den geringfügig Beschäftigten) lohnt sich, wenn der Arbeitnehmer die Steuer erstattet bekommt, weil sein Einkommen unter der für ihn maßgeblichen Steuerfreigrenze liegt. Ansonsten lohnt sich in der Regel die Pauschalbesteuerung (2 Prozent) durch den Arbeitgeber.

Knappschaft-Bahn-See zuständig

Für die gesamte steuer- und sozialversicherungsrechtliche Abwicklung ist die Deutsche Rentenversicherung Knappschaft-Bahn-See mit Hauptsitz in Bochum zuständig.

Anrechnung auf die Wartezeit

Die Zeit einer geringfügigen Beschäftigung wird (anteilig) auch auf die Wartezeiten (vgl. S. 231 ff.) angerechnet. Als Faustformel lässt sich sagen, dass die Zahl der in einer geringfügigen Beschäftigung zurückgelegten Monate, dividiert durch vier die Zahl der auf die Wartezeit anrechnungsfähigen Monate ergibt.

Hat also z.B. jemand ein Jahr geringfügig gearbeitet, so wären drei Monate (12 Monate : 4) auf die Wartezeit anrechenbar.

Die Zeiten der geringfügigen Beschäftigung sind jedoch keine »echten« Pflichtbeitragszeiten, mit denen Wartezeiten oder Rentenansprüche begründet werden. Allerdings gibt es hier Gestaltungsmöglichkeiten! Man kann als geringfügig Beschäftigter auf die Versicherungsfreiheit verzichten und hierdurch Pflichtversicherung und damit Rentenansprüche begründen (vgl. dazu S. 210).

Beispiel

Nehmen wir an, Frau Smolnarek, die Hausfrau ist, bekommt das Angebot, auf drei Volksfesten vom 1.1.2010 an hintereinander sechs Wochen lang täglich zehn Stunden im Ausschank zu arbeiten. Hierfür soll sie 2.045 Euro erhalten. Muss sie Sozialversicherungsbeiträge zahlen?

Beschäftigung von längstens zwei Monaten

Eine geringfügige und damit versicherungsfreie Beschäftigung liegt auch vor, wenn die Beschäftigung – bei täglichem Arbeitseinsatz – innerhalb eines Kalenderjahres, d.h. hier zwischen dem 1.1.2010 und 31.12.2010 von vornherein vertraglich auf längstens zwei Monate begrenzt ist (kurzzeitige Beschäftigung).

Dies ist bei Frau Klein der Fall. Falls der Arbeitseinsatz später über die zwei Monate hinaus verlängert wird oder Frau Klein bis zum 31.12.2010 erneut eine ähnliche Tätigkeit aufnehmen sollte und damit die Zweimonatsgrenze überschreitet, tritt vom Zeitpunkt der Verlängerung des Arbeitsverhältnisses bzw. der Aufnahme der weiteren Beschäftigung an Versicherungspflicht ein. Für die Zeit davor bleibt es bei der Versicherungsfreiheit.

Beschäftigung von nicht mehr als 50 Tagen im Jahr

Versicherungsfreiheit besteht auch, wenn jemand – von vornherein vertraglich begrenzt – nicht mehr als 50 Tage im Jahr (über das Kalenderjahr verteilt und nicht an jedem Wochentag) arbeitet. Auch diese Art der geringfügigen Beschäftigung wird kurzzeitige Beschäftigung genannt.

Bei einer kurzzeitigen Beschäftigung sind von dem Arbeitgeber keine Pauschalbeiträge zur Kranken- und Rentenversicherung zu entrichten. Der Arbeitgeber hat lediglich den Pauschalsteuersatz von 25 Prozent zu zahlen.

Versicherungsfreiheit besteht auch, wenn die Tätigkeit nicht durch Vertrag, sondern wegen ihrer Eigenart – z.B. durch einen Arbeitseinsatz in der Weinernte oder auf dem Münchener Oktoberfest – von vornherein auf 50 Tage oder zwei Monate beschränkt ist.

Wie viel darf verdient werden?

Für die kurzzeitige Beschäftigung schreibt das Gesetz keine feste Verdienstobergrenze wie bei den 400-Euro-Jobs vor. Es darf also auch durchaus mehr verdient werden. Versicherungspflicht tritt jedoch ein, wenn die Beschäftigung berufsmäßig ausgeübt wird.

Berufsmäßige Ausübung

Eine berufsmäßige Ausübung liegt nach der Rechtsprechung vor, wenn der Erwerbstätige durch die kurzzeitige Beschäftigung und den hierdurch erzielten Verdienst seinen Lebensunterhalt überwiegend oder doch in einem solchen Umfang bestreitet, dass seine wirtschaftliche Stellung zu einem erheblichen Teil auf der Beschäftigung beruht (BSG, Amtliche Entscheidungssammlung Band 78, Seite 229). Bei einem Verdienst von nicht mehr als 400 Euro auf den Monat bezogen liegt keine Berufsmäßigkeit vor.

Zeitgrenze

Die Zeitgrenze von zwei Monaten (bei einem Arbeitseinsatz an jedem Wochenarbeitstag) oder von 50 Tagen (bei einem Arbeitseinsatz nicht jeden Wochentag) ist für die Beurteilung der Versicherungsfreiheit nur maßgeblich, wenn der Arbeitseinsatz »gelegentlich« erfolgt. Bei einem regelmäßigen Arbeitseinsatz ist der Minijob mit einer Verdienstgrenze von 400 Euro, also die geringfügig entlohnte Beschäftigung maßgeblich.

Hat jemand in seinem Büro eine Raumpflegerin beschäftigt, die regelmäßig einmal in der Woche putzt, sodass sie auf das Kalenderjahr bezogen unter Berücksichtigung ihres Urlaubes nicht mehr als 50 Arbeitstage zum Einsatz kommt, so handelt es sich nicht um eine kurzfristige Beschäftigung, die die Pflicht zur Abführung der Steuerpauschale von 25 Prozent zur Folge hat. Wegen der Regelmäßigkeit des Arbeitseinsatzes handelt es sich vielmehr bei einem monatlichen Verdienst von nicht mehr als 400 Euro um eine entgeltgeringfügige Beschäftigung, sodass der Arbeitgeber die o.g. Pauschbeträge zur Sozialversicherung entrichten muss.

Beispiel
Nehmen wir an, Frau Klein aus dem vorletzten Beispiel arbeitet nicht bei einem Versicherungsunternehmen, sondern als Raumpflegerin in einem Privathaushalt. Sie möchte wissen, welche Beiträge in ihrem Fall zu entrichten sind.

Minijob in einem Privathaushalt

Seit dem 1.4.2003 gibt es einen neuen Minijob, nämlich den in Privathaushalten. Er kann sowohl in der Form ausgeübt werden, dass der Arbeitnehmer regelmäßig arbeitet und nicht mehr als 400 Euro monatlich verdient (geringfügig entlohnte Beschäftigung) als auch in der Form, dass er von vornherein vertraglich begrenzt nicht mehr als zwei Monate oder 50 Tage im Kalenderjahr arbeitet (kurzzeitige Beschäftigung). Auch hier muss der Arbeitgeber (der Privathaushalt) Pauschalbeiträge zahlen und zwar 5 Prozent des Lohns zur Rentenversicherung und 5 Prozent zur Krankenversicherung, falls der Arbeitnehmer Mitglied in der gesetzlichen Krankenversicherung ist. Außerdem muss der Arbeitgeber wie bei den oben besprochenen entgeltgeringfügigen Beschäftigungen die Umlagen 1 und 2, d.h. Pauschalumlagen in Höhe von 0,6 Prozent für die Entgeltfortzahlung und für Arbeitsausfälle wegen Mutterschaft zahlen. Schließlich fällt ein Pauschalbeitrag zur gesetzlichen Unfallversicherung in Höhe von 1,6 Prozent des Bruttolohns an, der ebenso wie alle anderen Abgaben an die Deutsche Rentenversicherung Knappschaft-Bahn-See zu zahlen ist. Der Arbeitgeber kann auch hier von der Vorlage der Steuerkarte absehen und einen Steuerpauschalbeitrag von 2 Prozent des Gehalts – ebenfalls an die die Deutsche Rentenversicherung Knappschaft-Bahn-See – zahlen.

! Voraussetzung für diese geringere Abgabenlast ist aber, dass der Arbeitgeber ein Privathaushalt ist und von dem Arbeitnehmer haushaltstypische Arbeiten verrichtet werden, wie Putzen, Kochen usw.

Mehrere geringfügige Beschäftigungen werden addiert

Übt jemand nebeneinander mehrere geringfügige Beschäftigungsverhältnisse aus, so werden diese zur Bestimmung der Sozialversicherungspflicht hinsichtlich der Höchstverdienstgrenze von 400 Euro zusammengezählt. Das gilt jedoch nur für gleichartige Minijobs, d.h., ein 400-Euro-Job und der dabei erzielte Lohn wird nicht mit dem Lohn aus einer kurzzeitigen Beschäftigung addiert.

Arbeitet z.B. eine Raumpflegerin acht Stunden in der Woche bei dem Arbeitgeber A gegen ein monatliches Arbeitsentgelt von 300 Euro beim Arbeitgeber B gegen ein monatliches Arbeitsentgelt von 200 Euro, dann besteht in beiden Beschäftigungsverhältnissen Versicherungspflicht, weil der zulässige Hinzuverdienst von 400 Euro überschritten wird. Dies gilt nicht, wenn sie neben dem 400-Euro-Job in einer kurzzeitigen Beschäftigung in zwei Monaten im Jahr deutlich mehr als 400 Euro verdient.

Beispiel

Nehmen wir an, Herr Reske arbeitet als Elektriker ganztags in einem normalen versicherungspflichtigen Beschäftigungsverhältnis mit einem monatlichen Verdienst von 2.500 Euro. Am 20.1.2010 erhält er das Angebot von einem kleinen Elektrobetrieb dort in den Abendstunden Elektrogeräte zu montieren. Der Arbeitgeber ist bereit, monatlich 300 Euro zu zahlen. Ein zweiter Arbeitgeber bietet Herrn Reske ebenfalls einen Nebenjob für 300 Euro an. Herr Reske möchte wissen, ob er in diesen Beschäftigungen versicherungsfrei ist.

»Hauptberuf« und Minijob

Die erste aufgenommene Nebenbeschäftigung ist für Herrn Reske versicherungsfrei; der Arbeitgeber muss jedoch die oben beschriebenen Pauschbeträge zur Kranken- und Rentenversicherung (und eventuell die Steuerpauschale) zahlen. Die danach neben dem Hauptberuf aufgenommene zweite Nebenbeschäftigung ist jedoch nicht sozialabgabenfrei. Durch das Zusammentreffen der Hauptbeschäftigung mit der (zweiten) geringfügigen Beschäftigung wird auch für diese die Pflicht zur Entrichtung von Beiträgen zur gesetzlichen Rentenversicherung, Kranken- und Pflegeversicherung nach dem jeweils normalen Beitragssatz begründet, wobei sich Arbeitgeber und Arbeitnehmer die Beiträge hälftig teilen. Beiträge zur Arbeitslosenversicherung sind für die zweite Nebenbeschäftigung jedoch nicht zu zahlen.

Minijob und Pflichtversicherung

Bei den im Rahmen eines Minijobs entrichteten Beiträgen handelt es sich jedoch nicht um echte Pflichtbeiträge, die im Rahmen der sogenannten besonderen versicherungsrechtlichen Voraussetzungen der Erwerbsminderungsrenten (vgl. hierzu S. 106 ff.) als Pflichtbeitragszeit Berücksichtigung fänden. Der Pauschalbeitrag hat jedoch auch Auswirkungen auf die Höhe einer späteren Rente, die eventuell durch andere, vor oder nach der geringfügigen Beschäftigung zurückgelegte rentenrechtliche Zeiten begründet wurde. Die Auswirkungen sind jedoch minimal: Im Jahre 2011 beispielsweise würde die Ausübung einer geringfügigen Beschäftigung für die Dauer des gesamten Kalenderjahres mit einem Verdienst von 400 Euro monatlich eine Rentenerhöhung von 2,80 Euro zur Folge haben.

Beispiel

Nehmen wir an, dass Frau Klein 50 Jahre alt ist und vom 15. bis zum 18. Lebensjahr versicherungspflichtig beschäftigt war (14 Jahre). Anschließend hat sie wegen der Kinder nicht mehr gearbeitet und erst vor drei Jahren die geringfügige Beschäftigung aufgenommen. Der zuständige Rentenversicherungsträger hat ihr auf Nachfrage mitgeteilt, dass sie erst mit Vollendung der Regelaltersrente eine Rente beanspruchen könne, wenn sie nicht zuvor mindestens drei Jahre wieder versicherungspflichtig arbeite. Dann erfülle sie die versicherungsrechtlichen Voraussetzungen für eine Erwerbsminderungsrente. Ansonsten erfülle sie nicht die versicherungsrechtlichen Voraussetzungen für eine Erwerbsminderungsrente, weil sie in den letzten fünf Jahren vor Eintritt eines eventuellen Versicherungsfalls dann nicht über eine Pflichtbeitragszeit von 36 Kalendermonaten verfüge. Diese Pflichtbeiträge könnten insbesondere nicht durch die von ihr ausgeübte geringfügige Beschäftigung erworben werden. Frau Klein möchte wissen, ob nicht doch eine Möglichkeit besteht, dass die während der geringfügigen Beschäftigung entrichteten Beiträge zu echten Pflichtbeiträgen werden, sodass sie auch hierüber die für die Gewährung einer Rente wegen verminderter Erwerbsfähigkeit erforderlichen Pflichtbeiträge vor dem Versicherungsfall erwerben kann. Frau Klein hat von einer solchen Möglichkeit gehört.

Verzicht auf die Versicherungsfreiheit

Wie Sie oben auf Seite 106 ff. bereits lesen konnten, setzt der Anspruch auf die Gewährung einer Rente wegen verminderter Erwerbsfähigkeit neben dem Eintritt des Versicherungsfalls der teilweisen oder vollen Erwerbsminderung die Erfüllung der allgemeinen Wartezeit voraus. Diese hat Frau Klein ohne Zweifel zurückgelegt, denn sie hat ja 14 Jahre lang versicherungspflichtig gearbeitet und damit deutlich mehr als die für die vorgenannte Wartezeit erforderliche Pflichtbeitragszeit von 60 Kalendermonaten erworben. Außerdem verfügt sie über Kindererziehungszeiten. Sie hat jedoch, wenn sie weiter nur in der bisherigen Form geringfügig beschäftigt ist, gleichwohl keine Chance, bei Eintritt eines eventuellen Versicherungsfall der Erwerbsminderung auch eine Erwerbsminderungsrente zu erhalten, denn diese Rente setzt entsprechend der zutreffenden Auskunft des Versicherungsträgers voraus, dass in den letzten fünf Jahren vor dem Versicherungsfall 36 Pflichtbeitragsmonate liegen.

Diese können durch die geringfügige Beschäftigung in ihrer normalen Ausprägung – wie wir bereits lesen konnten – jedoch nicht erworben werden.

Tipp

Frau Klein hat jedoch die Möglichkeit, durch eine schriftliche Erklärung gegenüber ihrem Arbeitgeber, die für die Dauer des bestehenden Beschäftigungsverhältnisses verbindlich bleibt und nicht widerrufbar ist, auf die Versicherungsfreiheit zu verzichten. Eine solche Erklärung hat zunächst zur Folge, dass Frau Klein den Rentenversicherungsbeitrag des Arbeitgeber von (seit dem 1.7.2006) von 15 Prozent auf den jeweils geltenden Beitragssatz – im Jahre 2011 z.B. 19,9 Prozent – aufstocken muss, d.h. selbst Rentenversicherungsbeiträge in Höhe von 4,9 Prozent ihres Lohnes zahlen muss.

Bei ihrem Lohn von z.B. 350 Euro müsste also Frau Klein einen monatlichen Beitrag von 17,15 Euro (4,9 Prozent von 350 Euro) und ihr Arbeitgeber den Pauschalbeitrag von 15 Prozent des Lohnes zahlen.

So entsteht ein neuer Rentenanspruch

Der Verzicht auf die Versicherungsfreiheit mit der Folge einer Beitragsentrichtung auch durch den Arbeitnehmer wirkt sich natürlich – ebenso wie jede »normale« geringfügige Beschäftigung – auf die Höhe einer späteren Rente aus. Allerdings führt z.B. die Ausübung einer solchen Beschäftigung während des gesamten Jahres 2011 bei einem Lohn von 400 Euro lediglich zu einer (höheren) Rente von ca. 4 Euro. Weitaus wichtiger ist jedoch, dass der Verzicht auf die Versicherungsfreiheit zur Folge hat, dass die entrichteten Beiträge den Charakter echter Pflichtbeiträge gewinnen und damit voll sowohl auf die Wartezeit angerechnet werden als auch bei den Pflichtbeiträgen berücksichtigt werden, die als Anspruchsvoraussetzung für eine Rente wegen verminderter Erwerbsfähigkeit in einem Umfang von drei Jahren in den letzten fünf Jahren vor Eintritt des Versicherungsfalls vorhanden sein müssen.

Durch den Verzicht auf die Versicherungsfreiheit und die im Zusammenhang damit zu entrichtenden Beiträge kann Frau Klein also wieder Pflichtbeiträge erwerben und damit die versicherungsrechtlichen Voraussetzungen für eine Rente wegen verminderter Erwerbsfähigkeit begründen. Nach dreijähriger Ausübung einer geringfügigen Beschäftigung bei Verzicht auf die Versicherungsfreiheit wäre der Versicherungsschutz für eine eventuelle Rente wegen Erwerbsminderung wieder aufgebaut. Bei der Berechnung der Höhe der Rente würden natürlich die gesamten früheren Beiträge und auch die Kindererziehungszeiten berücksichtigt.

Aufbau der vollen Wartezeit

Die während einer solchen Beschäftigung entrichteten Beitragsmonate werden als volle Monate auf die Wartezeit angerechnet. Durch eine fünfjährige geringfügige Beschäftigung unter Verzicht auf die Versicherungsfreiheit kann also die allgemeine Wartezeit für die Gewährung z.B. einer Regelaltersrente, einer Rente wegen verminderter Erwerbsfähigkeit oder einer Hinterbliebenenrente aufgebaut bzw. komplettiert werden.

Der besondere Vorteil des Verzichts auf die Versicherungsfreiheit ist jedoch darin zu sehen, dass – wie bei Frau Klein im Beispiel zuvor – hierdurch die versicherungsrechtlichen Anspruchsvoraussetzungen für eine Rente wegen verminderter Erwerbsfähigkeit wieder begründet werden können, die ansonsten verloren gewesen wären.

Tipp

Geringfügigkeitsrichtlinien

Falls Sie sich über weitere Einzelheiten zu den Minijobs informieren wollen, sollten Sie bei der Deutschen Rentenversicherung Knappschaft-Bahn-See, die dafür zuständig ist, anrufen oder die so genannten Geringfügigkeitsrichtlinien anfordern, in denen anhand einer Vielzahl von Beispielen alles erläutert ist.

b) Versicherungsfreiheit in sonstigen Fällen

Neben den geringfügig Beschäftigten sind ansonsten Personen versicherungsfrei, die anderweitig gegen die von der Rentenversicherung abgedeckten Risiken versichert sind oder bereits entsprechende Leistungen (z.B. eine Altersrente oder eine Beamtenpension) erhalten.

> **Beispiel**
>
> Nehmen wir an, Herr Freitag bezieht bereits eine Vollrente wegen Alters und arbeitet nebenbei wöchentlich 20 Stunden für 1.200 Euro brutto. Muss er Rentenversicherungsbeiträge zahlen?

Versicherungsfreiheit

Nein, Rentner, die eine Vollrente wegen Alters beziehen, brauchen keine Rentenversicherungsbeiträge zu zahlen (§ 5 Abs. 4 Nr. 1 SGB VI). Der Arbeitgeber muss jedoch seinen Beitragsanteil, also die Hälfte des normalen Beitrages entrichten. Herr Freitag sollte jedoch stets im Auge haben, ob seine Rente – wenn er nicht die Regelaltersrente bezieht – gekürzt werden könnte.

Wer ist sonst noch versicherungsfrei?

Außer den vorgenannten Rentnern sind folgende Personen versicherungsfrei: Beamte, Richter sowie Berufs- und Zeitsoldaten, sonstige (beamtenähnliche) Beschäftigte (z.B. Geistliche und Kirchenbeamte, Angestellte von Sozialversicherungsträgern oder Angestellte des deutschen Städtetages), sogenannte satzungsmäßige Mitglieder geistlicher Genossenschaften (Diakonissen, Schwestern des Deutschen Roten Kreuzes und Angehörige ähnlicher Gemeinschaften), Bezieher einer beamtenrechtlichen oder kirchenrechtlichen Versorgung (pensionierte Beamte oder Geistliche; jedoch nicht bei einer Versorgung wegen Dienstunfähigkeit) und Bezieher einer berufsständischen Versorgung (z.B. »pensionierte« Ärzte, Apotheker, Architekten oder Rechtsanwälte).

1.3 Die freiwillige Versicherung

Es besteht auch die Möglichkeit, sich freiwillig in der gesetzlichen Rentenversicherung zu versichern. Lassen Sie uns zur weiteren Erläuterung zwei kurze Beispiele besprechen.

Beispiel

Nehmen wir an, Frau Sturm hat vor ihrer Heirat 15 Jahre lang versicherungspflichtig gearbeitet. Sie ist jetzt 45 Jahre alt und hat nicht die Absicht, neben dem Haushalt und der Kindererziehung einer Erwerbstätigkeit nachzugehen. Andererseits will sie etwas für ihre spätere Rente tun und möchte wissen, ob sie wieder Beiträge einzahlen kann und wie hoch diese sind.

Keine freiwillige Versicherung neben der Pflichtversicherung

Frau Sturm hat die Möglichkeit, freiwillige Beiträge zu entrichten. Zur freiwilligen Versicherung ist nämlich jeder berechtigt, der seinen gewöhnlichen Aufenthalt in der Bundesrepublik Deutschland hat (also Deutsche und Ausländer), älter als 16 Jahre und nicht pflichtversichert ist (§ 7 SGB VI). Neben einer versicherungspflichtigen Beschäftigung oder anderen Tatbestände der Pflichtversicherung (z.B. Kindererziehungszeiten oder Zeiten des Bezugs von Lohnersatzleistungen) können keine freiwilligen Beiträge gezahlt werden, um z.B. die spätere Rente aufzustocken. Die freiwillige Versicherung setzt jedoch nicht voraus, dass vorher schon einmal Pflichtbeiträge oder freiwillige Beiträge gezahlt wurden. Deutsche, die im Ausland leben, haben ebenfalls die Möglichkeit der freiwilligen Versicherung. Der freiwillig Versicherte muss natürlich die Beiträge alleine tragen. Er kann jedoch auch im Gegensatz zum Pflichtversicherten Anzahl und Höhe der Beiträge im Rahmen einer Untergrenze (Mindestbeitrag) und einer Obergrenze (Höchstbeitrag) frei wählen. Der Mindestbeitrag betrug z.B. 2011 79,60 Euro. Der Höchstbeitrag lag z.B. 2011 bei 1.094,50 Euro in den alten und neuen Bundesländern. Freiwillige Beiträge können nur bis zum

31.03. des Folgejahres wirksam entrichtet werden (§ 197 Abs. 2 SGB VI).

Wer also z.B. für 2011 freiwillige Beiträge entrichten will, muss diese bis spätestens zum 31.3.2012 gezahlt haben. Üblich ist die bargeldlose Zahlung. Die vorgenannte Frist kann nur in Fällen besonderer Härte überschritten werden, wenn der Versicherte an der rechtzeitigen Zahlung ohne sein Verschulden gehindert war (§ 197 Abs. 3 SGB VI).

Vor- und Nachteile der freiwilligen Versicherung

Falls Sie sich nochmals die Vor- und Nachteile der freiwilligen Versicherung vergegenwärtigen wollen, lesen Sie noch einmal S. 187 ff. Vor allem Personen, die – wie z.B. Selbstständige – zwischen freiwilliger Versicherung und Pflichtversicherung auf Antrag wählen können, sollten die Vor- und Nachteile gut gegeneinander abwägen. Frau Sturm könnte sich nicht pflichtversichern lassen.

Beispiel

Nehmen wir an, Herr Rodrigez ist spanischer Staatsangehöriger und hat zwei Jahre lang in seinem Heimatland und drei Jahre in Deutschland versicherungspflichtig gearbeitet. Er lebt jetzt in Südamerika und möchte wissen, ob er freiwillige Beiträge in die deutsche Rentenversicherung einzahlen kann, um sich hier eine spätere Rente zu sichern.

Freiwillige Versicherung von Ausländern

Da Herr Rodrigez Ausländer ist und nicht in Deutschland lebt, kann er nicht ohne weiteres freiwillige Beiträge in die deutsche Rentenversicherung einzahlen. Lebte er in Deutschland, wäre er natürlich zur freiwilligen Versicherung berechtigt. Bei Ausländern, die im Ausland leben, richtet sich das Recht zur freiwilligen Versicherung nach den Sozialversicherungsabkommen zwischen der Bundesrepublik Deutschland und den jeweiligen ausländischen Staaten und ist darin unterschiedlich geregelt: Zum Teil ist das Recht, freiwillige Beiträge in Deutschland zu zahlen, davon abhängig, ob sich der Ausländer in seinem Heimatland aufhält, in Deutschland schon Beiträge gezahlt hat oder ob er sich in seinem Heimatland freiwillig versichern kann. An dieser Stelle kann natürlich nicht auf alle Sozialversicherungsabkommen eingegangen werden.

Tipp

Falls Sie als Ausländer im Ausland leben oder eine Rückkehr in Ihre Heimat planen und wissen wollen, ob Sie sich weiter in der bundesrepublikanischen Rentenversicherung versichern können, haben Sie die Möglichkeit sich bei jedem Rentenversicherungsträger zu erkundigen, zumindest die für Sie zuständige sogenannte Verbindungsanstalt erfragen, die Ihnen Auskünfte zu allen rentenrechtlichen Fragen erteilen kann. Für jedes Land, mit dem Deutschland ein Sozialversicherungsabkommen abgeschlossen hat, ist ein Rentenversicherungsträger als spezielle Verbindungsanstalt zuständig. Falls Sie sich die Beiträge erstatten lassen wollen, lesen Sie auch »Die Beitragserstattung« (S. 217 ff.).

EU-Recht

Im Ausgangsfall richtet sich das Recht zur freiwilligen Versicherung bei Herrn Rodrigez als EU-Bürger nach EU-Recht. Danach gilt Folgendes: Hält sich der EU-Bürger in seinem Heimatland oder in einem anderen EU-Staat auf, dann darf er freiwillige Beiträge in die bundesrepublikanische Rentenversicherung einzahlen, wenn er irgendwann einmal einen Pflichtbeitrag oder einen freiwilligen Beitrag in Deutschland gezahlt hat. Er hat damit die Möglichkeit, Rentenansprüche aufzustocken oder zu erwerben. Hält er sich jedoch wie Herr Rodrigez in einem Drittstaat auf, dann ist er nur zur freiwilligen Versicherung berechtigt, wenn er in Deutschland für mindestens 60 Monate Beiträge gezahlt hat. Da Herr Rodrigez in Südamerika lebt und nur für drei Jahre Beiträge in Deutschland entrichtet hat, ist er nicht zur freiwilligen Versicherung berechtigt. Würde er in Spanien oder in einem anderen EG-Staat leben, dürfte er freiwillige Beiträge zahlen.

Für eine spätere Regelaltersrente aus Deutschland braucht Herr Rodrigez im Übrigen keine Beiträge mehr zu zahlen. Er hat zwar die allgemeine Wartezeit in Deutschland nicht erfüllt (vgl. hierzu unten das Kapitel 4 »Die Wartezeiten«, S. 231 ff.). In den meisten Sozialversicherungsabkommen und auch in den entsprechenden EU-Richtlinien ist jedoch geregelt, dass die in den Vertragsstaaten zurückgelegten Beitragszeiten zusammenzuzählen und auf die Wartezeit anzurechnen sind. Mit den zwei Jahren Pflichtbeitragszeit in Spanien und den drei Jahren in Deutschland hat Herr Rodrigez jedoch die allgemeine Wartezeit erfüllt, sodass ihm auch nach deutschem Recht die Regelaltersrente mit Vollendung der Regelaltersgrenze zustünde. Die Höhe der deutschen Rente wird natürlich nur nach der dreijährigen Beitragsentrichtung in Deutschland berechnet.

1.4 Die Beitragserstattung

Im deutschen Rentenrecht besteht auch die Möglichkeit, sich bereits gezahlte Beiträge erstatten zu lassen. Das Recht der Beitragserstattung ist jedoch an die freiwillige Versicherung gekoppelt und damit sehr stark eingeschränkt: Seine Beiträge kann sich nämlich zunächst nur derjenige erstatten lassen, der nicht pflichtversichert und nicht zur freiwilligen Versicherung berechtigt ist. Da aber im Grunde jeder, der in Deutschland lebt, entweder pflichtversichert oder – weil er nicht pflichtversichert ist – zur freiwilligen Versicherung berechtigt ist, können sich im Ergebnis nur folgende Personen ihre Beiträge erstatten lassen:

- versicherungsfreie oder von der Versicherungspflicht befreite, die die allgemeine Wartezeit nicht erfüllt haben und deshalb nicht zur freiwilligen Versicherung berechtigt sind (§ 210 Abs. 1 Nr. 1 SGB VI). Dies betrifft vor allem Beamte und Angehörige berufsständischer Versorgungswerke.
- Ausländer, die im Ausland leben und – wie Herr Rodrigez im letzten Beispiel – nach dem maßgeblichen Sozialversicherungsabkommen oder EU-Recht nicht zur freiwilligen Versicherung berechtigt sind (§ 210 Abs. 1 Nr. 1 SGB VI),
- Versicherte, die die Regelaltersgrenze vollendet und die allgemeine Wartezeit nicht erfüllt haben, sodass sie – wenn sie nicht nochmals arbeiten sollten – ohnehin kei-

ne Rente mehr erhalten können, für die es sich lohnen würde, noch Beiträge zu zahlen, und

- Witwen, Witwer oder Waisen, wenn der verstorbene Versicherte die allgemeine Wartezeit nicht erfüllt hat und deshalb ein Anspruch auf Rente wegen Todes ohnehin nicht besteht. Halbwaisen haben nur einen Anspruch auf Beitragserstattung, wenn eine Witwe oder ein Witwer nicht vorhanden ist. Mehreren Waisen steht der Erstattungsbetrag zu gleichen Teilen zu.

Beispiel

Gehen wir nochmals zum letzten Beispiel zurück und unterstellen, dass Herrn Rodrigez ein Jahr bevor er Deutschland verlassen hat, vom zuständigen Rentenversicherungsträger eine Kur bewilligt wurde. Er möchte wissen, was er tun muss, damit ihm seine Beiträge erstattet werden und wie hoch die Beitragserstattung sein wird.

Erstattung frühestens 24 Monate nach Ende der Versicherungspflicht

Zur Wiederholung: Da Herr Rodrigez sich weder in Spanien noch in einem anderen EG-Land aufhält und die allgemeine Wartezeit in Deutschland nicht erfüllt hat, ist er nicht zur freiwilligen Versicherung berechtigt und kann sich damit seine Beiträge erstatten lassen. Die Beiträge werden jedoch frühestens 24 Kalendermonate nach Ende der Versicherungspflicht auf Antrag erstattet (§ 210 Abs. 2 SGB VI).

Nur der Arbeitnehmeranteil wird erstattet

Wenn Herr Rodrigez also z.B. bis zum 30.6.2004 in Deutschland gearbeitet hat, kann er sich die Beiträge frühestens im Juli 2006 erstatten lassen. Erstattet wird jedoch nur die Hälfte der Beiträge, also der Arbeitnehmeranteil der Beiträge, den Herr Rodrigez selbst gezahlt hat.

Beiträge von der Kur werden nicht erstattet

Hat ein Versicherter allerdings schon einmal eine Leistung aus der Rentenversicherung in Anspruch genommen, wie hier Herr Rodrigez die Kur, dann werden nur die Beiträge erstattet, die nach der Kur gezahlt worden sind. Herr Rodrigez kriegt also nur die Beiträge, die er im letzten Jahr seiner Arbeit in Deutschland entrichtet hat. Die vor der Kur gezahlten Beiträge verfallen.

Tipp

Sie sehen, dass man sich genau überlegen muss, ob man sich seine Beiträge erstatten lässt oder ob man nicht lieber doch wartet und später eine Rente in Anspruch nimmt. Bei einer späteren Rentengewährung würden nämlich die gesamten drei Jahre Beitragszeit berücksichtigt, also auch die vor der Kur gezahlten Beiträge.

Besser keine Erstattung

Die Möglichkeit der Erstattung von Rentenversicherungsbeiträgen erscheint manchmal auf den ersten Blick verlockend, denn die Erstattung hat ja zur Folge, dass man aktuell Geld erhält. Ob man die Beitragserstattung in Anspruch nimmt, muss jedoch immer reiflich überlegt sein, denn manchmal ist es sogar lohnender, zunächst (freiwillige) Beiträge zu zahlen, um nur wenig später eine Rente auf Dauer zu erhalten, die schon auf mittlere Sicht mehr Geld bringt als die einmalige Erstattung. Lassen Sie uns dies anhand eines kleinen Falles verdeutlichen.

Beispiel

Nehmen wir an, Frau Rittel, die am 1.4.2011 das 65. Lebensjahr vollendet (hat), hat nach einer zweijährigen versicherungspflichtigen Beschäftigung während der Jahre 1987 und 1988 zwei Kinder erzogen, die 1990 und 1991 geboren wurden. Ein halbes Jahr vor Vollendung des 65. Lebensjahres wendet sie sich an den für sie zuständigen Rentenversicherungsträger und möchte wissen, ob sie mit Vollendung des 65. Lebensjahres Anspruch auf Regelaltersrente hat. Der Rentenversicherungsträger erteilt die richtige Auskunft, dass ein Anspruch auf Regelaltersrente nicht bestehe, weil Frau Rittel die für die begehrte Rente erforderliche allgemeine Wartezeit von fünf Jahren (vgl. hierzu S. 19) nicht erfüllt habe. Sie habe nur – was ebenfalls zutrifft – aufgrund der beiden vor 1992 geborenen Kinder zwei Jahre Pflichtbeitragszeit wegen Kindererziehung (vgl. hierzu S. 20) und darüber hinaus zwei Jahre Pflichtbeitragszeit wegen Ausübung einer versicherungspflichtigen Beschäftigung. Sie habe jedoch – da sie mit Vollendung des 65. Lebensjahres keinen Anspruch auf Rente habe – die Möglichkeit, sich die von ihr als Arbeitnehmeranteil während der versicherungspflichtigen Beschäftigung gezahlten Beiträge erstatten zu lassen.

Freiwillige Beiträge helfen weiter

Alle vom Rentenversicherungsträger erteilten Auskünfte sind richtig. Gleichwohl ist Frau Rittel nicht zu raten, sich die Beiträge erstatten zu lassen, denn sie erhält dann als Auszahlungsbetrag nur die Beiträge in genau der Höhe, wie sie in den Jahren 1987 und 1988 von ihr als Arbeitnehmeranteil gezahlt wurden. Abgesehen davon, dass der Zahlbetrag der Erstattung inflationsbedingt deutlich weniger wert ist wie in den Jahren der damaligen Beitragszahlung, wird der Arbeitgeberanteil der damaligen Beiträge nicht erstattet. Der verbleibt der Rentenversicherung. Außerdem werden bei der Beitragserstattung auch die Kindererziehungszeiten nicht berücksichtigt, denn es werden nur die Beiträge erstattet, die der Versicherte selbst zuvor gezahlt hat. Die Beiträge für die Kindererziehung hat jedoch der Bund gezahlt (vgl. hierzu S. 169 ff.). Es wäre deshalb für Frau Rittel viel günstiger, wenn sie für ein Jahr freiwillige Beiträge zahlt, denn dann hätte sie zusammen mit diesen Beiträgen eine Gesamtbeitragszeit von fünf Jahren und damit die zunächst noch fehlende Anspruchsvoraussetzung für die Regelaltersrente erfüllt. Sie erhielte diese Rente zwar nicht schon mit Vollendung des 65. Lebensjahres, sondern erst ein halbes Jahr später, da sie ja noch ein Jahr lang freiwillige Beiträge zahlen muss und schon 64 Jahre und 6 Monate alt ist. Sie erhält jedoch nachfolgend eine, wenn auch kleine, Dauerrente und der Gesamtzahlbetrag dieser Rente dürfte im Hinblick auf ihre Lebenserwartung deutlich höher sein als der einmalige Abfindungsbetrag.

2. Beitragsfreie Zeiten

Beitragsfreie Zeiten sind rentenrechtliche Zeiten, die nicht mit Beiträgen belegt sind. Es sind im Einzelnen die Anrechnungszeiten, Ersatzzeiten und Zurechnungszeiten.

2.1 Die Anrechnungszeiten

Anrechnungszeiten sind Zeiten, in denen Versicherte aufgrund besonderer Umstände, die in ihrer Person liegen, gehindert ist, Rentenversicherungsbeiträge zu zahlen.

Ist z.B. ein Versicherter langandauernd arbeitsunfähig krank, dann hat er im Normalfall Anspruch auf Entgeltfortzahlung für sechs Wochen und auf Krankengeld für die Dauer von maximal (bei Arbeitsunfähigkeit aufgrund derselben Erkrankung) 78 Wochen. Falls er anschließend keine weiteren Entgeltersatzleistungen (z.B. Arbeitslosengeld) mehr bezieht, ist die weitere Zeit der Arbeitsunfähigkeit Anrechnungszeit. Die Anrechnungszeiten wirken sich in der Regel positiv auf die spätere Rente aus: Anrechnungszeiten erhöhen die Rente – allerdings nicht alle Anrechnungszeiten – und können auch dazu führen, dass ein Rentenanspruch entsteht. Anrechnungszeiten werden nämlich auf die 35-jährige Wartezeit angerechnet (vgl. hierzu unten das Kapitel »Die Wartezeiten«, S. 231 ff.), die Voraussetzung für einen Anspruch auf Altersrente für langjährig Versicherte und auf Altersrente für Schwerbehinderte ist.

a) Schul- und Hochschulausbildung

Beispiel

Nehmen wir an, Herr Münster hat an seinem 18. Geburtstag das Abitur gemacht. Anschließend studierte er zehn Jahre lang und ist nachfolgend langjährig versicherungspflichtig erwerbstätig. Am 2.1.2010 beantragt er die Altersrente und möchte wissen, wie seine Zeiten der Schul- und Hochschulausbildung bei seiner Rente berücksichtigt werden.

Nach § 58 Abs. 1 Nr. 4 SGB VI sind Zeiten des Schulbesuchs und Zeiten des Besuchs einer Fach- oder Hochschule nach Vollendung des 17. Lebensjahres bis zu höchstens acht Jahren als Anrechnungszeit zu berücksichtigen. Bei Herrn Münster sind also ein Jahr seiner Schulausbildung und sieben Jahre seiner Hochschulausbildung als Anrechnungszeit anzuerkennen.

Keine unmittelbare Rentenerhöhung

Bei einem Rentenbeginn bis zum 31.12.2005 wurden für diese Zeiten (in einem Umfang von drei Jahren) eigene Entgeltpunkte berechnet, d.h., diese Zeit wirkte sich unmittelbar auf die Höhe der Rente aus (vgl. dazu S. 238). Ab dem 1.1.2006 wurde diese rentenerhöhende Wirkung dieser Anrechnungszeit schrittweise eingeschmolzen. Bei einem Rentenbeginn ab dem 1.1.2009 ist sie völlig weggefallen). Lediglich noch für Zeiten einer nichtakademischen Ausbildung an Fachschulen (Schulen mit überwiegend berufsbildendem Charakter) und berufliche Bildungsmaßnahmen verbleibt es bei der bisherigen rentenerhöhenden Bewertung.

Die Anrechnungszeit wegen Schul- und Hochschulausbildung hat nunmehr für die Höhe der Rente nur noch mittelbare Bedeutung, indem sie sich günstig im Rahmen der sogenannten Gesamtleistungsbewertung auswirkt, was hier an dieser Stelle nicht im Einzelnen dargestellt werden kann (vgl. hierzu S. 246 ff.). Die Anrechnungszeit ist allerdings in ihrer anrechenbaren Gesamtzeit von bis zu acht Jahren weiterhin auf die Wartezeit von 35 Jahren anzurechnen und kann damit helfen, den Anspruch auf Altersrente für Schwerbehinderte und für langjährig Versicherte zu begründen.

b) Arbeitslosigkeit

Beispiel

Nehmen wir an, Herr Norman wurde am 1.3.2004 arbeitslos und bezieht anschließend zwei Jahre lang Arbeitslosengeld. Die Zahlung von Arbeitslosengeld II wird abgelehnt, weil das Einkommen seiner Frau zu hoch und er damit nicht mehr bedürftig ist. Herr Norman möchte wissen, ob die Arbeitslosigkeit Auswirkungen auf seine spätere Rente hat.

Zeiten der Arbeitslosigkeit

Wir haben bereits gelesen, dass die Zeiten des Bezugs von Arbeitslosengeld (und Arbeitslosenhilfe sowie vom 1.1.2005 bis zum 31.12.2010 Arbeitslosengeld II) Pflichtbeitragszeiten sind. Es bleibt damit die Frage, wie sich Zeiten der Arbeitslosigkeit ohne Leistungsbezug auf die Rente auswirken. Diese Frage beantwortet uns § 58 Abs. 1 Nr. 3 SGB VI: Danach sind auch Zeiten der Arbeitslosigkeit Anrechnungszeiten, wenn der Versicherte bei einer deutschen Agentur für Arbeit als Arbeitsuchender gemeldet ist und nur wegen des zu berücksichtigenden Einkommens (hier der Ehefrau) oder Vermögens keine Leistungen bezieht. Auch wenn Herr Norman Sozialhilfe erhalten würde, wäre die Zeit der Arbeitslosigkeit Anrechnungszeit.

Auch Anrechnungszeiten wegen Arbeitslosigkeit nach dem 30.6.1978 haben keine (unmittelbare) rentenerhöhende Bedeutung. Sie sind nur noch auf die Wartezeit von 35 anrechenbar.

Unterbrechung einer versicherungspflichtigen Beschäftigung

Die Anerkennung einer Anrechnungszeit mit ihrer oben beschriebenen rentenrechtlichen Bedeutung setzt jedoch – von Ausnahmen abgesehen – voraus, dass die Anrechnungszeit eine versicherungspflichtige Beschäftigung unterbricht (§ 58 Abs. 2 SGB VI). Nur dann kommt die Anrechnungszeit zum Tragen. Eine Unterbrechung ist natürlich immer dann gegeben, wenn unmittelbar vor und nach der Anrechnungszeit eine versicherungspflichtige Beschäftigung ausgeübt wurde.

Unterbrechung heißt nach der Rechtsprechung jedoch nicht, dass vor und nach der Anrechnungszeit – hier der Arbeitslosigkeit – ein Beschäftigungsverhältnis bestehen muss (BSG, Urteil vom 19.4.1978, Az.: 4 RJ 91/77). Es reicht, wenn die Fortsetzung oder die Aufnahme einer (weiteren) Beschäftigung in absehbarer Zeit in Aussicht genommen wurde und möglich war. Stellt sich wie im Ausgangsfall rückschauend heraus, dass Herr Norman wegen voller Erwerbsminderung nicht mehr in der Lage war, nach seiner Entlassung eine neue Beschäftigung aufzunehmen, kommt die (rentensteigernde) Anerkennung einer Anrechnungszeit für die Rente wegen Erwerbsminderung nicht in Betracht.

c) Sonstige Anrechnungszeiten

Neben den Zeiten der Ausbildung und Arbeitslosigkeit sind noch folgende Zeiten wichtige Anrechnungszeiten: Zeiten, in denen Versicherte

Arbeitsunfähigkeit

- wegen Krankheit arbeitsunfähig gewesen sind, es sei denn sie haben Lohnfortzahlung oder Krankengeld erhalten und damit Pflichtbeitragszeiten zurückgelegt (vgl. hierzu S. 250; auch Zeiten der Arbeitsunfähigkeit nach dem 31.12.1983 haben keine rentenerhöhende Bedeutung; sie werden allerdings auf die 35-jährige Wartezeit angerechnet),

Leistungen der Rehabilitation

- eine Leistung zur Rehabilitation (z.B. eine Kur) erhalten haben, es sei denn, sie haben während dieser Zeit Übergangsgeld bezogen und damit ebenfalls eine Pflichtbeitragszeit zurückgelegt (vgl. hierzu S. 207 ff.),
- unter bestimmten Voraussetzungen Rentenbezugszeiten (§ 58 Abs. 1 Nr. 5 SGB VI),
- Zeiten der Schwangerschaft oder Mutterschaft während der Schutzfristen nach dem Mutterschutzgesetz ohne Arbeit,
- seit dem 1.1.2011 Zeiten des Bezugs von Arbeitslosengeld II.

Absicherung jüngerer Versicherter

Der Gesetzgeber hat in der rentenrechtlichen Absicherung jüngerer Versicherter Defizite erkannt. Diese bestehen zum einen darin, dass aufgrund der geringen Pflichtbeiträge, die regelmäßig während der ersten Jahre einer versicherungspflichtigen Beschäftigung entrichtet werden, insbesondere bei frühzeitiger Erwerbsminderung nur geringe

Rentenansprüche bestehen. Darüber hinaus verringern sich auch spätere Rentenansprüche, weil viele junge Leute ohne eigenes Verschulden nur verzögert erstmalig eine versicherungspflichtige Beschäftigung aufnehmen können. Diesen rentenmindernden Auswirkungen soll – wie es in der Gesetzesbegründung heißt – durch »zielgenaue Regelungen zum Lückenausgleich sowie zur Aufbesserung bereits anzurechnender Zeiten bei unsteten Erwerbsverläufen« entgegengewirkt werden. Um dies sicherzustellen, regelt § 58 Abs. 2 Satz 1 SGB VI in seiner ab 1.1.2002 geltenden Fassung, dass Zeiten

- der Schwangerschaft und Arbeitslosigkeit nach Vollendung des 17. und vor Vollendung des 25. Lebensjahres auch dann als Anrechnungszeit zu berücksichtigen sind, wenn sie eine versicherungspflichtige Beschäftigung oder selbstständige Erwerbstätigkeit nicht unterbrechen;
- in denen Versicherte zwischen dem 17. und dem 25. Lebensjahr mindestens einen Kalendermonat krank gewesen sind, Anrechnungszeiten sind, soweit diese Zeit nicht bereits mit anderen rentenrechtlichen Zeiten belegt ist. Auch bei dieser Anrechnungszeit wird auf die Unterbrechung eines versicherungspflichtigen Beschäftigungsverhältnisses verzichtet.

2.2 Die Ersatzzeiten

Ersatzzeiten sind Zeiten, die Beiträge ersetzen sollen, weil der Versicherte aufgrund außergewöhnlicher Umstände, die er nicht zu vertreten hat, gehindert war, Rentenversicherungsbeiträge zu entrichten.

Kriegszeiten

Ist z.B. ein Soldat während des zweiten Weltkriegs zum Kriegsdienst eingezogen worden, dann war er ohne sein Verschulden gehindert, einer Arbeit nachzugehen und damit Rentenversicherungsbeiträge zu entrichten. Die Kriegsdienstzeit ist deshalb eine Ersatzzeit.

Rente durch Ersatzzeiten

Ersatzzeiten werden ebenso wie Beitragszeiten auf jede Wartezeit angerechnet, d.h. sie können jeden Rentenanspruch begründen und erhöhen auch die spätere Rente.

Hat z.B. ein Versicherter drei Jahre Kriegsdienst geleistet und anschließend zwei Jahre versicherungspflichtig gearbeitet, dann hätte er damit die allgemeine Wartezeit erfüllt und Anspruch auf die Regelaltersrente, auch wenn er anschließend – z.B. weil er selbstständig war – keinen einzigen weiteren Beitrag mehr gezahlt hätte. Ohne jedwede Beitragszeit kann eine Ersatzzeit jedoch keinen Rentenanspruch begründen. Ein Beitragsmonat ist erforderlich.

Beispiel

Nehmen wir an, Frau Berger floh im Dezember 1944 vor den heranziehenden sowjetischen Truppen aus dem Sudetenland nach Berlin. Dort wurde sie im Mai 1945 von der russischen Armee aufgegriffen und in den asiatischen Teil der ehemaligen Sowjetunion verschleppt. Am 1.7.1957 bringt sie ein Kind zur Welt und geht vom 1.1.1959 an in Russland einer versicherungspflichtigen Beschäftigung nach. Ende 1991 siedelt sie in die Bundesrepublik Deutschland über und wird als Vertriebene anerkannt. Da sie Mitte 1996 65 Jahre alt wird, möchte sie wissen, welche Zeiten in Russland auf ihre deutsche Rente angerechnet werden.

Flucht und Vertreibung

Da Frau Berger als Vertriebene anerkannt ist, werden zunächst alle (nachgewiesenen und glaubhaft gemachten) Beitragszeiten, die sie in Russland zurückgelegt hat, als Beitragszeiten in Deutschland anerkannt. Darüber hinaus kommt die Anrechnung von Ersatzzeiten in Betracht: Zunächst ist die Zeit der Flucht bzw. Vertreibung aus dem Sudetenland nach Berlin eine Ersatzzeit, denn Ersatzzeiten sind Zeiten vor dem 1.1.1992, in denen Versicherungspflicht nicht bestanden hat und der Versicherte nach vollendetem 14. Lebensjahr

- vertrieben, umgesiedelt oder ausgesiedelt worden ist oder auf der Flucht oder im Anschluss an solche Zeiten wegen Krankheit arbeitsunfähig oder unverschuldet arbeitslos gewesen ist, mindestens aber die Zeit vom

1.1.1945 bis 31.12.1946, wenn er als Vertriebener anerkannt ist (§ 250 Abs. 1 Nr. 6 SGB VI).

Darüber hinaus ist die Zeit der Verschleppung nach Russland eine Ersatzzeit, denn eine solche liegt auch vor, wenn

Verschleppung

- Zivilisten – wie Frau Berger – wegen ihrer deutschen Volks- oder Staatsangehörigkeit oder im Zusammenhang mit den Kriegsereignissen gegen ihren Willen in ein ausländisches Staatsgebiet verschleppt bzw. dort interniert worden sind. Der Tatbestand der Verschleppung endet mit der Rückkehr in die Heimat bzw. in die Bundesrepublik Deutschland bzw. mit der freiwilligen Aufnahme einer Arbeit, sodass im Fall von Frau Berger nur eine Ersatzzeit bis zum 1.1.1959 in Betracht kommt. Mit Wirkung vom 1.7.1993, d.h. bei einem Rentenbeginn seit 1.7.1993 ist das Gesetz jedoch verschärft worden: Ersatzzeiten werden für die Zeit ab 1.1.1957 nur noch anerkannt, wenn die Beschäftigungslosigkeit während der Ersatzzeit ausschließlich durch die Ersatzzeit – hier also die Verschleppung nach Russland bzw. die Tatsache, dass Frau Berger dort gegen ihren Willen festgehalten wurde – verursacht worden ist. Lagen auch andere Gründe vor, die einer Beschäftigung entgegenstanden, wie z.B. hier die Zeit der Kindererziehung, dann kommt eine Ersatzzeit nicht (mehr) in Betracht. Frau Berger kann deshalb nur die Anerkennung einer Ersatzzeit bis zum 1.1.1957 beanspruchen.

Da die meisten Ersatzzeiten im Zusammenhang mit den Ereignissen des zweiten Weltkrieges entstanden sind und deshalb zwischenzeitlich an Bedeutung verloren haben, sollen sie hier nur kurz angerissen werden:

Militärischer Dienst; Verfolgung durch Nationalsozialismus

Ersatzzeiten sind im Übrigen Zeiten des militärischen oder militärähnlichen Dienstes einschließlich Zeiten anschließender Arbeitsunfähigkeit oder unverschuldeter Arbeitslosigkeit (§ 250 Abs. 1 Nr. 1 SGB VI), Zeiten der Verfolgung durch den Nationalsozialismus (§ 250 Abs. 1 Nr. 4 SGB VI) sowie Zeiten, in denen ein Versicherter im Beitrittsgebiet in der Zeit vom 8.5.1945 bis zum 30.6.1990

Politische Verfolgung in der ehemaligen DDR

einen Freiheitsentzug erlitten hat, soweit eine auf Rehabilitierung oder Kassation erkennende Entscheidung ergangen ist, oder im Anschluss an solche Zeiten wegen Krankheit Arbeitsunfähigkeit oder unverschuldete Arbeitslosigkeit bestand (§ 250 Abs. 1 Nr. 5a SGB VI).

2.3 Die Zurechnungszeit

Die Zurechnungszeit als rentenrechtliche Zeit dient dem Zweck, dem Versicherten bzw. seinen Hinterbliebenen eine ausreichende Rente zu sichern, falls der Versicherte schon in frühen Jahren voll oder teilweise erwerbsgemindert geworden oder verstorben ist. Lassen Sie uns zur Erläuterung einen weiteren kurzen Beispiel besprechen.

Beispiel

Nehmen wir an, Herr Bauer ist, nachdem er sechs Jahre versicherungspflichtig gearbeitet hat, mit 30 Jahren gestorben. Er hinterlässt Frau und zwei Kinder, die wissen möchten, ob sie nun nur eine »Mini-Rente« erhalten.

Zurechnungszeiten verhindern Minirenten

Gäbe es die Zurechnungszeit nicht, würden die Witwen und die (Halb-)Waisenrenten für die Hinterbliebenen von Herrn Bauer in der Tat recht mager ausfallen. Wir konnten bereits mehrfach lesen, dass die Höhe einer Rente von der Höhe des versicherungspflichtigen Verdienstes und damit der Höhe der gezahlten Beiträge und von der Dauer der Beitragszahlung abhängt. Da Herr Bauer bis zu seinem Tod nur sechs Jahre gearbeitet hat, wären nur diese Jahre bei der Berechnung seiner Rente zu berücksichtigen, sodass diese selbst bei hohem Verdienst nur relativ gering ausfallen könnte. Um dies zu vermeiden, regelt § 59 SGB VI, dass die Zeit vom Tod (bei Erwerbsminderung vom Eintritt des Versicherungsfalls an) bis zum 60. Lebensjahr rentensteigernd als Zurechnungszeit hinzugerechnet wird.

3. Die Berücksichtigungszeiten

Zu den Berücksichtigungszeiten, die es seit dem 1.1.1992 im Rentenrecht gibt, haben wir bereits in dem Beispiel auf S. 107 besprochen, den Sie noch einmal lesen sollten. Das Beispiel macht deutlich, dass Berücksichtigungszeiten (zunächst) dazu dienen, Rentenansprüche aufrechtzuerhalten. Darüber hinaus werden sie auf die Wartezeit von 35 Jahren für die Altersrenten für langjährig Versicherte und für Schwerbehinderte angerechnet und wirken sich außerdem günstig bei der Berechnung der Höhe der Rente aus. Sie können auch bei Rentenbeginn seit 2002 und Kindererziehung seit 1992 Rentenzuschläge auslösen (§ 70 Abs. 3a SGB VI).

Kindererziehung = zehn Jahre Berücksichtigungszeit

Eine Berücksichtigungszeit ist also zunächst einmal die Zeit der Erziehung eines Kindes bis zu dessen vollendetem 10. Lebensjahr. Diese Berücksichtigungszeit wird unter den gleichen Voraussetzungen anerkannt wie die Kindererziehungszeit, die – wie wir oben gelesen haben (vgl. S. 169 ff. – bei Geburten seit dem 1.1.1992 drei Jahre ausmacht und eine Pflichtbeitragszeit ist. Kindererziehungszeiten und Berücksichtigungszeit wegen Kindererziehung überschneiden sich also während der ersten drei Jahre der Erziehung. Die Berücksichtigungszeit kann wie die Kindererziehungszeit zwischen den gemeinsam erziehenden Elternteilen aufgeteilt werden, wobei jedoch die ersten drei Jahre der Berücksichtigungszeit stets dem Ehegatten zugeordnet werden müssen, dem auch die Kindererziehungszeit zugeordnet worden ist. Im Gegensatz zu Kindererziehungszeiten werden Berücksichtigungszeiten wegen Kindererziehung jedoch nicht »hintereinander geschaltet«.

Wir konnten ab S. 170 ff. lesen, dass z.B. einer Mutter, die ihr erstes Kind am 1.1.1994 und ihr zweites Kind am 1.1.1995 zur Welt gebracht hat, als Kindererziehungszeit volle sechs Jahre anzurechnen sind, obwohl sich die ersten drei Jahre der Erziehung ihrer beiden Kinder überschneiden. Die Berücksichtigungszeiten wegen Kindererziehung beginnen zwar auch mit der Geburt des ersten Kindes. Die letzten zehn Jahre Berücksichtigungszeit beginnen jedoch immer mit der Geburt des letzten Kindes, sodass in unserem Beispielsfall eine Berücksichtigungszeit vom 1.1.1994 bis zum 31.1.2005 zu verbuchen wäre.

Berücksichtigungszeiten wegen Pflege

Neben der Kindererziehungszeit ist auf Antrag auch die Zeit der nichterwerbsmäßigen häuslichen Pflege eines Pflegebedürftigen zwischen dem 1.1.1992 und dem 1.4.1995 eine Berücksichtigungszeit (§ 59 Abs. 2 SGB VI). Die nichterwerbsmäßige Pflege setzt voraus, dass regelmäßig wöchentlich mindestens zehn Stunden aufgewandt worden sind und dass der Pflegebedürftige nicht nur vorübergehend so hilflos ist, dass er für die gewöhnlichen und regelmäßig wiederkehrenden Verrichtungen im Ablauf des täglichen Lebens in erheblichem Umfang fremder Hilfe bedarf. Seit dem 1.4.1995 ist die nichterwerbsmäßige Pflege eine Pflichtbeitragszeit (vgl. S. 180 ff.).

Berücksichtigungszeiten sichern Rentenansprüche

Hat z.B. ein Versicherter vom 1.1.1985 bis zum 31.12.1991 versicherungspflichtig gearbeitet und anschließend bis zum 1.1.1995 seinen schwerpflegebedürftigen Vater gepflegt, dann hätte er bei Erwerbsunfähigkeit seit 1.1.1995 Anspruch auf Rente, obwohl er – was ja Voraussetzung für die Rentengewährung ist (vgl. S. 106 ff.) – in den letzten fünf Jahren vor Eintritt der Erwerbsunfähigkeit nicht für drei Jahre Pflichtbeiträge gezahlt hat. Durch die Pflegeberücksichtigungszeit wird der Rentenanspruch jedoch aufrechterhalten, indem die Pflegezeit bei der Berechnung des Fünf-Jahres-Zeitraums außer Betracht bleibt. In dem nunmehr maßgeblichen Fünf-Jahres-Zeitraum vom 1.1.1987 bis zum 31.12.1991 sind jedoch drei Jahre Pflichtbeitragszeiten enthalten.

Kapitel 4
Die Wartezeiten

Nachdem wir nunmehr alle rentenrechtlichen Zeiten und die Renten im Einzelnen kennen gelernt haben, wollen wir noch einmal in einem Überblick darstellen,

- welche Wartezeiten für welche Renten erfüllt sein müssen und
- welche versicherungsrechtlichen Zeiten auf welche Wartezeiten angerechnet werden.

1. Allgemeine Wartezeit

Fünf Jahre

Die allgemeine Wartezeit beträgt fünf Jahre und ist Voraussetzung für einen Anspruch auf Regelaltersrenten, Renten wegen Berufs- bzw. Erwerbsunfähigkeit und Hinterbliebenenrenten. Auf die allgemeine Wartezeit werden nur Beitragszeiten (Pflichtbeiträge und freiwillige Beiträge) und Ersatzzeiten angerechnet.

2. Wartezeit von 15 Jahren

Altersrente wegen Arbeitslosigkeit und für Frauen

Die Wartezeit von 15 Jahren ist Voraussetzung für einen Anspruch auf Altersrenten wegen Arbeitslosigkeit und nach Altersteilzeit sowie für die Altersrenten für Frauen. Auf diese Wartezeit werden ebenfalls nur Beitragszeiten und Ersatzzeiten angerechnet.

3. Wartezeit von 35 Jahren

Altersrente für langjährige Versicherte und Schwerbehinderte

Die Wartezeit von 35 Jahren ist Voraussetzung für einen Anspruch auf Altersrenten für langjährig Versicherte und Altersrenten für Schwerbehinderte. Auf diese Wartezeit werden Beitragszeiten, Ersatzzeiten, Anrechnungszeiten und Berücksichtigungszeiten angerechnet. Während der Berücksichtigungszeit darf jedoch keine mehr als nur geringfügige Beschäftigung ausgeübt worden sein.

4. Wartezeit von 45 Jahren

Altersrente für besonders langjährig Versicherte

Die Wartezeit von 45 Jahren ist Voraussetzung für die Altersrente für besonders langjährige Versicherte. Auf diese Wartezeit werden nur Pflichtbeitragszeiten – mit Ausnahme von Pflichtbeitragszeiten wegen des Bezugs von Arbeitslosengeld, Arbeitslosengeld II und Arbeitslosenhilfe – und Berücksichtigungszeiten angerechnet.

Die rentenrechtlichen Zeiten werden jedoch nur auf die Wartezeiten angerechnet, wenn sie vor Eintritt des Versicherungsfalls, d.h. vor Eintritt der Erwerbsminderung bei Erwerbsminderungsrenten, vor dem Erreichen der maßgeblichen Altersgrenze bei Ansprüchen auf Altersrenten und vor dem Tod des Versicherten bei Hinterbliebenenrenten zurückgelegt worden sind.

Würde z.B. eine Mutter, die vom 1.1.1999 bis zum 31.12.2002 versicherungspflichtig erwerbstätig war, bei der Geburt ihres Kindes am 1.1.2003 voll erwerbsgemindert, dann verfügt sie zwar insgesamt, falls sie ihr Kind drei Jahre lang erzogen hat, über eine Pflichtversicherungszeit von sieben Jahren (drei Jahre Kindererziehung und vier Jahre versicherungspflichtige Arbeit). Sie hat gleichwohl keinen Anspruch auf Rente wegen voller Erwerbsminderung, weil die Wartezeit von fünf Jahren nicht vor dem Versicherungsfall der Erwerbsminderung am 1.1.2003 erfüllt war. Die siebenjährige Pflichtbeitragszeit kann nur bei einer späteren Altersrente berücksichtigt werden.

!

Die rentenrechtlichen Zeiten werden jedoch nur auf die Wartezeiten angerechnet, wenn sie vor Eintritt des Versicherungsfalls zurückgelegt worden sind.

Würde z.B. eine Mutter, die vom 1.1.1999 bis zum 31.12.2002 versicherungspflichtig erwerbstätig war, bei der Geburt ihres Kindes am 1.1.2003 voll erwerbsgemindert, dann verfügt sie zwar insgesamt, falls sie ihr Kind drei Jahre lang erzogen hat, über eine Pflichtversicherungszeit von sieben Jahren (drei Jahre Kindererziehung und vier Jahre versicherungspflichtige Arbeit). Sie hat gleichwohl keinen Anspruch auf Rente wegen voller

Erwerbsminderung, weil die Wartezeit von fünf Jahren nicht vor dem Versicherungsfall erfüllt war. Die siebenjährige Pflichtbeitragszeit kann nur bei einer späteren Altersrente berücksichtigt werden.

5. Wartezeit von 20 Jahren

Beispiel

Nehmen wir an, Herr Brill leidet an Kinderlähmung und ist seit seiner Kindheit voll erwerbsgemindert. Gleichwohl nimmt er nach seiner Schulausbildung eine Halbtagstätigkeit auf, die er jedoch nur unter starken Schmerzen bewältigen kann. Nach 25 Jahren ist er allerdings auch hierzu nicht mehr in der Lage und beantragt die Gewährung der Rente wegen voller Erwerbsminderung. Muss diese ihm gezahlt werden?

Wartezeit nicht erfüllt

Herr Brill ist bereits vor seinem Eintritt in das Erwerbsleben voll erwerbsgemindert gewesen, sodass er die allgemeine Wartezeit vor dem Versicherungsfall nicht erfüllt haben kann. Entsprechend dem letzten Beispielsfall müsste ihm deshalb die Rente versagt werden. Das Gesetz sieht jedoch eine Ausnahme von dem Grundsatz, dass die Wartezeit vor dem Versicherungsfall erfüllt sein muss, für die Fälle voller Erwerbsminderung vor, in denen der Versicherte nach Eintritt des Versicherungsfalls mindestens 20 Jahre lang Beiträge gezahlt hat (§ 50 Abs. 3 SGB VI). Da Herr Brill diese Beitragsleistung erbracht hat, hat er Anspruch auf die Rente wegen voller Erwerbsminderung.

!

Die vorerwähnte Ausnahme gilt jedoch nur beim Versicherungsfall der vollen Erwerbsminderung! Nicht bei teilweiser Erwerbsminderung!

Kapitel 5
Der Rentenantrag

Wir haben bereits bei den einzelnen Renten gelesen, dass Renten nur auf Antrag gewährt werden. Hiervon gibt es nur folgende Ausnahmen:

Rente ohne Antrag

- Bezieht ein Versicherter bis zur Vollendung der Regelaltersgrenze eine Rente wegen Erwerbsminderung, dann muss der Rentenversicherungsträger ihm von Amts wegen, d.h. ohne dass es eines Antrages bedarf, die Regelaltersrente zahlen.
- Beziehen eine Witwe oder ein Witwer die kleine Witwen- bzw. Witwerrente bis zur Vollendung des 45. Lebensjahres (vgl. S. 129), dann ist ihnen von Amts wegen die große Witwen- bzw. Witwerrente zu leisten.

In allen übrigen Fällen muss ein Rentenantrag gestellt werden.

Form des Rentenantrages

Für den Rentenantrag ist keine bestimmte Form vorgeschrieben, d.h. ein Antrag könnte rechtswirksam sogar telefonisch gestellt werden. Aus Beweisgründen sollte jedoch jeder Rentenantrag schriftlich gestellt werden und nach Möglichkeit sollten insbesondere die von den Rentenversicherungsträgern herausgegebenen Antragsvordrucke verwandt werden. Durch die Verwendung und das sorgfältige Ausfüllen dieser Vordrucke wird sichergestellt, dass der Rentenversicherungsträger möglichst umfassend alle Angaben und Unterlagen erhält, die für die Bearbeitung des Rentenantrags erforderlich sind. Dies beschleunigt das Verfahren und macht zeitaufwendige Rückfragen überflüssig. Zu den Antragsvordrucken gibt es außerdem Erläuterungen, die genaue Hinweise darüber enthalten, was auf dem Vordruck wo eingetragen werden muss. Die Vordrucke können Sie bei jedem Rentenversicherungsträger anfordern. Sie können sich die Antragsvordrucke auch aus dem Internet herunterladen. Nach formlosem Antrag wird Ihnen ein Antragsvordruck übersandt. Falls Sie Schwierigkeiten mit dem Ausfüllen des Vordrucks haben sollten, können Sie natürlich jeden Rentenversicherungsträger – falls dieser in der Nähe Ihres Wohnortes seinen Sitz hat – aufsuchen und sich dort helfen lassen. Hilfe erteilen auch die Auskunfts- und Beratungsstellen der einzelnen Versicherungsträger, deren Adressen Sie in Ihrem örtlichen Telefonbuch finden, oder das für Sie zuständige Versicherungsamt. Die Versicherungsämter sind bei der Stadt- oder Kreisverwaltung angesiedelt. Die vorgenannten Stellen sind verpflichtet, Sie zu beraten, Sie beim Ausfüllen der dort vorhandenen Vordrucke zu unterstützen und die Anträge entgegenzunehmen. Sie können sich auch an den sogenannten Versichertenältesten wenden. Dies ist eine von den Vertretungsorganen der Rentenversicherungsträger gewählte Person, die die Interessen der Versicherten und Leistungsberechtigten wahrnehmen soll. Die Anschriften der Versichertenältesten können Sie beim Rentenversicherungsträger erfragen.

Beispiel

Nehmen wir an, Herr Mager beantragt bei der für ihn zuständigen Deutschen Rentenversicherung Bund (ehemals Bundesversicherungsanstalt für Angestellte) mit einer Postkarte die Gewährung der Rente wegen voller Erwerbsminderung. Er hat geschrieben: »Sehr geehrte Damen und Herren! Hiermit beantrage ich die Gewährung einer Rente wegen voller Erwerbsminderung.« Die Postkarte geht am 1.4.2010 bei der Bundesversicherungsanstalt für Angestellte ein. Die ihm daraufhin übersandten Antragsvordrucke sendet Herr Mager erst im November 2010 an die Deutsche Rentenversicherung Bund zurück. Bei der amtsärztlichen Untersuchung stellt sich heraus, dass er schon seit Mitte Januar 2010 voll erwerbsgemindert ist. Herr Mager möchte wissen, von welchem Zeitpunkt an er die Rente erhält und ob ihm wegen des Rentenantrags Kosten entstehen können.

Keine Kosten

Wir haben in dem Beispiel auf S. 21 bereits gelesen, dass die Rente vom ersten Tag des Monats an zu zahlen ist, an dem alle Anspruchsvoraussetzungen erfüllt sind, wenn der Antrag binnen drei Monaten gestellt wird. Da Herr Mager seit Mitte Januar 2010 voll erwerbsgemindert ist, ist der 1.2.2010 der erste Monatserste, an dem die Anspruchsvoraussetzungen vorliegen. Von diesem Zeitpunkt an muss ihm auch die Rente gezahlt werden, denn er hat mit seiner Postkarte rechtswirksam die Rente innerhalb von drei Monaten nach dem 1.2.2010 beantragt. Ohne jede Bedeutung ist, wann die Antragsvordrucke beim Rentenversicherungsträger eingegangen sind. Mit dem Zugang der Postkarte und dem damit gestellten Antrag ist das Rentenverfahren in Gang gesetzt worden. Dieses Verfahren ist kostenfrei.

Tipp

Ärzte und Arbeitgeber genau angeben

Bei den Renten wegen verminderter Erwerbsfähigkeit sollten Sie insbesondere darauf achten, dass Sie im Antragsvordruck die genauen Namen und Anschriften Ihrer behandelnden Ärzte und (wenn Sie Berufsunfähigkeit geltend machen) Ihrer letzten bzw. Ihres derzeitigen Arbeitgebers angeben. Damit ist sichergestellt, dass der Rentenversicherungsträger unverzüglich die notwendigen ersten Ermittlungen einleiten kann. Bei den vorgenannten Renten empfiehlt es sich auch, in einem formlosen Begleitschreiben oder im formlosen Antrag Ihre gesundheitlichen Beeinträchtigungen genau anzugeben, damit der Rentenversicherungsträger auch daran seine medizinischen Ermittlungen orientieren kann.

Beispiel

Nehmen wir an, Herr Mager hat seine Postkarte nicht an einen Rentenversicherungsträger, sondern an die nächste Agentur für Arbeit gesandt. Wäre auch damit der Antrag rechtzeitig gestellt?

Ja! Die Rentenanträge sollen zwar nach dem Gesetz beim zuständigen Rentenversicherungsträger gestellt werden

(§ 16 SGB I). Es schadet jedoch nichts, wenn der Antrag bei einem anderen (unzuständigen) Sozialleistungsträger (z.B. bei der Krankenkasse, einem Versorgungsamt, der Berufsgenossenschaft, einer Agentur für Arbeit) oder bei der Gemeindeverwaltung gestellt wird. Auch damit ist der Antrag wirksam gestellt. Die vorgenannten Stellen sind verpflichtet, den Antrag unverzüglich dem zuständigen Rentenversicherungsträger zuzuleiten. Im Ausland können die Anträge auch bei einer amtlichen Vertretung der Bundesrepublik Deutschland gestellt werden.

Rentenantrag kann bei jeder Behörde gestellt werden

Kapitel 6
Die Rentenberechnung

Die einzelnen Renten der gesetzlichen Rentenversicherung, die Sie ja bereits kennengelernt haben (S. 14 ff.), werden im Ergebnis alle gleich berechnet. Natürlich können wir uns hier nicht mit sämtlichen Einzelheiten der sehr komplexen und für einen Laien zum Teil auch komplizierten Schritte der Rentenberechnung befassen. Wenn Sie die nachfolgenden Fälle aufmerksam lesen, sind Sie jedoch ohne weiteres in der Lage, die Grundzüge der Berechnung einer Rente nachzuvollziehen und die einzelnen Berechnungsfaktoren, die Sie zum Teil auch schon kennengelernt haben, richtig einzuordnen und zu verstehen.

Tipp

Rentenbescheid genau prüfen

Bevor Sie sich mit den einzelnen Schritten der Berechnung Ihrer Rente auseinandersetzen, sollten Sie jedoch zunächst stets prüfen, ob auch die Berechnungsgrundlagen stimmen. Da sich die Höhe der Rente – grob gesagt – aus den von Ihnen zurückgelegten rentenrechtlichen Zeiten ergibt, müssen Sie zunächst genau feststellen, ob diese Zeiten auch alle berücksichtigt worden sind. Sie sind in dem Versicherungsverlauf, der Ihrem Rentenbescheid als Anlage beigefügt ist, chronologisch aufgeführt. Prüfen Sie dabei insbesondere, ob die Bruttoentgelte, die in dem Versicherungsverlauf für Ihre Beschäftigungszeiten ausgewiesen sind, richtig sind.

Die Rentenansprüche werden für die Beitragszeiten und beitragsfreien Zeiten zunächst getrennt berechnet und anschließend addiert.

1. Rentenansprüche für Beitragszeiten

1.1 Entgeltpunkte

Je höher die Beiträge, umso höher die Rente

Sie haben bereits mehrfach gelesen, dass die Höhe der Rente dem individuellen Berufsleben des Versicherten und dabei insbesondere der Höhe seiner (versicherungspflichtigen) Einkünfte und der davon entrichteten Beiträge entsprechen soll und muss: Je höher die gezahlten Beiträge und je mehr Beiträge entrichtet wurden, um so höher wird die spätere Rente. Wie dies rentenmathematisch umgesetzt wird, wollen wir anhand der folgenden Beispiele besprechen. Dabei wollen wir uns zunächst noch einmal in die 90er-Jahre zurückversetzen und die damals geltenden Werte in die Rentenberechnung einfließen lassen. Die Berechnungsgrundsätze gelten auch heute noch, wobei aber entsprechende Eurowerte in Ansatz zu bringen sind.

a) Entgeltpunkte für Pflichtbeiträge

Beispiel

Nehmen wir an, Frau Zapf lebt in den alten Bundesländern und hat in den letzten Jahren durchgängig versicherungspflichtig gearbeitet. Dabei hat sie 1994 brutto 58.970 DM, 1995 brutto 45.599 DM und 1996 brutto 51.678 DM verdient. Sie möchte wissen, wie sich diese Einkünfte auf ihre im Januar 2011 beantragte Altersrente auswirken.

Bruttoeinkommen des Rentners geteilt durch das Durchschnittseinkommen aller Versicherten = Entgeltpunkte

Um die Höhe des Einkommens und damit die gezahlten Beiträge des Versicherten bei der konkreten Rentenberechnung berücksichtigen zu können, schreibt das Gesetz vor, dass das individuelle Bruttojahresarbeitseinkommen des Versicherten bis maximal zur Beitragsbemessungsgrenze (vgl. hierzu oben S. 191) Jahr für Jahr zum jeweiligen Durchschnittseinkommen aller Versicherten ins Verhältnis gesetzt wird. Mathematisch ausgedrückt bedeutet dies, dass das Bruttojahreseinkommen, das der Versicherte während seines Versicherungslebens Jahr für Jahr erzielt hat, durch das jeweilige Bruttodurchschnittseinkommen aller Versicherten geteilt wird. Das Ergebnis dieser Division bezeichnet das Gesetz mit dem Begriff Entgeltpunkt. Die Jahr für Jahr errechneten Entgeltpunkte fließen sodann als erster Berechnungsfaktor in die weitere Rentenberechnung ein.

In unserem Ausgangsfall haben wir beispielhaft die Jahre 1994, 1995 und 1996 herausgegriffen, die wie alle übrigen von Frau Zapf zurückgelegten Beitragsjahre in die Rentenberechnung einfließen. Das Durchschnittseinkommen aller Versicherten betrug 1994 49.142 DM, 1995 50.665 DM und 1996 51.678 DM. Teilt man nun die jeweiligen Einkünfte der Frau Zapf durch diese Beträge, dann ergibt sich für das Jahr 1994 ein Wert von 1,2 Entgeltpunkten (58.970 DM : 49.142 DM = 1,2), für 1995 ein Wert von 0,9 Entgeltpunkten (45.559 DM : 50.665 DM = 0,9) und für 1996 ein Entgeltpunkt (51.678 DM : 51.678 DM = 1). Im Jahr 1996 hat Frau Zapf genauso viel verdient wie der Durchschnitt. Der Durchschnittsverdiener erhält für ein Jahr Arbeit einen Entgeltpunkt. 1994 hat sie 20 Prozent mehr als der Durchschnitt (1 Entgeltpunkt + 20 Prozent = 1,2 Entgeltpunkte) und 1995 10 Prozent weniger als der Durchschnitt (1 Entgeltpunkt – 10 Prozent = 0,9 Entgeltpunkte) verdient. Für die drei Jahre Arbeit von 1994 bis 1996 hat sie insgesamt 3,1 Entgeltpunkte für ihre spätere Rente erwirtschaftet.

Alle Entgeltpunkte werden addiert

So wie es hier beispielhaft für die Jahre 1994 bis 1996 dargestellt wurde, wären bei Frau Zapf auch für alle übrigen Jahre ihres Versicherungslebens die Entgeltpunkte zu errechnen und anschließend zu addieren.

b) Entgeltpunkte für sonstige Pflichtbeitragszeiten

Beispiel

Gehen wir nun davon aus, dass Frau Zapf am 15.12.1960 ein Kind zur Welt gebracht hat, das anschließend von ihr erzogen wurde. Sie möchte wissen, wie sich die Kindererziehungszeit auf die Höhe der Rente auswirkt.

Entgeltpunkte für Kindererziehungszeiten

Wir haben oben gelesen, dass Kindererziehungszeiten bei Geburten vor dem 1.1.1992 in einem Umfang von einem Jahr Pflichtversicherungszeiten sind. Während dieser Zeit wird zugunsten des Erziehenden unterstellt, dass er ein

Bruttoarbeitsentgelt in Höhe des Durchschnittsverdienstes aller Versicherten erzielt hat, für den Entgeltpunkte zu errechnen und bei der Rentenberechnung zu berücksichtigen sind. Da der Durchschnittsverdiener für ein Jahr Arbeit einen Entgeltpunkt erhält, wird pro Jahr der Kindererziehung ein Entgeltpunkt und 0,0833 Entgeltpunkte pro Monat (1 : 12 [Monate] = 0,0833) angerechnet (§ 70 Abs. 2 SGB VI). Auch dieser Entgeltpunktwert wäre zu den übrigen Entgeltpunkten hinzuzurechnen. Da ein Durchschnittsverdiener z.B. 2011 (Jahr der Antragstellung der Rente der Frau Zapf) für ein Jahr Arbeit in den alten Bundesländern eine Rente von 27,20 Euro und in den neuen Bundesländern eine Rente von 24,13 Euro erwirtschaftet (aktueller Rentenwert, vgl. hierzu S. 242), würde Frau Zapf für das Jahr Kindererziehung (bei einem Rentenbeginn im Jahr 2011) genau diesen Betrag als Rente erhalten.

Entgeltpunkte für Wehr- und Zivildienst, Lohnersatzleistungen

Außer für Kindererziehungszeiten werden auch für die übrigen Pflichtbeitragszeiten, in denen der Versicherte kein Arbeitsentgelt erzielt, Entgeltpunkte angerechnet. Für die Zeiten des Wehr- und Zivildienstes errechnen sich die Entgeltpunkte seit dem 1.1.2000 aus einem Betrag in Höhe von 60 Prozent der jeweiligen Bezugsgröße. Bei den Lohnersatzleistungen (Arbeitslosen-, Übergangs-, Kranken-, Verletzten- oder Versorgungskrankengeld) ergeben sich die Entgeltpunkte seit dem 1.1.1995 aus einem Betrag in Höhe von 80 Prozent des dieser Leistung zugrundeliegenden Arbeitsentgelts. Dieser Betrag wird durch das Durchschnittseinkommen aller Versicherten des jeweiligen Jahres (vgl. Anlage 1 zum SGB VI) dividiert und das Ergebnis ist der maßgebliche Entgeltpunktwert.

Entgeltpunkte für Arbeitslosengeld

Errechnet sich z.B. das Arbeitslosengeld nach einem letzten Einkommen in Höhe von 2.000 Euro monatlich, dann muss die Bundesagentur für Arbeit Rentenversicherungsbeiträge in Höhe des jeweiligen Beitragssatzes (z.B. 2011: 19,9 Prozent von 1.600 Euro (= 80 Prozent von 2.000 Euro) zahlen, also 2010 in Höhe von 318,40 Euro monatlich. Aus dem Betrag von 1.600 Euro werden die für die spätere Rentenberechnung maßgeblichen Entgeltpunkte errechnet.

c) Entgeltpunkte für freiwillige Beiträge

Entgeltpunkte für freiwillige Beiträge

Bei den freiwilligen Beiträgen kann der Versicherte – wie Sie gelesen haben – Zahl und Höhe der Beiträge frei wählen (vgl. hierzu »Die freiwillige Versicherung«, S. 214 ff.). Damit ist jedoch kein Bruttoarbeitsentgelt vorhanden, aus dem die Entgeltpunkte, wie bei den Pflichtbeitragszeiten, errechnet werden können. Deshalb müssen die freiwilligen Beiträge zunächst in ein Entgelt umgerechnet werden. Dies geschieht, indem der maßgebliche Beitragssatz durch die freiwilligen Beiträge dividiert und das Ergebnis mit 100 multipliziert wird. Das anschließende Endergebnis ist das Entgelt, aus dem sich die Entgeltpunkte dann wie bei den Pflichtbeiträgen errechnen.

Beispiel

Hat ein Versicherter 1992 jeden Monat 500 DM freiwillige Beiträge, also insgesamt 6.000 DM gezahlt, dann ergibt sich bei dem 1992 geltenden Beitragssatz von 17,7 Prozent ein Entgelt von 33.898,31 DM (6.000 : 17,7 x 100). Durch das damalige Durchschnittseinkommen von 46.820 DM geteilt, ergäben sich für das Jahr 1992 0,7240 Entgeltpunkte.

1.2 Der aktuelle Rentenwert

Gehen wir noch einmal zum Ausgangsfall zurück: Dort hatten wir gelesen, dass Frau Zapf 1994 1,2, 1995 0,9 und 1996 einen Entgeltpunkt und damit insgesamt für die drei Jahre 3,1 Entgeltpunkte erworben hatte. Wir gehen nun darüber hinaus davon aus, dass sie insgesamt 30 Jahre lang gearbeitet und weiterhin mal mehr und mal weniger als der Durchschnitt verdient hat. Insgesamt hat sie 33 Entgeltpunkte erworben.

Entgeltpunkte mal aktueller Rentenwert

Die von Frau Zapf während ihres Erwerbslebens »erarbeiteten« 33 Entgeltpunkte werden nun mit dem im Zeitpunkt des Rentenbeginns maßgeblichen aktuellen Rentenwert multipliziert. Der aktuelle Rentenwert ist der (Alters-) Rentenbetrag, der sich ergibt, wenn ein Durchschnittsverdiener ein Jahr lang arbeitet und hierfür Rentenversicherungsbeiträge gezahlt werden. Der aktuelle Rentenwert wird zum 1. Juli eines jeden Jahres neu festgesetzt und betrug z.B. im Jahr 2011 (bis zum 30.6.2011), dem Jahr des Rentenbeginns im Fall von Frau Zapf, in den alten Bundesländern 27,20 Euro und in den neuen Bundesländern 24,13 Euro. D.h., ein Versicherter, der in dem vorgenannten Zeitraum durchgängig gearbeitet und den Durchschnittsverdienst erzielt hat, erhält für dieses Jahr Arbeit eine Rente von 27,20 Euro in den alten und von 24,13 Euro in den neuen Bundesländern. Der aktuelle Rentenwert wird der Lohnentwicklung in Deutschland zum 1.7. eines jeden Jahres angepasst; damit ist sichergestellt, dass die Renten entsprechend der Lohnentwicklung steigen. Sinken die Löhne, findet jedoch keine Minderung des aktuellen Rentenwertes zum 1.7. des nächsten Jahres statt, sodass die Rentner vor Rentenkürzungen geschützt sind. Die Rentenminderung, die als Konsequenz der Ankoppelung der Renten an die Lohnentwicklung hätte vorgenommen werden müssen, wird jedoch in den Jahren nachgeholt, in denen die Löhne wieder steigen: Die Rentenerhöhungen werden in diesen Jahren um die in der Vergangenheit unterbliebenen Rentenkürzungen gemindert. Zurück zum Fall:

Für Frau Zapf errechnet sich damit folgende Rente:

- 33 Entgeltpunkte x 27,20 Euro = 897,60 Euro Rente.
- In den neuen Bundesländern betrüge die Rente 796,20 Euro (33 Entgeltpunkte x 24,13 Euro).

1.3 Der Rentenartfaktor

Jede Rente hat ihren eigenen Rentenartfaktor

Sie konnten oben (z.B. auf S. 58 ff.) bereits lesen, dass die Renten verschiedene Sicherungsziele verfolgen und deshalb bei gleicher Beitragsleistung unterschiedlich hoch sind. So ist z.B. bei einer Rente wegen voller Erwerbsminderung davon auszugehen, dass der Versicherte nicht mehr arbeiten kann und deshalb zum Ersatz des krankheitsbedingt weggefallenen Lohnes einer vollen Rente bedarf. Das Gleiche gilt bei Altersrenten. Demgegenüber beträgt die Rente wegen teilweiser Erwerbsminderung nur die Hälfte der Vollrente, weil hier die Erwerbsfähigkeit des Versicherten noch nicht völlig aufgehoben ist. Auch die Hinterbliebenenrenten sind deutlich geringer als die vollen Renten.

Berechnung des Rentenartfaktors

Die dem unterschiedlichen Sicherungsziel der Renten entsprechende Höhe ergibt sich aus dem sogenannten Rentenartfaktor. Er beträgt bei der Vollrente, also z.B. der Rente wegen voller Erwerbsminderung oder der Altersrente, 1,0, sodass Frau Zapf im letzten Beispiel eine Rente von

33 x 27,20 Euro x 1,0 (Rentenartfaktor) = 897,60 Euro

zu bewilligen war.

Bei der Rente wegen teilweiser Erwerbsminderung (vgl. S. 60 f. und 69 ff.) beträgt der Rentenartfaktor 0,5, sodass diese Rente im Falle von Frau Zapf

33 x 27,20 Euro x 0,5 = 448,00 Euro

betrüge.

Der Rentenartfaktor beträgt im Sterbevierteljahr 1,0, bei der großen Witwen- bzw. Witwerrente 0,6, bei Heirat ab 2002 0,55, bei der kleinen Witwen- bzw. Witwerrente 0,25, bei der Halbwaisenrente 0,1 und bei der Vollwaisenrente 0,2 und bei der Rente wegen teilweiser Erwerbsminderung 0,5.

1.4 Der Zugangsfaktor

Wir konnten oben im Rahmen der Darstellung der einzelnen Rentenarten bereits lesen, dass – mit Ausnahme der Regelaltersrente – alle Renten erst ab Erreichen einer bestimmten Altersgrenze ohne Abschläge gezahlte werden. So wird beispielsweise eine Altersrente für Frauen, die – bis zum 31.12.2011 – bereits (frühestens) ab Vollendung des 60. Lebensjahres beansprucht werden kann, erst ab Erreichen der Regelaltersgrenze ohne Abschlag gezahlt. Bis zum 31.12.2011 ist das 65. Lebensjahr die Regelaltersgrenze, die ab dem 1.1.2012 schrittweise auf das 67. Lebensjahr angehoben wird. Bei einem Rentenbeginn bis zum 31.12.2011 muss eine Versicherte, die eine Altersrente für Frauen in Anspruch nimmt, für jeden Monat des Rentenbezugs vor Vollendung des 65. Lebensjahres einen Rentenabschlag von 0,3 Prozent in Kauf nehmen, d.h., bei einem Beginn der Rente mit Vollendung des 60. Lebensjahres und damit 60 Monate vor dem 65. Lebensjahr einen Abschlag von 18 Prozent (60 x 0,3 Prozent). Im Rentenrecht finden Sie allerdings keine gesetzliche Bestimmung, in der von Rentenabschlägen die Rede ist. Der Rentenabschlag – wie gerade am Beispiel der Altersrente für Frauen dargestellt – wird vielmehr über den Rentenberechnungsfaktor des sogenannten Zugangsfaktors umgesetzt. Dies geschieht folgendermaßen:

Bei Beginn einer Rente ab dem Alter der abschlagsfreien Rentengewährung – in unserem Beispielsfall also ab Vollendung des 65. Lebensjahres – beträgt der Zugangsfaktor 1. Für jeden Monat des Rentenbeginns vor Vollendung des 65. Lebensjahres ist der Zugangsfaktor 1 um 0,003 zu mindern. Er betrüge z.B. bei einem Rentenbeginn 24 Monate vor Vollendung des 65. Lebensjahres 0,928 (1 – (24 x 0,003) = 0,072). Mit dem so zu errechnenden (Zugangs-) Faktor werden sodann die übrigen Berechnungsfaktoren, die wir ja bereits kennengelernt haben, multipliziert. Anknüpfend an unseren letzten Beispielsfall würden also die 33 Entgeltpunkte, die Frau Zapf erwirtschaftet hat, mit dem aktuellen Rentenwert in Höhe von 27,20, dem Rentenartfaktor 1 und nunmehr mit dem Zugangsfaktor 1 multipliziert, der bei Beginn einer Altersrente für Frauen ab Vollendung des 65. Lebensjahres in Ansatz zu bringen wäre. Es ergäbe sich folgende Berechnung:

33 x 27,20 x 1 x 1 (Zugangsfaktor) = 897,60 Euro (monatliche Rente)

Die Rente bliebe also unverändert hoch. Würde – zurückgehend auf unser letztes Beispiel – die Altersrente für Frauen 24 Monate vor Vollendung des 65. Lebensjahres bezogen, wäre nur ein Zugangsfaktor von 0,928 in Ansatz zu bringen, sodass sich folgende Berechnung ergibt:

33 x 27,20 x 1 x 0,928 (Zugangsfaktor) = 832,97 Euro (monatliche Rente)

Die Rente fiele also wegen des 24-monatigen Rentenbeginns vor Vollendung des 65. Lebensjahres entsprechend geringer aus. Wie hier beispielhaft für einen Fall der Gewährung einer Altersrente für Frauen dargestellt, wäre unter Berücksichtigung der Rentenabschläge bei den übrigen Altersrenten, den Erwerbsminderungsrenten und den Hinterbliebenenrenten zu verfahren.

2. Rentenansprüche für beitragsfreie Zeiten

Anrechnungs-, Zurechnungs- und Ersatzzeiten

Neben den Beitragszeiten haben auch die beitragsfreien Zeiten Bedeutung für die Höhe der Rente. Zu den beitragsfreien Zeiten gehören – wie Sie im Abschnitt »Beitragsfreie Zeiten« (S. 221 ff.) lesen konnten – die Anrechnungszeiten, die Zurechnungszeiten und die Ersatzzeiten. Auch diesen Zeiten werden Entgeltpunkte zugeordnet. Die Berechnung der Entgeltpunkte für die beitragsfreien Zeiten ist jedoch deutlich komplizierter als die für die Beitragszeiten.

Der belegungsfähige Gesamtzeitraum

Maßgebend für die Bewertung der beitragsfreien Zeiten ist der Durchschnitt aller Beiträge, die der Versicherte zwischen der Vollendung des 17. Lebensjahres und – je nach Rente – dem Beginn der Altersrente, dem Eintritt der Erwerbsminderung oder bei Hinterbliebenenrenten bis zu seinem Tod entrichtet hat. Hat er in diesem Zeitraum, den das Gesetz als belegungsfähigen Zeitraum bezeichnet, viele Beiträge entrichtet und nur wenig beitragsfreie Zeiten (Anrechnungs-, Ersatz- und Zurechnungszeiten) und auch nur kurze Zeiträume ohne rentenrechtliche Zeiten zurückgelegt, erhalten die beitragsfreien Zeiten höhere Entgeltpunkte und ergeben damit eine höhere Rente. Im umgekehrten Fall sind die Entgeltpunkte und die Rente aus den beitragsfreien Zeiten geringer. Diese Berechnung nennt das Gesetz Gesamtleistungsbewertung.

Lassen Sie uns auch hierzu ein Beispiel besprechen.

Beispiel

Nehmen wir an, Frau Zapf wurde am 15.7.1955 geboren und an ihrem 55. Geburtstag – am 15.7.2010 – so schwer krank, dass sie voll erwerbsgemindert ist. Da sie auch alle sonstigen Anspruchsvoraussetzungen für eine Rente wegen Erwerbsminderung erfüllt, hat sie Anspruch auf Zahlung einer Rente wegen voller Erwerbsminderung ab 1.8.2010. Bis zu ihrer Erwerbsminderung hat sie insgesamt 30 Jahre versicherungspflichtig gearbeitet und hierdurch 28 Entgeltpunkte erworben. Außerdem war sie vom 1.1.1980 bis zum 31.12.1982 arbeitsunfähig erkrankt. Da sie während dieser Zeit gut verdient hat, war sie privat krankenversichert und hat kein Krankengeld bezogen. Frau Zapf hat damit als beitragsfreie Zeit zunächst die Zeit der Arbeitsunfähigkeit vom 1.1.1980 bis zum 31.12.1982 (= 36 Monate) zurückgelegt, die eine Anrechnungszeit darstellt (vgl. hierzu S. 221 f.). Darüber hinaus ist die Zeit vom Eintritt der Erwerbsminderung am 55. Geburtstag bis zur Vollendung des 60. Lebensjahres (= 60 Monate) als Zurechnungszeit (vgl. hierzu S. 228 ff.) ebenfalls eine beitragsfreie Zeit. Frau Zapf möchte wissen, ob und in welcher Höhe sie auch für diese beitragsfreien Zeiten Entgeltpunkte erhält, die rentensteigernd in ihre Rente einfließen, und wie diese Entgeltpunkte sich errechnen.

Die Berechnung der Entgeltpunkte für beitragsfreie Zeiten geschieht über die sogenannte Gesamtleistungsbewertung.

Zur Durchführung der Gesamtleistungsbewertung muss zunächst der sogenannte belegungsfähige Zeitraum ermittelt werden. Die belegungsfähigen Monate umfassen bei Erwerbsminderungsrenten – wie bereits erwähnt – die Kalendermonate vom vollendeten 17. Lebensjahr bis zum Eintritt der Erwerbsminderung. Hat der Versicherte bereits vor seinem 17. Lebensjahr rentenrechtliche Zeiten zurückgelegt, beginnt der belegungsfähige Gesamtzeitraum entsprechend früher. Im Falle von Frau Zapf ist die Zeit vom 15.7.1972 (Vollendung des 17. Lebensjahres) bis zum 15.7.2010 maßgeblich, da sie seit diesem Tag voll erwerbsgemindert ist. Dieser Zeitraum umfasst 456 Monate. Hiervon sind nun alle beitragsfreien Zeiten abzuziehen, (die nicht auch Berücksichtigungszeiten sind), wie hier die beitragsfreien Zeiten der Arbeitsunfähigkeit, denn während dieser Zeiten hatte der Versicherte ja nicht die Möglichkeit, Beiträge zu zahlen. Während dieser Zeiten war Frau Zapf ja arbeitsunfähig und konnte deshalb nicht arbeiten und Beiträge entrichten. Ebenso sind – was bei Frau Zapf nicht der Fall ist – vom Gesamtzeitraum die Zeiten des Bezugs einer Rente aus eigener Versicherung abzuziehen, es sei denn, hierbei handelt es sich um Berücksichtigungs- oder Beitragszeiten. Zeiten des Bezugs einer Rente sind z.B. gleichzeitig Beitragszeiten, wenn der Versicherte neben einer Berufsunfähigkeitsrente versicherungspflichtig gearbeitet hat.

Im Ausgangsfall ist als beitragsfreie Zeit die dreijährige Anrechnungszeit wegen Arbeitsunfähigkeit (36 Monate) von den 456 Monaten Gesamtzeit abzuziehen, sodass sich ein Zeitraum von 420 Monaten ergibt. Die Zurechnungszeit ist nicht abzuziehen, da sie nach der Erwerbsminderung liegt.

Nunmehr sind in einem letzten Berechnungsschritt die von Frau Zapf erwirtschafteten 28 Entgeltpunkte durch diese Monate zu dividieren. Dies ergibt einen Wert von 0,07 (28 : 420). Das Ergebnis dieser Berechnung bedeutet nichts anderes, als dass Frau Zapf zusätzlich zu den durch Beitragszahlungen erworbenen 28 Entgeltpunkten für jeden Monat beitragsfreier Zeiten, also für die 60 Monate Zurechnungszeit und die 36 Monate Anrechnungszeit wegen Arbeitsunfähigkeit (insgesamt 96 Monate) 0,07 Entgeltpunkte, also insgesamt 6,72 Entgeltpunkte (96 x 0,07) erhält.

Höhe der Rente

Bei einem Rentenbeginn im Juli 2010 ergibt sich bei einem zu diesem Zeitpunkt geltenden aktuellen Rentenwert in den alten Bundesländern von 27,20 Euro bei einer Vollrente – wie hier – (und damit einem Rentenartfaktor von 1,0) pro Entgeltpunkt eine Rente von 27,20 Euro. Frau Zapf erhielte also für die von ihr gezahlten Beiträge, die zu 28 Entgeltpunkten geführt haben, eine Rente in Höhe von monatlich 761,60 Euro (28 x 27,20) und dazu für ihre beitragsfreien Zeiten, für die 6,72 Entgeltpunkte rentensteigernd anzurechnen sind, eine monatliche Rente in Höhe von 182,78 Euro (6,72 x 27,20), sodass sie eine monatliche (Gesamt-)Rente in Höhe von 944,38 Euro erhält. Von dieser (Brutto-)Rente werden jedoch Beiträge zur Kranken- und Pflegeversicherung abgezogen. Außerdem ist die Rente – abhängig von sonstigen Einkünften der Frau Zapf – zum Teil zu versteuern.

Zugangsfaktor beachten

Da Frau Zapf die Rente jedoch vor Vollendung des 63. Lebensjahres in Anspruch nimmt, muss sie einen Rentenabschlag von 0,3 Prozent pro Monat vor Erreichen des 63. Lebensjahres, höchstens 10,8 Prozent in Kauf nehmen (lesen Sie hierzu im Einzelnen S. 244 ff.).

Kapitel 7
Widerspruch und gerichtlicher Rechtsschutz

Nachdem wir uns bisher mit einzelnen Inhalten des Rentenrechts befasst haben, wollen wir nun einen Blick auf die verfahrensrechtlichen Möglichkeiten werfen, die Ihnen zur Verfügung stehen, wenn Rentenansprüche versagt worden sind, die Ihnen nach Ihrer Ansicht zustehen.

1. Der Widerspruch

Wenn Sie sich gegen die Rentenablehnung zur Wehr zu setzen wollen, müssen Sie gegen den Ablehnungsbescheid Widerspruch einzulegen. Wir haben diese Möglichkeit bereits in dem Beispiel auf S. 97 (vgl. insbesondere S. 196) angesprochen, wollen zur Vertiefung jedoch noch einige weitere Beispiele erörtern.

Beispiel

Nehmen wir an, Herr Steiger hat die Gewährung einer Rente wegen voller Erwerbsminderung beantragt. Nachdem er ärztlich begutachtet worden ist, lehnt der Rentenversicherungsträger die Rente ab, weil Herr Steiger nach den Feststellungen des mit seiner Untersuchung beauftragten Arztes noch sechs Stunden täglich leichte Tätigkeiten verrichten könne. Der Bescheid geht Herrn Steiger am 5.6.2006 mit der Post zu. Da er mit der Rentenablehnung nicht einverstanden ist, möchte er wissen, welche rechtlichen Möglichkeiten bestehen, sich gegen den Bescheid zu wehren. Er möchte insbesondere wissen, ob er auf Formvorschriften und Fristen zu achten hat, an welche Stelle er sich wenden muss und ob ihm Kosten entstehen können.

Schriftform Falls Herr Steiger sich gegen die Rentenablehnung zur Wehr setzen will, muss er (zunächst) schriftlich binnen eines Monats, nachdem ihm der Ablehnungsbescheid zugegangen ist, Widerspruch beim Rentenversicherungsträger einlegen (§ 84 SGG). Die Monatsfrist ist also nur gewahrt, wenn sein Widerspruchsschreiben bis spätestens am 5.7.2006 24.00 Uhr bei dem Rentenversicherungsträger eingegangen ist. Wäre dieser Tag ein Samstag, Sonntag oder gesetzlicher Feiertag gewesen, würde es auch ausreichen, wenn die Widerspruchsschrift am nächsten Werktag zugeht.

Frist

Der Versicherte hat außerdem die Möglichkeit, seinen Widerspruch bei dem zuständigen Versicherungsträger, einer seiner Auskunfts- oder Beratungsstellen oder einem Versicherungsamt protokollieren zu lassen. Der Widerspruch kann auch durch Fax eingelegt werden.

Protokolllieferung des Widerspruchs

Der Rentenversicherungsträger ist verpflichtet, jedem ablehnenden Bescheid eine Rechtsmittelbelehrung beizufügen, die Sie in der Regel am Ende des Bescheides unter der Überschrift Rechtsmittel- oder Rechtsbehelfsbelehrung finden. Darin muss der Versicherte über die für den Widerspruch einzuhaltende Frist, die Schriftform und die Adresse des Rentenversicherungsträgers, an den der Widerspruch zu senden ist, belehrt werden. Fehlt die Rechtsmittelbelehrung, ist sie unrichtig oder unvollständig, indem z.B. nicht die Adresse des Rentenversicherungsträgers angegeben worden ist, kann der Widerspruch noch innerhalb eines Jahres nach Zugang des Bescheides wirksam eingelegt werden.

Rechtsmittelbelehrung

Geht der Widerspruch verspätet ein, kann der Rentenversicherungsträger den Widerspruch als unzulässig zurückweisen. Er braucht dann nicht zu prüfen, ob die Ablehnung der Rente rechtmäßig war oder hierbei ein Fehler unterlaufen ist. Der Ablehnungsbescheid wäre damit – wie der Jurist sagt – bindend bzw. rechtskräftig. Herr Steiger hätte dann jedoch die Möglichkeit der Neuüberprüfung des Ablehnungsbescheides (nach § 44 SGB X).

Folgen der Fristversäumung

Tipp

Sie sollten deshalb darauf achten, die Widerspruchsfrist von einem Monat einzuhalten. Falls Sie nur wenig Zeit haben, reicht es, zur bloßen Fristwahrung nur einen Satz an den Rentenversicherungsträger zu schreiben. Die Begründung Ihres Widerspruchs können Sie später nachreichen.

Der Widerspruch könnte folgenden Text haben:

Widerspruch zur Fristwahrung

> Name Ort, Datum
> Straße
> Ort
>
> Anschrift Rentenversicherungsträger ...
>
> **Bewilligung einer Rente wegen voller Erwerbsminderung**
>
> **Versicherungs-Nr.: ...**
>
> **Ablehnungsbescheid vom 1.6.2006**
>
> Sehr geehrte Damen und Herren,
>
> gegen vorgenannten Ablehnungsbescheid lege ich hiermit zur Fristwahrung Widerspruch ein. Eine eingehende Begründung werde ich in Kürze nachreichen.
>
> Mit freundlichen Grüßen
>
> -----

Kosten Die Durchführung des Widerspruchsverfahrens ist kostenfrei. Dies gilt auch, wenn im Widerspruchsverfahren – z.B. durch die Einholung eines zusätzlichen ärztlichen Gutachtens oder andere Ermittlungen – weitere Kosten entstehen. Hat der Widerspruch Erfolg, d.h. würde Herrn Steiger im Ausgangsfall die Rente aufgrund seines Widerspruchs bewilligt, dann müssten ihm die zur zweckentsprechenden Rechtsverfolgung notwendigen Aufwendungen (z.B. Fotokopiekosten, Kosten für ärztliche Atteste oder Portokosten) erstattet werden.

Beispiel

Nehmen wir an, Herr Steiger hat sein Widerspruchsschreiben vom 15.6.2006 bereits zwei Wochen nach Zugang des Ablehnungsbescheides ordnungsgemäß frankiert und adressiert in den Briefkasten geworfen.

Nach drei Wochen teilt der Rentenversicherungsträger ihm mit Schreiben vom 5.7.2006 mit, der Widerspruch sei unzulässig, weil er nach Ablauf der Monatsfrist eingegangen sei. Herr Steiger, der in der Zeitung von einem Streik der Post gelesen hat, erhält auf eine entsprechende Nachfrage die Mitteilung, dass auch die für die Beförderung seines Briefes zuständige Poststelle bestreikt wurde. Er möchte wissen, was er tun kann.

Wiedereinsetzung: Fristversäumung nicht verschuldet

Da Herr Steiger alles Notwendige unternommen hat, damit sein Widerspruch fristgerecht eingeht, trifft ihn an dem verspäteten Zugang seines Schreibens keine Schuld. Die Fristüberschreitung beruht vielmehr auf der verzögerten Briefbeförderung durch die Post. In derartigen Fällen, in denen der Widerspruchsführer ohne sein Verschulden verhindert war, die Frist einzuhalten, ist ihm – wie der Jurist sagt – auf Antrag Wiedereinsetzung in den vorigen Stand zu gewähren, d.h. er ist so zu stellen, als habe er die Frist eingehalten (§§ 84 Abs. 2, 67 SGG). Der Antrag auf Wiedereinsetzung muss innerhalb eines Monats gestellt werden, hier innerhalb eines Monats, nachdem Herr Steiger Kenntnis von dem Poststreik erlangt hat. Dabei muss der Widerspruchsführer die Tatsachen zur Begründung seines Antrags glaubhaft machen. Herr Steiger sollte hier eine Bescheinigung des Poststelle beibringen, in dem die streitbedingte Verzögerung des Brieftransportes bestätigt wird.

Fristversäumung wegen Urlaub, Krankheit

Das Recht auf Wiedereinsetzung besteht in allen Fällen, in denen der Widerspruchsführer die Fristversäumung nicht verschuldet hat, z.B. auch bei urlaubsbedingter Ortsabwesenheit und bei Krankheit. Dabei muss er jedoch so schwer erkrankt sein, dass er weder selbst Widerspruch einlegen noch einen anderen damit beauftragen konnte.

Herr Steiger könnte seinen Antrag auf Wiedereinsetzung folgendermaßen formulieren:

Antrag auf Wiedereinsetzung in den vorigen Stand

Name Ort, Datum
Straße
Ort

Anschrift Rentenversicherungsträger …

Bewilligung einer Rente wegen voller Erwerbsminderung

Versicherungs-Nr.: …

Widerspruch vom 15.6.2006 und Ihr Schreiben vom 5.7.2006

Sehr geehrte Damen und Herren,

mit oben angegebenem Schreiben teilen Sie mir mit, dass meine Widerspruchsschrift vom 15.6.2006 erst nach Ablauf der Widerspruchsfrist bei Ihnen eingegangen sei. Ich weise darauf hin, dass ich mein Schreiben bereits am 15.6.2006 abgesandt habe und der verspätete Zugang durch einen Streik bei der Post AG verursacht worden ist. Eine entsprechende Bestätigung des Poststelle meines Wohnsitzes ist beigefügt. Da die Fristversäumung damit ohne mein Verschulden eingetreten ist, beantrage ich, mir die Wiedereinsetzung in den vorigen Stand zu gewähren.

Mit freundlichen Grüßen

_____

2. Klage vor dem Sozialgericht

Beispiel

Nehmen wir an, im Widerspruchsverfahren des Herrn Steiger wurde von dem Hausarzt ein Befundbericht eingeholt und anschließend ein Arzt für Orthopädie mit der Erstellung eines weiteren Gutachtens beauftragt. Da auch dieser Arzt zu dem Ergebnis kommt, Herr Steiger könne noch zumindest sechs Stunden täglich arbeiten, weist der Rentenversicherungsträger den Widerspruch zurück. Herr Steiger möchte wissen, welche Maßnahmen er gegen die ablehnende Widerspruchsentscheidung ergreifen kann.

Durch die Zurückweisung des Widerspruchs hat der Rentenversicherungsträger entschieden, dass er – nach erneuter Prüfung der Sach- und Rechtslage – die Ablehnung der Rente für richtig (rechtmäßig) hält. Herr Steiger hat nun die Möglichkeit, gegen die Rentenablehnung und die Zurückweisung seines Widerspruchs Klage vor dem Sozialgericht zu erheben.

Zuständiges Gericht

Örtlich zuständig ist das Sozialgericht, in dessen Bezirk Herr Steiger wohnt.

Klagefrist

Die Klage muss – ebenso wie der Widerspruch – innerhalb eines Monats nach Zustellung des Widerspruchsbescheides bei dem zuständigen Sozialgericht eingelegt werden. Ist die Klagefrist ohne Verschulden des Klägers nicht eingehalten worden, besteht ebenso wie im Widerspruchsverfahren die Möglichkeit, Wiedereinsetzung in den vorigen Stand zu beantragen (vgl. S. 253 f.). Die Klagefrist ist wie bei der Erhebung des Widerspruchs gewahrt, wenn die Klageschrift innerhalb der Monatsfrist statt bei dem zuständigen Sozialgericht bei einer inländischen Behörde, bei einem Versicherungsträger oder bei einer deutschen Konsularbehörde oder einem anderen Sozialgericht eingeht. Die unzuständige Stelle muss die Klageschrift dann dem zuständigen Sozialgericht unverzüglich zuleiten. Ist ein unzuständiges Sozialgericht – z.B. das Sozialgericht München anstelle des Sozialgerichts Nürnberg – angerufen worden, wird die Klage dem zuständigen Gericht durch einen förmlichen Beschluss zugewiesen. Der Jurist spricht hierbei von einer Verweisung der Klage an das zuständige Sozialgericht, zu der der Kläger und der beklagte Versicherungsträger zuvor anzuhören sind.

Form der Klage

Auch die Klage muss schriftlich eingelegt werden. Es besteht allerdings auch hier die Möglichkeit, die Klage bei dem Sozialgericht protokollieren zu lassen.

Der Widerspruchsbescheid enthält ebenso wie der Bescheid über die Ablehnung der Rente eine Rechtsmittelbelehrung, in der genau ausgeführt wird, in welcher Form, in welcher Frist und bei welchem Gericht Klage zu erheben ist. Fehlt die Rechtsmittelbelehrung, ist sie unvollständig oder falsch, kann noch innerhalb eines Jahres wirksam Klage erhoben werden.

Alle Ermittlungen sind kostenfrei

Das Verfahren der Versicherten und ihrer Hinterbliebenen vor den Sozialgerichten ist kostenfrei. Dies gilt auch dann, wenn der Kläger den Prozess verliert oder wenn durch die Ermittlungen des Gerichts – z.B. die Einholung medizinischer Sachverständigengutachten – Kosten entstehen. Diese Kosten werden von der Landeskasse getragen. Der Rentenversicherungsträger trägt die Kosten, die ihm durch die Prozessführung entstanden sind, selbst, auch wenn er den Prozess gewinnt.

Prozesskostenhilfe

Sie können den Prozess vor dem Sozialgericht ohne Rechtsanwalt führen. Wenn Sie sich jedoch anwaltlich vertreten lassen wollen, müssen Sie die Kosten des Anwalts tragen, falls Sie den Prozess verlieren. Gewinnen Sie den Rechtsstreit, dann muss der unterlegene Rentenversicherungsträger die Rechtsanwaltskosten übernehmen. Falls Sie nach Ihren persönlichen und wirtschaftlichen Verhältnissen – weil Sie z.B. nur wenig verdienen – die Kosten des Anwalts nicht oder nur zum Teil oder nur in Raten aufbringen können, erhalten Sie auf Antrag Prozesskostenhilfe. Voraussetzung ist allerdings, dass der Prozess nicht ohne jede Aussicht auf Erfolg ist. Je nach Höhe Ihres Einkommens werden dann die Kosten des Anwalts von der Landeskasse ganz übernommen oder es wird Ihnen Ratenzahlung eingeräumt.

Vor den Gerichten der Sozialgerichtsbarkeit können Sie sich auch von Vertretern der Gewerkschaften, Sozialverbänden und von Prozessagenten vertreten lassen.

Tipp

In Ihrer Klageschrift müssen Sie – ebenso wie in Ihrem Widerspruch – je nach Fallgestaltung im Einzelnen die Gründe darlegen, warum aus Ihrer Sicht die Ablehnung der Rente und die Zurückweisung des Widerspruchs rechtswidrig ist.

Im Übrigen müssen Sie bei Klageerhebung auf jeden Fall angeben, gegen welchen Rentenversicherungsträger sich die Klage richtet, gegen welche Bescheide Sie sich zur Wehr setzen wollen und welches Ziel Sie mit der Klage verfolgen. Im Ausgangsfall will Herr Steiger die Zahlung einer Rente wegen verminderter Erwerbsfähigkeit erreichen oder genauer ausgedrückt, er will, dass das Gericht den beklagten Rentenversicherungsträger zur Zahlung dieser Rente verurteilt. Falls Sie meinen, das Gericht sollte bestimmte Ermittlungen durchführen, z.B. ärztliche Gutachten einholen, sollten Sie hierauf hinwirken.

Im Ausgangsfall bietet sich folgende Klageschrift an.

Klageschrift

Karl Steiger — Köln, Datum
Straße
Ort

Sozialgericht
An den Dominikanern 2
50668 Köln

Gegen den Bescheid der Deutschen Rentenversicherung Rheinland vom ... (Datum) und den Widerspruchsbescheid vom ... (Datum) erhebe ich hiermit

Klage.

Mit den vorbezeichneten Bescheiden hat die Deutsche Rentenversicherung Rheinland die Gewährung der von mir beantragten Rente wegen voller Erwerbsminderung abgelehnt. Diese Entscheidung ist rechtswidrig. Ich bin entgegen der Einschätzung der Beklagten nicht mehr in der Lage, auch nur drei Stunden täglich einer Erwerbsfähigkeit nachzugehen. Die bisher eingeholten medizinischen Gutachten vermögen nicht zu überzeugen. Ihnen stehen die Beurteilungen meines Hausarztes und meines behandelnden Orthopäden entgegen. Ich bitte deshalb, von diesen

Ärzten aktuelle Befundberichte und anschließend ein internistisches und orthopädisches Sachverständigengutachten einzuholen.

Mit freundlichen Grüßen

_____

Tipp

Akteneinsicht

Ihrer Klage brauchen Sie keine Ablichtung Ihrer Widerspruchsschrift beizufügen, denn das Sozialgericht zieht nach Klageerhebung die Akten des Rentenversicherungsträgers bei, in denen sich neben allen übrigen Vorgängen (z.B. Ihrem Rentenantrag, den eingeholten Befundberichten, ärztlichen Gutachten und Arbeitgeberauskünften) auch Ihr Widerspruch und der Widerspruchsbescheid befinden. Während des Klageverfahrens haben Sie das Recht, bei dem Sozialgericht oder bei dem Amtsgericht oder der Gemeindeverwaltung Ihres Wohnortes nach vorherigem Antrag Akteneinsicht zu nehmen.

Das Sozialgericht teilt dem Kläger nach Eingang der Klage das Aktenzeichen mit, leitet die Klageschrift dem Rentenversicherungsträger mit der Bitte um Stellungnahme zu und zieht die Verwaltungsakten bei. Bei weiterem Schriftwechsel müssen Sie das Aktenzeichen stets angeben.

Amtsermittlungsprinzip

Anschließend tritt das Gericht in die erforderlichen Ermittlungen ein. Das Sozialgericht ist ebenso wie der Rentenversicherungsträger verpflichtet, den entscheidungserheblichen Sachverhalt von Amts wegen mit allen geeigneten Ermittlungen ohne Kosten für den Kläger aufzuklären. Der Jurist nennt dies das Amtsermittlungsprinzip.

Im Ausgangsfall wird das Gericht den Anregungen Herrn Steigers entsprechend aktuelle Befundberichte von den behandelnden Ärzten einholen, gegebenenfalls – z.B. nach Krankenhausaufenthalten – Entlassungsberichte und Röntgenbilder beiziehen und anschließend unabhängige Sachverständige mit der Untersuchung und Begutachtung des Klägers beauftragen. Herr Steiger muss natürlich seine behandelnden Ärzte von ihrer Schweigepflicht entbinden. Das Sozialgericht übersendet Ihnen hierfür entsprechende

(Erklärungs-)Vordrucke, die Sie ausfüllen und unterzeichnen müssen. Alle beigezogenen Unterlagen werden dem Kläger und dem Rentenversicherungsträger während des Prozesses zur Kenntnis- oder Stellungnahme zugeleitet.

Beispiel

Nehmen wir an, die Ermittlungen des Gerichts haben ergeben, dass Herr Steiger zuletzt als Bauhilfsarbeiter tätig war. Außerdem kommen die ärztlichen Sachverständigen in Übereinstimmung mit den Gutachtern des Rentenversicherungsträgers zu dem Ergebnis, dass er noch leichte Tätigkeiten sechs Stunden täglich und mehr verrichten kann. Die Einschätzungen des Hausarztes seien unzutreffend. Herr Steiger möchte wissen, welche Möglichkeiten er nun noch hat, um auf das Verfahren weiter zu seinen Gunsten Einfluss zu nehmen.

Tipp

Sachverständigengutachten genau lesen

Herr Steiger muss zunächst die Sachverständigengutachten nach deren Übersendung genau lesen und insbesondere prüfen, ob die darin enthaltenen Feststellungen und Wertungen schlüssig sind.

Kommen die gerichtlichen Sachverständigen z.B. zu dem Ergebnis, Herr Steiger könne nur noch leichte Tätigkeiten sechs Stunden und mehr täglich verrichten und könne damit auch seinen Beruf als Bauhilfsarbeiter noch ausüben, dann ist eine solche Feststellung kaum überzeugend. Es ist nämlich allgemein bekannt, dass der Beruf eines Bauhilfsarbeiters üblicherweise auch mittelschwere und schwere Arbeiten mit sich bringt. Bei einer derart gravierend fehlerhaften Feststellung stellt sich sogar die Frage, ob dem Sachverständigengutachten in seinen sonstigen Wertungen gefolgt werden kann. Auf solche und ähnliche Schwachstellen und auf alles, was Ihnen in den ärztlichen Gutachten falsch, widersprüchlich und nicht überzeugend erscheint, sollten Sie hinweisen.

Gutachten nach § 109 SGG

Der Kläger eines Sozialgerichtsprozesses hat im Übrigen die Möglichkeit zu beantragen, dass das Gericht ein weiteres medizinisches Sachverständigengutachten einholt, und zwar von einem Arzt, dem der Kläger besonders vertraut (§ 109 SGG). Diesen Arzt muss er namentlich benennen. Dies kann sowohl einer der behandelnden Ärzte sein als auch ein Arzt, bei dem aufgrund seiner herausgehobenen Fachkompetenz davon ausgegangen werden kann, dass er den Kläger zutreffend begutachten wird.

Tipp

Auswahl des Arztes

Bei der Auswahl des Arztes muss allerdings bedacht werden, dass er in der Lage sein sollte, das Gericht mit seinem Gutachten sowohl aufgrund seiner besonderen Sachkunde als auch seiner Objektivität zu überzeugen. Der behandelnde Arzt wird häufig beide Voraussetzungen nicht erfüllen können. Außerdem könnte die Forderung nach Objektivität einen Konflikt zwischen dem Hausarzt und seinem Patienten auslösen. Der Kläger sollte bei seinem behandelnden Arzt deshalb eher Rat darüber einholen, welcher Arzt als Sachverständiger des Vertrauens in Betracht kommen könnte. Im Übrigen sollte vor der Benennung des Arztes dessen Bereitschaft geklärt sein, als Sachverständiger tätig zu werden.

Von der Möglichkeit, die Einholung eines Gutachtens nach § 109 SGG zu beantragen, sollte außerdem erst Gebrauch gemacht werden, wenn das Gericht zu erkennen gibt, dass es von Amts wegen keine weiteren medizinischen Ermittlungen durchführt und die vorliegenden Gutachten für den Kläger kein positives Ergebnis erwarten lassen. In der Regel weist das Gericht nach Übersendung der von Amts wegen eingeholten Gutachten darauf hin, dass es nunmehr keine weiteren Ermittlungen mehr durchführt und die Möglichkeit besteht, einen Antrag nach § 109 SGG zu stellen.

Kostenvorschuss

Die Einholung eines Gutachtens nach § 109 SGG wird von den Gerichten in der Regel davon abhängig gemacht, dass der Kläger die zu erwartenden Kosten des Gutachtens vorschießt. Hiervon werden auch wirtschaftlich schwache Antragsteller nicht ausgenommen. Falls Sie eine Rechtsschutzversicherung haben oder von der Gewerkschaft oder einem anderen Verband vertreten werden, übernehmen diese zumeist den Kostenvorschuss, der sich in der Regel auf 300 Euro bis 900 Euro pro Gutachten beläuft. Er kann bei besonders komplizierten Gutachten und aufwändigen Untersuchungen auch höher sein. Der Vorschuss wird von dem Gericht angefordert. Entstehen höhere Kosten als zunächst angenommen, müssen auch diese getragen werden. Es bedarf deshalb der genauen Prüfung, ob die Einholung eines Gutachtens nach § 109 SGG geboten erscheint, denn es besteht die Gefahr, dass Sie die Kosten des Gutachtens endgültig tragen müssen. Erscheint der Prozess nach Abschluss der von Amts wegen durchgeführten Ermittlungen aussichtslos, sollte aus Kostengründen eher von der Einholung eines solchen Gutachtens abgesehen werden.

Übernahme der Kosten des Gutachtens durch die Landeskasse

Es besteht allerdings auch die Möglichkeit, dass die Kosten des Gutachtens nach § 109 SGG auf die Landeskasse übernommen werden und damit der Kostenvorschuss erstattet wird. Hierüber entscheidet das Gericht auf Antrag. Die Kosten werden auf die Landeskasse übernommen, wenn das Gutachten zur weiteren Aufklärung des Sachverhalts beigetragen hat. Dies ist z.B. der Fall, wenn der Arzt des Vertrauens zusätzliche wesentliche Krankheiten feststellt oder zu einer anderen Leistungsbeurteilung des Klägers gelangt, indem er z.B. im Falle von Herrn Steiger zu dem Ergebnis gekommen wäre, er könne nicht mehr sechs Stunden täglich arbeiten. Werden die Vorgutachten jedoch voll inhaltlich bestätigt, kommt eine Kostenübernahme kaum in Betracht.

Setzen wir nun den Ausgangsfall fort und nehmen wir an, es sei ein Gutachten nach § 109 SGG eingeholt worden, welches zu dem Ergebnis kommt, Herr Steiger könne nur noch zwei Stunden täglich arbeiten. Herr Steiger möchte wissen, wie der Prozess nun zum Abschluss gebracht wird.

§

Da das Gutachten nach § 109 SGG zu einer im Vergleich zu den Vorgutachten deutlich anderen Leistungseinschätzung gelangt, kann Herr Steiger zunächst damit rechnen, dass die Kosten des Gutachtens auf seinen Antrag hin auf die Landeskasse übernommen werden. Der Kostenvorschuss wird ihm erstattet. Hierüber entscheidet das Gericht durch Beschluss.

Mündliche Verhandlung, Urteil

Im Übrigen wird nach § 125 SGG über die Klage durch Urteil entschieden. Das Gericht wird hierfür zunächst einen Verhandlungstermin (mündliche Verhandlung) anberaumen, zu dem Herr Steiger und ein Vertreter des Rentenversicherungsträgers geladen werden. Nach der Verhandlung wird in der Regel das Urteil verkündet. Ob Herrn Steiger im Ausgangsfall die Rente zugesprochen oder die Klage abgewiesen wird, hängt davon ab, ob sich das Gericht im Rahmen der Beweiswürdigung dem Gutachten nach § 109 SGG oder den zuvor eingeholten Gutachten anschließt. Es hat auch die Möglichkeit, noch gar keine Entscheidung zu fällen, um die Frage der Leistungsfähigkeit des Herrn Steiger z.B. durch ein weiteres Gutachten auf Staatskosten endgültig abzuklären. Außerdem ist denkbar, dass das Gericht keine Entscheidung fällen muss. Falls der Rentenversicherungsträger von dem Gutachten nach § 109 SGG überzeugt ist, hat sie die Möglichkeit, den Rentenanspruch (Rente wegen voller Erwerbsminderung) anzuerkennen. Nimmt Herr Steiger dieses Anerkenntnis an – wozu ihm zu raten wäre –, ist der Prozess gleichermaßen erledigt. Wäre das Gutachten nach § 109 SGG ebenfalls negativ für den Kläger ausgefallen, hätte Herr Steiger wegen der Aussichtslosigkeit des Prozesses auch die Möglichkeit, die Klage zurückzunehmen. Auch hierdurch wäre das Verfahren zum Abschluss gebracht worden.

Tipp

Berufung vor dem Landessozialgericht

Falls Sie auch mit der klageabweisenden Entscheidung des Sozialgerichts nicht einverstanden sind, haben Sie die Möglichkeit, hiergegen innerhalb eines Monats bei dem für Ihr Bundesland zuständigen Landessozialgericht Berufung einzulegen (§ 151 SGG). Auch hierfür bedarf es keiner anwaltlichen Vertretung. Die Berufung kann auch bei dem Sozialgericht eingelegt werden. Das Landessozialgericht wird anschließend im Berufungsverfahren, das im wesentlichen nach denselben Grundsätzen geführt wird wie das Verfahren vor dem Sozialgericht, prüfen, ob die erstinstanzliche Entscheidung rechtmäßig ist. Auch das Berufungsverfahren ist kostenfrei.

Anhang

Adressen der Verbraucherzentralen

Verbraucherzentrale Baden-Württemberg e. V.
Paulinenstraße 47, 70178 Stuttgart
Telefon 07 11/66 91-10, Telefax 07 11/66 91-50
www.verbraucherzentrale-bawue.de

Verbraucherzentrale Bayern e. V.
Mozartstraße 9, 80336 München
Telefon 0 89/5 39 87-0, Telefax 0 89/53 75 53
www.verbraucherzentrale-bayern.de

Verbraucherzentrale Berlin e. V.
Hardenbergplatz 2, 10623 Berlin
Telefon 0 30/2 14 85-0, Telefax 0 30/2 11 72 01
www.verbraucherzentrale-berlin.de

Verbraucherzentrale Brandenburg e. V.
Templiner Straße 21, 14473 Potsdam
Telefon 03 31/2 98 71-0, Telefax 03 31/2 98 71-77
www.vzb.de

Verbraucherzentrale des Landes Bremen e. V.
Altenweg 4, 28195 Bremen
Telefon 04 21/1 60 77-7, Telefax 04 21/1 60 77-80
www.verbraucherzentrale-bremen.de

Verbraucherzentrale Hamburg e. V.
Kirchenallee 22, 20099 Hamburg
Telefon 0 40/2 48 32-0, Telefax 0 40/2 48 32-2 90
www.vzhh.de

Verbraucherzentrale Hessen e. V.
Große Friedberger Straße 13–17
60313 Frankfurt am Main
Telefon 01805*/97 20 10, Telefax 0 69/97 20 10-50
www.verbraucher.de
(* Festnetzpreis 14 ct/Min., Mobilfunkpreis maximal 42 ct/Min.)

Neue Verbraucherzentrale in Mecklenburg und Vorpommern e. V.
Strandstraße 98, 18055 Rostock
Telefon 03 81/2 08 70 50, Telefax 03 81/2 08 70 30
www.nvzmv.de

Verbraucherzentrale Niedersachsen e. V.
Herrenstraße 14, 30159 Hannover
Telefon 05 11/9 11 96-0, Telefax 05 11/9 11 96-10
www.vzniedersachsen.de

Verbraucherzentrale Nordrhein-Westfalen e. V.
Mintropstraße 27, 40215 Düsseldorf
Telefon 02 11/38 09-0, Telefax 02 11/38 09-1 72
www.vz-nrw.de

Verbraucherzentrale Rheinland-Pfalz e. V.
Seppel-Glückert-Passage 10, 55116 Mainz
Telefon 0 61 31/28 48-0, Telefax 0 61 31/28 48-66
www.vz-rlp.de

Verbraucherzentrale des Saarlandes e. V.
Trierer Straße 22, 66111 Saarbrücken
Telefon 06 81/5 88 09-0, Telefax 06 81/5 88 09 22
www.vz-saar.de

Verbraucherzentrale Sachsen e. V.
Brühl 34–38, 04109 Leipzig
Telefon 03 41/6 69 62 90, Telefax 03 41/6 89 28 26
www.vzs.de

Verbraucherzentrale Sachsen-Anhalt e. V.
Steinbockgasse 1, 06108 Halle
Telefon 03 45/2 98 03-29, Telefax 03 45/2 98 03-26
www.vzsa.de

Verbraucherzentrale Schleswig-Holstein e. V.
Andreas-Gayk-Straße 15, 24103 Kiel
Telefon 04 31/5 90 99-10, Telefax 04 31/5 90 99-77
www.vz-sh.de

Verbraucherzentrale Thüringen e. V.
Eugen-Richter-Straße 45, 99085 Erfurt
Telefon 03 61/5 55 14-0, Telefax 03 61/5 55 14-40
www.vzth.de

Verbraucherzentrale Bundesverband
Markgrafenstraße 66, 10969 Berlin
Telefon 0 30/2 58 00-0, Telefax 0 30/2 58 00-2 18
www.vzbv.de

Stichwortverzeichnis

A

B

I

J

K

L

U

V

W

Z

Herausgeber

Verbraucherzentrale Nordrhein-Westfalen e. V.
Mintropstraße 27, 40215 Düsseldorf
Telefon 02 11/38 09-5 55
Telefax 02 11/38 09-2 35
Internet: www.vz-nrw.de
E-Mail: publikationen@vz-nrw.de

Text:	Dr. Peter Lange
Herausgeber:	Thomas Nell
Koordination:	Wolfgang Starke
Produktion:	bretzinger : media.production, Baden-Baden
Umschlaggestaltung:	Ute Lübbeke, www.LTN-design.de
Umschlagfoto:	PhotoDisc, gettyimages®
Druck/Bindung:	Kraft Druck GmbH, Ettlingen